大学生创新与创业系列教材

创新创业基础

（第2版）

主编 温和瑞 邱 鑫 刘 磊
副主编 胡兆波 罗序中 陆向谦

U0771872

中国教育出版传媒集团
高等教育出版社·北京

内容提要

本书在基于创新思维培养的基础上构建了创业教育新模式，形成了科学合理、逻辑递进的创新创业基础课程内容体系。本书分为十章，内容涵盖创新创业概述、创新思维、框架内创新、创业团队、创业机会、创业资源、商业模式、商业计划书、数字时代的创新创业和创新创业案例等。在创新创业教育关键环节，设置了大量的工作坊等实践活动，贯彻"做中学，学中做，学做结合，重在实践"的教育理念。以培养学生的创新思维与创业意识为基础，提升学生的创新创业能力为关键，应用新形态教材的呈现方式，除理论阐述外，还设计了大量创新创业案例研讨，并用二维码关联了相关视频资源，让学生在有趣的探索启发式氛围中学习。本书内容丰富，兼具理论性与实践操作性，可作为高等院校各专业大学生创新创业课程教材，也可供对创新创业感兴趣的有关人员阅读参考。

图书在版编目（CIP）数据

创新创业基础 / 温和瑞，邱鑫，刘磊主编 . -- 2 版 . -- 北京：高等教育出版社，2025. 8. -- ISBN 978-7-04 -064740-2

Ⅰ. G647.38

中国国家版本馆 CIP 数据核字第 2025MU9241 号

创新创业基础（第 2 版）
CHUANGXIN CHUANGYE JICHU

策划编辑	韩奕帆
责任编辑	韩奕帆
封面设计	李树龙
版式设计	李树龙
责任绘图	邓 超
责任校对	张 薇
责任印制	赵 佳

出版发行	高等教育出版社
社 址	北京市西城区德外大街 4 号
邮政编码	100120
印 刷	人卫印务（北京）有限公司
开 本	787mm×1092mm　1/16
印 张	16
字 数	350 千字
购书热线	010-58581118
咨询电话	400-810-0598
网 址	http://www.hep.edu.cn
	http://www.hep.com.cn
网上订购	http://www.hepmall.com.cn
	http://www.hepmall.com
	http://www.hepmall.cn
版 次	2020 年 2 月第 1 版
	2025 年 8 月第 2 版
印 次	2025 年 8 月第 1 次印刷
定 价	42.60 元

前言

习近平总书记在党的二十大报告中指出："必须坚持科技是第一生产力、人才是第一资源、创新是第一动力，深入实施科教兴国战略、人才强国战略、创新驱动发展战略，开辟发展新领域新赛道，不断塑造发展新动能新优势。"改革开放40年多来，正是基于这些重要的发展战略，中国的国内生产总值世界排名从1978年的第15位（0.37万亿元人民币）上升到2024年的第2位（超过134.9万亿元人民币）。在世界500强企业中，中国企业数量从0家到135家。在2023年的福布斯全球亿万富豪榜中，中国大陆共有562人上榜，其中25人的财富超过100亿美元，15人进入福布斯全球亿万富豪榜前100位。中国创造的经济发展世界奇迹正是得益于改革开放推进的市场化经济改革，构建了一个世界上独一无二的创新创业制度环境，让一批批创业者能够尽情追逐自己的梦想，创造了大量的社会财富。在经济发展新常态下，需要千千万万的创业大军不断地投身创业大潮，推动中国经济持续高质量发展。在全面推进"大众创业、万众创新"的背景下，高校要全面深化创新创业教育改革，培养高素质创新创业人才，让无数创业者在新时代的经济发展大潮中自由搏击，让创新创业创造的血液在中国全社会自由流动，让创新创业精神蔚然成风。

纵观中国改革开放近半个世纪波澜壮阔的创新创业史，涌现出了一代又一代的创新创业者，除了时代和科技革命带给他们的机遇外，是什么原因使他们走向创新创业成功的道路？正是他们对创造社会价值的追求、对事物的好奇心，以及大胆尝试和勇于创新的精神。创新创业能教吗？德鲁克认为，创新可以作为一门学科去进行传授和学习。蒂蒙斯认为，创业是一个过程，有规律可循，可研究、可学习。本教材正是基于这些理念，从有利于创新创业课程内容的教学和学生创新创业能力的培养出发进行编写，聚焦学生的创新思维与创业意识培养，强化创新创业的通识教育，构建分层分类的创新创业教育内容体系，通过创新创业实践活动，厚植创新创业文化氛围，引导学生系统掌握创新创业的理论与方法，提升创新创业能力。

为了适应时代的快速发展与创新创业教育改革的不断深化，我们对教材内容进行了全面的修订，为广大师生提供更丰富、更前沿、更具实践指导意义的知识体系。本次修订主要从以下方面进行：一是把习近平总书记关于创新创业创造的重要讲话精神全面融入教材内容体系；二是新增第2章创新思维，旨在培养学生的创新思维能力；三是新增第6章创业资源，旨在帮助学生了解如何有效整合和利用创业资源，为未来的创业之路奠定坚实的基础；四是为更好地适应数字经济发展需要，新增第 9 章数字时代的创新创业，深入探讨数字时代创新创业的新机遇、新挑战和新模式。五是特别增设第 10 章创新创业案例，呈现大量最新的创新创业实践案例，让教学更具启发性和趣味性。这些章节的加入，使教材内容更加科学丰富、贴近时代，更加具有前瞻性。我们相信经过修订，教材内容将更加完善、实用，能够为广大师生提供更强有力的学习指导。

作为高校创新创业教育的通识课教材，全书共有 10 章内容，第 1 章创新创业概述，主要阐述推进创新创业的重要性，澄清社会和大学生对创新创业教育的误区；第 2 章创新思维，主要介绍 6 种创新思维训练工具，旨在培养学生的创新思维；第 3 章框架内创新，重点介绍 5 种框架内创新策略及如何运用这些策略进行创新实践；第 4 章创业团队，主要阐述创业者的特征和如何构建创业团队；第 5 章创业机会，主要阐述创业机会的主要来源与如何找到创业机会；第 6 章创业资源，主要介绍创业资源的类型，以及如何获取与整合创业资源；第 7 章商业模式，主要介绍商业模式及商业模式画布，以及如何构建创业项目的商业模式；第 8 章商业计划书，着重介绍如何撰写商业计划书；第 9 章数字时代的创新创业，全面阐述数字时代创新创业的新特征、新形态、新范式等；第 10 章创新创业案例，选取一系列具有代表性的创业企业、基础研究、企业管理的创新创业案例进行全面剖析，引导学生从这些案例中总结归纳创新创业的普遍规律。本教材秉持"做中学，学中做，学做结合，重在实践"的教育理念，设计了大量的实践工作坊，让学生将理论与实践相结合，实现从知识传授为主向能力培养为主、从讲授为主向体验学习为主、从以教师为中心向以学生为中心的转变。教材内容以简洁、可视化的方式呈现，采用较多的图表、视频等素材，丰富教学资源，提高学习内容的实用性和趣味性。

本教材由温和瑞、邱鑫、刘磊担任主编，胡兆波、罗序中、陆向谦担任副主编，全书由温和瑞负责内容框架设计和统稿。本教材在编写过程中参考了国内外的文献资料，在此谨向这些文献资料的作者表示衷心的感谢。在本书付梓之际，感谢江西理工大学广大师生对编写工作的大力支持，感谢高等教育出版社编辑为本书出版所付出的辛劳。由于编者水平有限，书中难免存在一些不足之处，欢迎各位专家、同行和读者批评指正！

编者

2025 年 6 月于赣州

目录

1 创新创业概述

创新创业是推动社会进步和经济发展的核心力量，掌握创新创业基础理论和基本方法对于个人职业发展和创造社会价值具有重要作用。创新是创业的关键驱动力，创业是创新成果的实践转化。本教材包括创新创业基础知识、机会识别、市场调研、商业模式、资源整合、团队建设以及风险管理等内容，探讨创新思维、组织领导力和数字经济等创新创业中的关键要素，结合人工智能、大数据、区块链等数字科技发展，引导学生思考数字时代的创新创业。课程学习过程中植入大量的工作坊，理论与实践相结合，旨在培养学生的创新创业能力。

本章主要阐述创新和创业的概念，探讨创新创业对于社会发展与个人创造的价值，引导大学生走出当下对创新创业教育认识的误区，分析今天中国的创新创业环境，激励大学生积极投身创新创业的时代大潮。

【导读图谱】

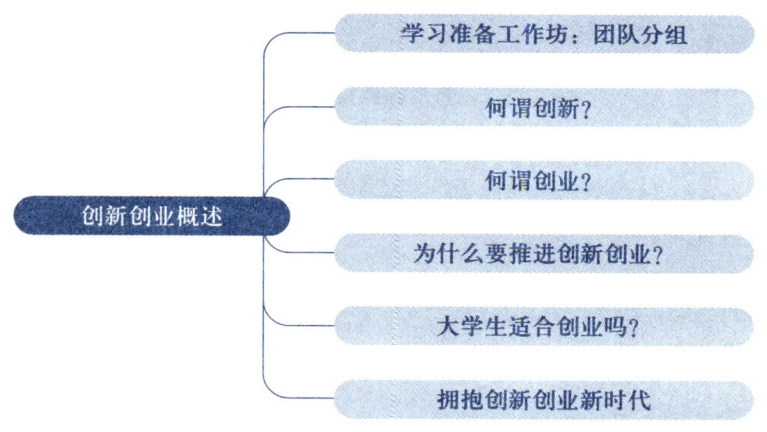

创新创业概述
- 学习准备工作坊：团队分组
- 何谓创新？
- 何谓创业？
- 为什么要推进创新创业？
- 大学生适合创业吗？
- 拥抱创新创业新时代

1.1 学习准备工作坊：团队分组

创新创业是人类文明进步活动的一种重要形态，从人类文明在地球上诞生起就已经开始，从原始狩猎时代的钻木取火，到农耕岁月的刀耕火种，从工业革命时期的机器迭代，到信息时代的人工智能，都是不同时期人类创新创业活动的具体表现。虽然创新创业伴随着人类的早期文明活动出现，但创新创业作为教育形态，是在人类进入20世纪中期才出现的。1947年，哈佛大学商学院开设"新企业管理"课程，在美国大学里开始了理论研究和实践探索相结合的创新创业教育。经过70多年的发展，世界高等教育已经深度融入了创新创业教育的内容，推动了创新创业人才的培养，促进了经济社会的快速发展。1989年，联合国教科文组织召开的面向21世纪教育国际研讨会，把培养学生的创新精神和创业意识作为重要的价值取向，首次把创业、学术、职业三大教育并列在一起，成为人们的"第三本学习护照"。

一、工作坊目标

（一）团队协作与能力培养

通过系统的团队组建流程与活动，强化学生的团队意识，让学生学会分工与合作，提升课程学习效果，培养未来创业所需的领导力和执行力，学习模拟真实创业团队的组建与协作过程。

（二）服务创新创业课程教学

为创新创业课程教学的开展进行科学、合理的分组，确保每组人员结构多元化，为后续课程教学中的工作坊、讨论、实践等环节奠定良好的基础，使学生能够在课程中充分发挥团队优势，挖掘创新思维，探索创业机会，高效完成课程学习任务，实现创新创业课程的教学目标。

二、分组信息

（1）时长：55分钟。
（2）人数：根据班级实际人数，建议每组5～8人，每班不超过8组。

（3）场地：宽敞、可灵活布置桌椅的教室，方便小组讨论与活动开展。

三、材料准备

（1）A3纸，每组1张。

（2）彩笔若干，每组一套。

四、教学流程

（一）分组（5分钟）

根据总人数确定分组，每组5～8人，尽量避免与熟悉的同学同组。若分为8组，则从第1排开始按1～8顺序循环报数，报相同数字的同学为一组。

课堂上同一组同学坐在一起，每次上课小组整体按顺时针挪动一个位置。

（二）破冰游戏（5分钟）

为活跃课堂气氛，消除陌生感，分在同一小组的同学可先做破冰游戏进行热身。破冰游戏是一种打破人际交往时怀疑、猜忌、疏远的游戏，能让小组成员在短时间内就能记住对方，帮助小组成员展示自我并变得乐于交往和相互学习，为下一步选举组长做铺垫。

此游戏以接龙的方式进行，小组成员围成一圈，先按顺序进行自我介绍。这个环节鼓励同学自告奋勇。每位同学可以说出自己的名字并加上自己的家乡与爱好，后面的同学必须记住前面同学介绍的信息，如第一位同学说"大家好！我是来自江西的会唱歌的AAA"，第二位同学必须说出"我是站在来自江西的会唱歌的AAA右边的，来自广东的会编曲的BBB"，第三位同学必须先说出前面两位同学的家乡、爱好和名字，再介绍自己。随着完成自我介绍的人数越来越多，后面的同学难度会越来越大，他们要想方设法地记住更多人的信息，已经介绍的同学会感到很轻松，但也会想方设法地提醒他人。所以，无论在前介绍还是在后介绍，同学们都会主动或被动地记住小组成员的信息，一圈下来，大家几乎都能记住了每个人的信息。相比传统的自我介绍，这种介绍的效果更加显著，而且活跃了气氛，消除了陌生感。

（三）选团队组长（5分钟）

1. 组长的职责

（1）领导小组成员：组织带领小组成员完成工作坊、寻找商业项目、撰写商业计划书、组织路演，决定小组成员分工、组织小组讨论等。

（2）决定成绩：课程结束时，组长按小组成员的贡献大小给出本小组的排名，即决定小组成员的成绩。

（3）维持纪律：创新创业课堂区别于传统的课堂，有大量的讨论与展示，课堂气氛活跃，这就要求每一个小组要有内部的约束机制。这种约束机制会使课堂热烈而有序，以确保小组成员始终聚焦课程的相关主题。

（4）协助教师：创新创业课程的环节相对复杂，程序更为烦琐，要完成大量的任务，组长要担负起大量的协调工作，协助教师完成课程任务。

组长的领导能力与责任感对本课程的学习至关重要，不仅关系到整个课程的学习效果，也关系到整个小组的成绩。由于最后的课程成绩是以小组形式给出的，因此，每位小组成员都要本着对自己负责、对小组负责的精神，把最具领导力、最具奉献精神的同学选出来作为组长。

组长的产生可按以下程序进行：

（1）每位同学依次进行自我介绍，阐述若担任组长将如何带领团队。

（2）通过公推或无记名投票选出组长。

2. 组长当选感言

每位新当选的组长依次发表1分钟的当选感言。内容可包括对团队未来的规划、自己的责任与决心，以及对小组成员的期望等，以此增强团队凝聚力，明确团队目标。

（四）制作海报（15分钟）

教师为每组提供1张A3纸和若干彩笔。小组成员分工合作，在15分钟内设计海报，内容涵盖取组名（体现创意）、定口号（展现愿景）、设计小组标识、列出小组成员、建立制度（包含奖惩）。海报设计需发挥团队想象力，切忌抄袭网络创意，要充分体现小组的价值观。

（五）团队展示（20分钟）

每个小组全体成员站到讲台上，推选1名代表展示本小组海报（图1-1），重点介绍组名、口号、小组标识及其背后的含义，分享小组在设计过程中的思路与合作情况，强化仪式感。

图1-1　团队海报展示

五、考核方式

（1）教师根据海报质量、团队展示表现给出成绩（表1-1）。评估海报时，要重点考量创意、愿景体现、团队成员呈现、制度合理性等方面；评价团队展示时，应关注表达清晰度、团队协作默契度、内容完整性等。

（2）严格按照相关规定执行各环节，强化仪式感与严肃性，让学生切实感受模拟真实商业项目的过程。注意引导学生积极参与、主动沟通与协作，在讨论和展示过程中尊重他人，保持良好的秩序。

（3）教师听完前3个小组的汇报后给出相立的分数，第4小组之后直接给分。

表1-1 小组学习过程考核记录表

任课教师：　　　　　　　课程名称：　　　　　　　教学班：

组别	1	2	3	4	5	6	7	8	9	10	平时成绩
第1组：											
第2组：											
第3组：											
第4组：											
第5组：											
第6组：											
第7组：											

1.2 何谓创新？

创新就是创造出新事物，这种新事物可以是实实在在的、物理意义上的新东西，也可以是社会文化精神方面的产物。习近平总书记指出："创新是一个民族进步的灵魂，是一个国家兴旺发达的不竭动力，也是中华民族最深沉的民族禀赋。"美国教育家泰勒说："创造力不仅对科技进步有影响，更对国家乃至全世界都有重要的影响。哪个国家能最大限度地发现、发展、激励人民的潜在创造性，哪个国家在世界上就处于十分重要的地位。"21世纪科技发展日新月异，国家之间的竞争日趋激烈，培养大批创新型人才是国家赢得核心竞争优势的关键。

【头脑风暴】

提到创新，你最先想到的3个关键词是什么？（3分钟）

以小组为单位找出你们认为最重要的3个关键词，串成一句话。（2分钟）

教师带领全班同学找出选择频率最高的3个关键词。（5分钟）

一、熊彼特的创新概念

（一）创新的定义

作为创新理论和商业史研究的奠基人，美籍奥地利政治经济学家熊彼特（图1-2）提出的"创新"定义及五种创新理念时常被人们所提及。

熊彼特认为，创新就是要"建立一种新的生产函数"，即"生产要素的重新组合"，把一种从来没有过的关于生产要素和生产条件的"新组合"引入生产体系，以实现对生产要素或生产条件的"新组合"；"企业家"的职能就是实现"创新"，引进"新组合"。熊彼特提出了产品创新、技术创新、市场创新、资源配置创新、组织创新的五种创新理念。

图1-2 熊彼特（1883—1950）

（二）五种创新理念

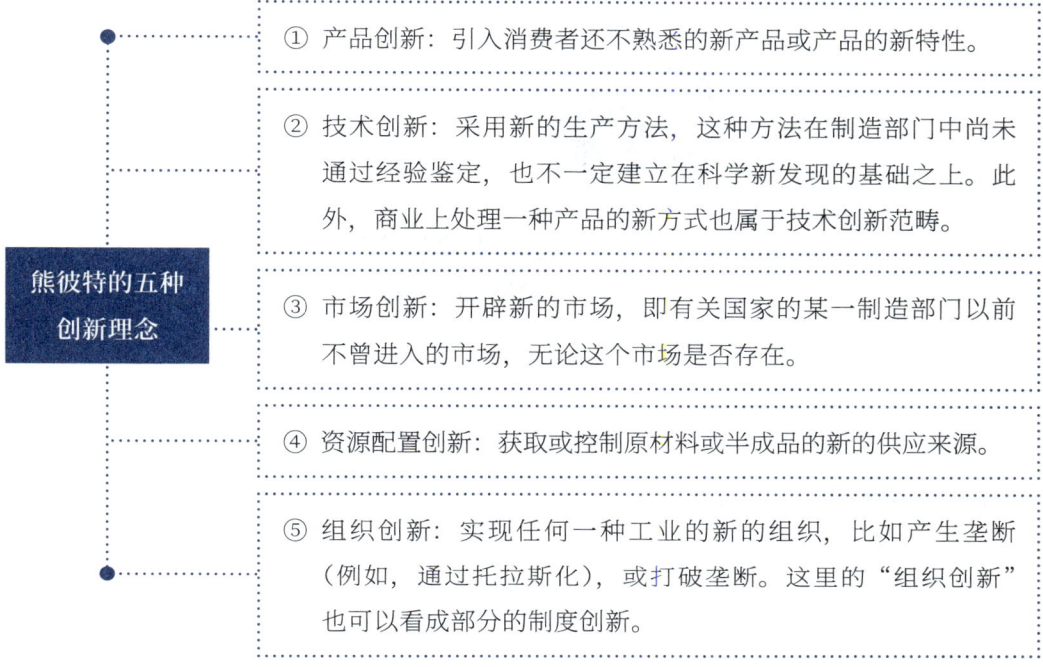

熊彼特的五种创新理念

① 产品创新：引入消费者还不熟悉的新产品或产品的新特性。

② 技术创新：采用新的生产方法，这种方法在制造部门中尚未通过经验鉴定，也不一定建立在科学新发现的基础之上。此外，商业上处理一种产品的新方式也属于技术创新范畴。

③ 市场创新：开辟新的市场，即有关国家的某一制造部门以前不曾进入的市场，无论这个市场是否存在。

④ 资源配置创新：获取或控制原材料或半成品的新的供应来源。

⑤ 组织创新：实现任何一种工业的新的组织，比如产生垄断（例如，通过托拉斯化），或打破垄断。这里的"组织创新"也可以看成部分的制度创新。

（三）企业家与创新的关系

企业家的核心职能：熊彼特认为，企业家的核心职能不是经营或管理，而是实现企业的创新，即引入新的生产要素和生产条件的组合。这种新组合的实现称为"企业"，而实现新组合的人称为"企业家"。

企业家与利润：在熊彼特的理论中，创新是经济发展的动力源泉，也是企业家获得超额利润的原动力。当企业家成功实现创新时，他们会获得超额利润，这是对他们创新活动的回报。

值得注意的是，熊彼特认为，"创新"不是一个技术概念，而是一个经济概念。它严格区别于技术发明，是把现成的技术革新引入经济组织，形成新的经济能力。

二、德鲁克的创新概念

（一）创新的定义

现代管理学家德鲁克（图1-3）的创新理论影响了数代追求创新和最佳管理实践的学者和企业家。德鲁克认为，创新并非一定是发明或者创意，而是为客户创造新的价值，即推出一种新产品、新服务或新流程，满足客户尚未被满足的需求。他将创新划分为产品的创新、管理的创新、社会的创新，并提出创新有七个来源。

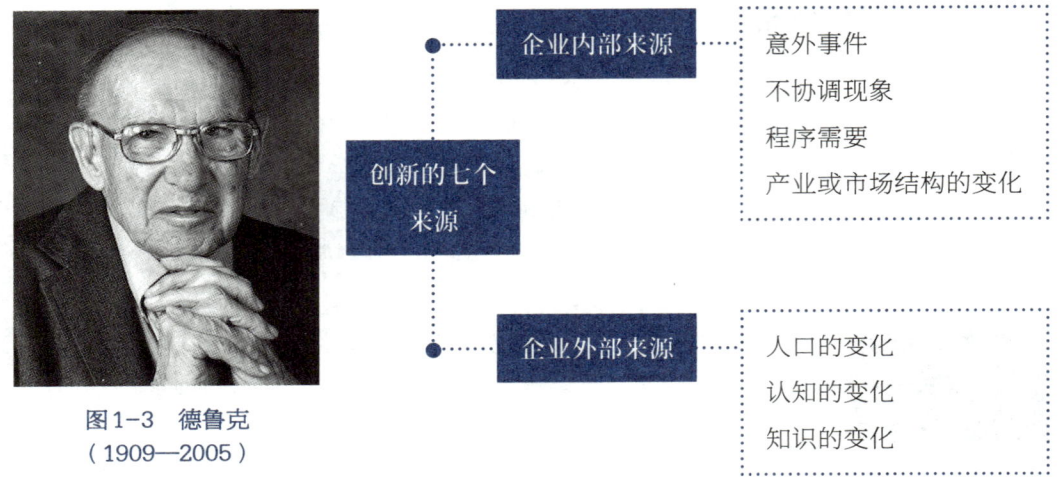

图1-3　德鲁克
（1909—2005）

（二）创新的七个来源

德鲁克关于创新的理解和实践是一个全面而系统的框架，不仅关注技术层面的革新，更强调组织、管理、市场等多个方面的综合创新。

1. 企业内部来源

意外事件：包括意外的成功和失败，能冲击人的固有观念，因此是创新的极大源泉。这一来源是所有创新机遇中最容易获得的，而且所需的创新时间最短。

不协调现象：不协调现象往往是"感受"出来的。具体可分为三类：经济现状之间的不协调、现实与假设之间的不协调、认知和实际的客户价值与期望之间的不协调。

程序需要：与其他创新来源不同，它并不始于环境内部或外部的某一事件，而始于有待完成的某项工作，即通过发现程序中的不协调来获得。通常有两种方式——改善现有程序的"薄弱环节"或者补上"欠缺环节"，使得某个程序成为可能。

产业或市场结构的变化：面对产业或市场结构发生变化，每个人需要重新审视回答"我们的业务是什么？"的问题。产业或市场结构的变化，即传统定义产业或市场的方式可能过时，这就是创新者的机会。

2. 企业外部来源

人口的变化：人口对商品类型、购物者以及购买数量都有重要影响。人口的变化包括人口数量、人口规模、年龄结构、人口组合、就业情况、受教育程度以及收入情况等的变化，从这些变化中寻找创新机遇是极其重要的。

认知的变化：认知的变化多属于自然而然的变化。人们很难确定认知的变化是永久的还是昙花一现的，也很难确定认知的变化所带来的真正结果。因此在利用认知变化的过程中，创新者必须拔得头筹，从"小而专"的领域做起。

知识的变化：在创新的历史进程中，基于知识的创新占有重要分量。基于知识的创新往往是不同知识的融合，且不局限于科学或技术知识。

三、陶行知的创新概念

我国人民教育家陶行知（图1-4）认为，所谓创新，就是在劳力上劳心，即在做的过程中，开动脑筋，手脑并用，把东西做得更好、更完美。创新还具有打破陈规旧说、破除迷信、挣脱教条的束缚、从僵化的习惯性思维中解放出来的含义，即"敢探未发明的新理，敢入未开化的边疆"。从这个思维出发，陶行知认为："处处是创造之地，天天是创造之时，人人是创造之人。"

图1-4　陶行知
（1891—1946）

四、许小年的创新概念

我国经济学家许小年（图1-5）认为，创新不是风口，不是新潮，不一定是当前最前卫、最先锋的技术，而是要做自己和他人没有做过的事情，是带给这个世界、带给市场新的产品、新的技术、新的商业模式、新的想法和新的服务。创新是实现差异化竞争，要思考自身的独特之处。

以上是从不同角度来看创新的，其中有企业的创新、教育的创新和市场的创新，但都要求有新的东西，有前人未做过的事情。

图1-5　许小年（1953—　　）

我们认为，创新是大胆尝试、小心求证新事物的过程。不尝试，就不可能有创新，创新一定要有执行力，要行胜于言；小心求证指的是创新要讲究方式方法，创新不是蛮干，不能粗枝大叶，而是要专注、有目标，要努力地工作。

1.3 何谓创业？

一、创业的定义

习近平总书记指出，创业是推动经济社会发展、改善民生的重要途径。通过创业，个体或团队可以发现并利用商业机会，整合资源，创新产品或服务，并承担风险以创造价值。创业有广义和狭义之分，广义的创业是指开创一番事业，可以是经济方面的事业，也可以是政治、军事、文化、科学、教育等方面的事业；可以是营利的事业，也可以是非营利的事业。狭义的创业，即创办新的企业。

美国创业教育家杰弗里·蒂蒙斯（1942—2008）认为：创业是一种思考、推理和行为方式，它为机会所驱动，需要

提到创业，你最先想到的3个关键词是什么？（3分钟）

以小组为单位，找出你们认为最重要的3个关键词，串成一句话。（2分钟）

教师带领全班同学找出选择频率最高的3个关键词。（5分钟）

创业者在方法上全盘考虑并拥有和谐的领导能力。哈佛大学第一位创业管理学教授霍华德·史蒂文森（1947—　）认为：创业是不拘于当前所控制的资源而探寻机会并创造价值的过程。这两种诠释各有所长。蒂蒙斯强调机会和创业实施方法的重要性，史蒂文森强调创业的本质是把握机会。

创业是一种创新和创造的过程，是一种为了满足人们需求、创造经济价值和社会价值的社会行为。创业者通过发现商业机会、创新思维和有效管理，带来产品、服务、就业和财富的增长，促进社会经济的发展与进步。创业对个人、组织、社会和经济都具有重要的意义，是推动社会变革和进步的关键力量之一。图1-6是创业的一般过程。

二、蒂蒙斯的创业管理模型

蒂蒙斯于1999年在他所著的《新企业的创建》一书中提出了一个创业管理模型。他认为，成功的创业活动必须将机会、团队和资源三者作出最适当的搭配，并且能随着事业发展而保持动态平衡。创业由机会启动，只有在组成团队之后取得必要的资源，创业计划才能顺利开展。

蒂蒙斯创业管理模型的特点是机会、团队、资源三个核心要素构成一个倒三角形（见

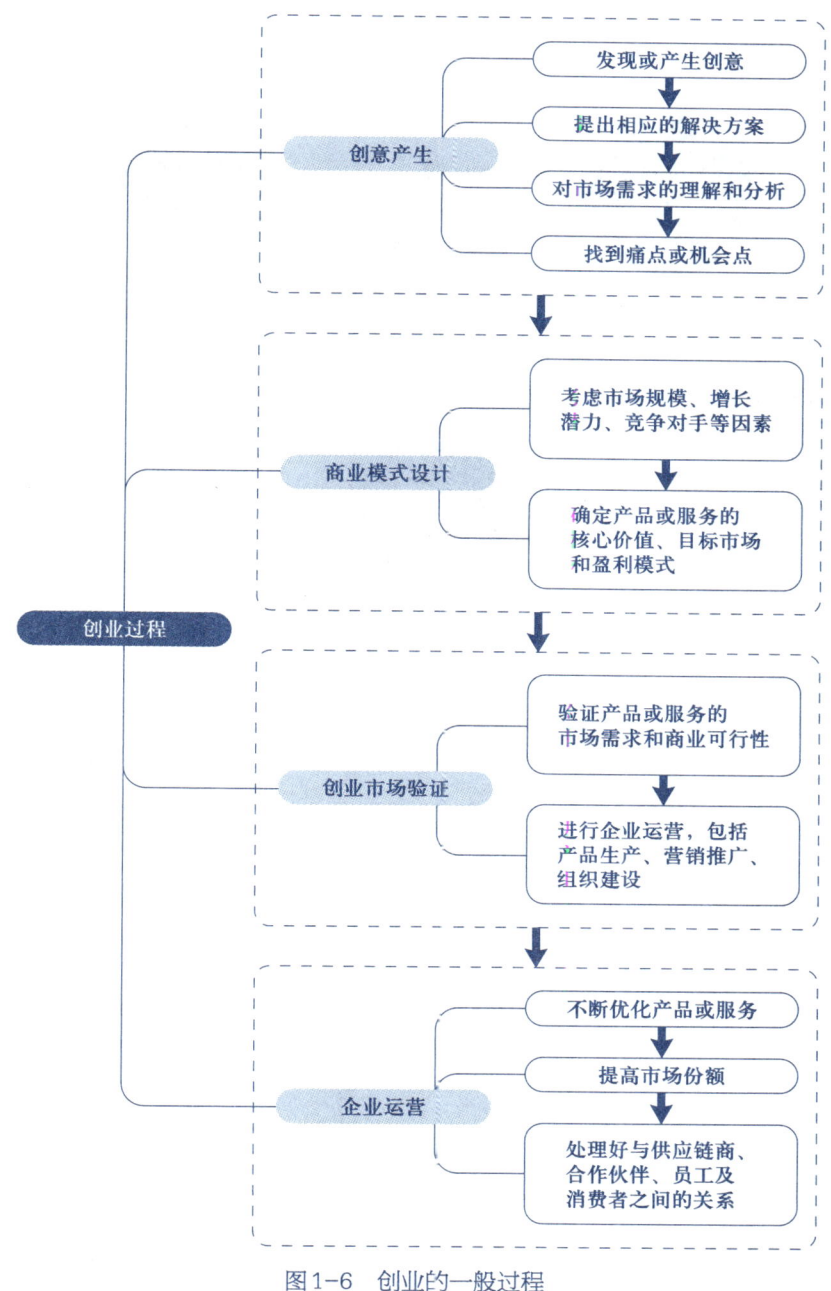

图1-6 创业的一般过程

图1-7）。在创业初始阶段，企业机会较大而资源较为缺乏，三角形将向左边倾斜；随着企业的发展，企业拥有了较多的资源，但这时原有的商业机会可能会变得相对有限，这就导致了另一种不平衡。创业者因为创业的需要不断探求更多的商业机会，进行资源的合理运用，使企业发展保持平衡。这三者的不断调整，最终实现了动态平衡，这就是新创立企业发展的实际过程。

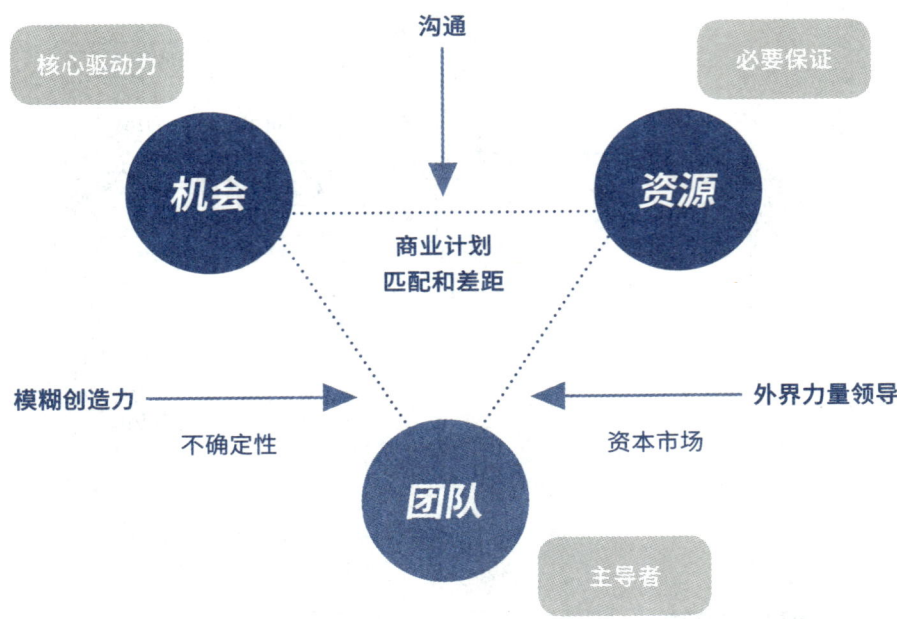

图1-7　蒂蒙斯的创业管理模型

1.4　为什么要推进创新创业？

创新创业是人类文明进步的引擎，是社会财富积累的加速器。创新创业是激发全社会的创新潜力，推进包括商业模式等在内的多种形式的创新活动。通过创新创业促进调整产业结构，培育新兴产业和改造传统产业，提高产业价值链，孕育新企业，构建新质生产力。世界正处于百年未有之大变局，我国社会的主要矛盾、经济发展格局以及要素条件、增长动力与国际环境等都发生了深刻的变化。要适应这种时代变革，唯有不断创新，通过推进全社会的创新创业，才能推动经济转型升级和高质量发展。创新创业带来大量新的就业机会，能吸收过剩产能转移出来的劳动力，并通过制度、机制和环境建设引导高素质人才通过创新创业实现自身价值。随着个性化、差别化、多样化和高端化的消费模式兴起，传统供给结构已不能满足新需求，要通过创新创业开发新产品和开拓新市场来满足这些新需求，促进消费和经济增长。数字技术和人工智能的发展将引领社会生产生活的深刻变化，人们通过全面应用互联网、云计算、大数据、人工智能等新一代通用技术，培育新的经济增长点，实现经济结构的调整和升级。

创新创业是社会制度变迁的推动力，可以通过制度创新和结构调整来推动经济的新增长。合理的制度能刺激投资和技术进步，实现经济的持续性增长。创新创业还可以打破制度变迁中的路径依赖，提供新的发展路径。中国改革开放创造了经济发展的奇迹，这主要得益于国家创造性地实行对外开放政策和经济领域推行的市场化改革，构建了一个世界上独一无二的巨大市场和创新创业环境，让一批批创业者能够尽情追逐自己的梦想。

一、五次创业浪潮

改革开放以来，我国大致经历了五次创业浪潮（图1-8）。一波又一波的创业弄潮儿前赴后继，迸发出惊人的创造力，持续推动中华民族从站起来、富起来到强起来的历史转变，书写了无数中国发展奇迹。

第一次创业浪潮始于1978年党的十一届三中全会，此后农村实行家庭联产承包责任制，诞生了一大批乡镇企业，使得当时农村地区和偏远的四、五线城市的商业经济迅速发展。许多农民成为改革开放后的首批创业者，他们创业办起许多乡镇企业，产生了鲁冠球、何享健、刘永言、刘永行、陈育新、刘永好等新中国第一批企业家。

图 1-8　五次创业浪潮

第二次创业浪潮大致始于 1984 年，农村家庭联产承包责任制被引进城市的工厂企业，城市国有企业的承包制改革拉开序幕，诞生了诸如郑永刚、王石、任正非等一批当下正在引领行业的企业家。

第三次创业浪潮的主力是中国社会主流精英人群。1992 年，党的十四大明确提出要建立社会主义市场经济体制，大批在政府机构、高等学校、科研院所有创业热情的人受此影响，纷纷辞职主动下海创业，形成了以陈东升、冯仑、王功权、潘石屹、黄怒波等为代表的企业家。

第四次创业浪潮是从 1998 年开始的互联网革命，随着互联网企业迅速崛起，相继诞生了一系列互联网独角兽企业。马云、马化腾、李彦宏、刘强东、丁磊等著名互联网企业家就是在这次创业浪潮中发展起来的。

第五次创业浪潮是从 2007 年开始，伴随第一部智能苹果手机的诞生，移动互联网时代到来。移动应用如今日头条、抖音、快手、微信、美团、滴滴出行、拼多多等迅速崛起，"80 后"的创业领军人物如张一鸣、黄铮、王兴等登上历史舞台。

五次创业浪潮不仅推动了中国经济发展，也为众多创业者提供了广阔的发展空间和机会，每一次创业浪潮的产生都促进了众多创业者的创业活动，同时也为国家的经济发展注入了新的活力。中国的国内生产总值世界排名从 1978 年的第 15 位（0.37 万亿元人民币）上升到 2024 年的第 2 位（超过 134.9 万亿元人民币），年均增长 5.0%。

改革开放以来，中国企业家的创新创业，不仅创造了社会和个人财富，更让中国企业发展走在世界的前列，为世界经济发展作出了重要贡献。1978—2023 年，福布斯世界 500 强企业中，中国企业数量从无到有，达到 142 家（包括港澳台），超过美国 136 家（图 1-9）。福布斯官方发布的 2023 年全球亿万富豪榜中，中国大陆共有 562 人上榜，其中 25 人财富超过 100 亿美元，15 人挤进福布斯全球亿万富豪榜前 100 位。

五次创业浪潮催生了中国民营经济的飞跃发展。今天的中国，民营经济在整个经济体系中具有重要地位（表 1-2），贡献了 50% 以上

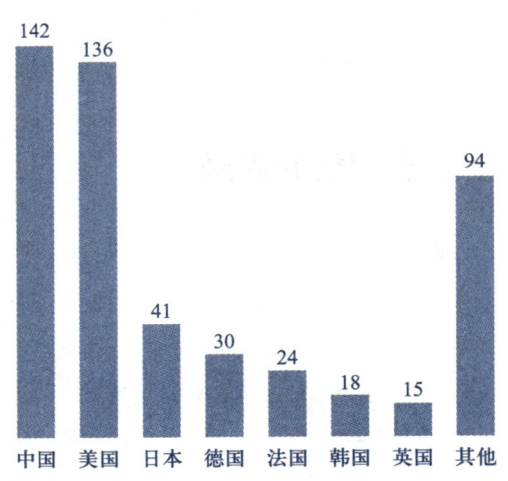

图 1-9　2023 年《财富》世界 500 强各国企业数量占比

的税收，60%以上的GDP，70%以上的技术创新，80%以上的城镇劳动就业岗位，90%以上的企业数量。改革开放以来，中国创造了经济发展的奇迹，这得益于党的领导，推进经济领域市场化改革，让一批批创业者尽情奋斗、追逐梦想，创造了大量的财富，为中国经济发展作出了重要贡献。

表1-2　2024年福布斯中国内地富豪榜（前40名）

排名	姓名	净资产	行业
1	钟睒睒	508亿美元	食品饮料
2	马化腾	468亿美元	科技
3	张一鸣	456亿美元	科技
4	黄峥	439亿美元	科技
5	曾毓群	372亿美元	汽车
6	何享健及家族	286亿美元	制造业
7	丁磊	274亿美元	科技
8	马云	252亿美元	科技
9	王传福	228亿美元	汽车
10	雷军	199亿美元	科技
11	吕向阳	174亿美元	汽车
12	黄世霖	170亿美元	汽车
13	秦英林	169亿美元	食品饮料
14	王卫	166亿美元	服务业
15	李书福	156亿美元	汽车
16	王兴	146亿美元	科技
17	郑淑良及家族	143亿美元	金属与矿业
18	张志东	141亿美元	科技
19	党彦宝	139亿美元	金属与矿业
20	魏建军及家族	132亿美元	汽车
21	其实及家族	122亿美元	科技
22	钟慧娟	120亿美元	医疗保健
23	于泳	115亿美元	金融与投资
24	刘永行	113亿美元	服务业

排名	姓名	净资产	行业
25	林木勤及家族	109亿美元	食品饮料
26	周群飞	107亿美元	科技
27	孙飘扬	106亿美元	医疗保健
28	李水荣及家族	102亿美元	制造业
29	庞康	100亿美元	食品饮料
30	王来胜	98亿美元	科技
31	龚虹嘉及家族	97亿美元	金融与投资
32	王来春	96亿美元	科技
33	裴振华	94亿美元	能源
34	徐航	91亿美元	医疗保健
35	许仰天	90亿美元	时尚与零售
36	陈邦	89亿美元	医疗保健
37	林斌	82.5亿美元	科技
38	朱义	82亿美元	医疗保健
39	蒋仁生及家族	79亿美元	医疗保健
40	刘汉元	78亿美元	食品饮料

习近平总书记在2025年民营企业座谈会上指出："广大民营企业和民营企业家要满怀创业和报国激情，不断提升理想境界，厚植家国情怀，富而思源、富而思进，弘扬企业家精神，专心致志做强做优做大企业，坚定做中国特色社会主义的建设者、中国式现代化的促进者。"这一重要论述为我国民营经济发展壮大指明了前进方向。

随着百度、阿里巴巴、腾讯、抖音、拼多多等互联网企业的发展壮大和国际地位的确定，中国的数字经济已走在世界前列。2025年，中国深度探索公司发布DeepSeek大模型，不仅引发了以英伟达为代表的美国芯片科技股的大跌，更是点燃了全世界应用人工智能的热潮。因此，在21世纪的第三个10年，中国和世界将进入数字创业时代，这次创业浪潮将对人们的生产生活产生更为广泛而又深刻的影响。

二、江西籍创业精英

自改革开放以来，江西涌现了一批独角兽创业者，盘点近10年江西籍互联网创业人士，除了滴滴出行的程维、米哈游的罗宇皓外，在消费电子及互联网行业中，有分期乐的肖文杰、趣学车的刘伟俊、寺库的李日学、洋码头的曾碧波等创业者；在人工智能领域，有地平线机器人的余凯、寒武纪科技的陈天石和陈云霁、图灵机器人的俞志晨、猎豹移动的傅盛等创业者；此外，还有梅花天使创投创始合伙人吴世春、阿里巴巴集团学术委员会主席曾鸣等优秀创业者。这些创业者大都有着相似的履历背景，多数人毕业于普通高等院校，大多来自农村或县城等。但他们中的大多数在20多岁就投身于创新创业，在30岁左右就有所成就，成为同时代的佼佼者。江西籍互联网创业者是中国新一代互联网创业大军中的一支劲旅。

意大利经济学家帕累托提出二八法则，即20%的人掌握着80%的财富，换句话说，就是少数人掌握了社会多数的财富，毫无疑问，他们大多是创业者或职业经理人。如果你想要成为金字塔尖的20%财富的拥有者之一，大概率你应该首先成为一位创业者。当然，这里的创业者不一定都是创建企业，也可以加盟一个创业团队，成为联合创始人，或在早期加入初创公司，在企业拥有股权，还可以是在某个大公司，发起一个新领域的创业。新东方教育科技集团在创办早期招聘了十多名50多岁的下岗女工，伴随着公司的成长及后来的上市，因为她们拥有股权，从某种意义上讲，她们也是创业者。

今天的中国，国内生产总值已接近135万亿元人民币，全年人均国内生产总值为95 749元人民币，大城市高楼林立，高速公路和高速铁路四通八达，工业制造体系完善，这些说明什么？通过创新创造，中国人富起来了，我们的财富是怎么来的？是千千万万家企业创造出来的，那企业又是怎么来的？追溯到20年前，它们都是一些小企业和小型创业公司。政府的财政收入是企业创造出来的，企业是创业来的，从这个意义上说，创业是人类永恒的主题。

习近平总书记强调："创新是民族之魂，是时代主题；创业是发展之基，是富民之本。"实践证明，广泛开展大众创业、万众创新，是培育和催生经济社会发展新动力的必然选择，是扩大就业、实现富民之道的根本举措，是激发全社会创新潜能和创业活力的有效途径。我们要破除一切束缚创新发展的体制机制障碍，让每个有创新创业意愿的人都有自主创业的空间，让创新创业的血液在中国全社会自由流动，让自主发展精神蔚然成风。

1.5 大学生适合创业吗？

一、大学生是否适合创业？

大学生是否适合创业？这是一个仁者见仁、智者见智的问题，值得全社会深入讨论，相信在讨论过程中答案会越来越清晰。人们普遍认为，大学生的主要任务应该是学习，他们需要集中精力学习专业知识，而不应该把时间花在充满不确定性的创业上。

李开复在 2013 年写给想创业的毕业生的一封信中谈到，创业成功的关键在于团队、经验与执行力，大学生缺乏团队，没有丰富的创业经验，缺少强有力的执行力，因此创业的成功率不高。他建议大学生先参与创业，再主导创业，这也是当时创投界很流行的一种观点。但是后来他对自己的观点做了修正，他认为"确实有一批一毕业就可以尝试创业的大学生，5 年前大家通常认为 30 多岁是创业的黄金年龄，但到了现在，27 岁就成了创业的黄金年龄，这也只是一个平均值，在创新工场里面最年轻的创业者才 21 岁"。

以美国风险投资家彼得·蒂尔、真格基金创始人徐小平、美团创始人王兴等为代表的一批企业家都支持大学生创业。他们认为大学生最具创新精神，加上今天的创业与传统的创业不完全相同，创业者并不一定要有大量经验的积累，只要懂得互联网，懂得人类的需求，就可以做出适用的产品，最为重要的是 "Some ideas can't wait"。因此，彼得·蒂尔创办了旨在鼓励高中生和在校大学生休学创业的 "20 under 20" 项目，该项目每年选出 20～25 位 20 岁以下的有创业想法的青年，2 年内给他们 10 万美元的支持，让他们去做自己最想做的事情。美国的五大科技公司，所谓的 "FAAMG"（即脸谱网、苹果、亚马逊、微软、谷歌），有 4 家都是大学生创业创立的。虽然中国大学生创业没有如此辉煌的成绩，但世纪佳缘、饿了么等公司的创建也是在校生创业的成功案例。综观马云、刘强东、程维、王兴等一大批知名的创业者，他们的创业方向与大学所学专业并没有很强的关联性，对一些大学生来说，如果他们更早进入创业状态，就可以更快地走上创业道路。

毫无疑问，大学生的主要任务是学习，大学生创业大多应该只限于少数有创业梦想的人，他们应该是一个小众的群体。事实上，前面讲到的这些优秀的创业者，他们就属于这一类人。在大学校园里他们往往是另类，他们中的绝大多数人学习成绩平平，因为他们的志趣不在自己的专业上，而对技术、产品或应用如痴如醉，对创业中的领域和知识如饥似渴。他们敢于大胆尝试，聚焦产品领域，最终通过产品改变人们的生活，成就一番事业，成长为一名优秀的创业者。对于这样的学生，学校要持有更大的宽容态度，帮助和指导他们完成校园创业。

课堂活动

创业素质测评

创业素质测评

美国创业协会设计了一份问卷，假如你想对自己的创业素质多一分了解的话，试着扫描二维码诚实地回答题目，每道题目有四个选项。

二、互联网时代创业者的年龄越来越小

互联网时代是属于年轻人的时代，腾讯公司的创建者马化腾曾经说过一句让整个互联网界都深感焦虑的话：有时候你什么错都没有，你就是太老了。BAT三家互联网公司（百度、阿里巴巴、腾讯）的员工平均年龄分别为29.2岁、32.2岁、28.9岁，基本都是在30岁左右的80后、90后。大多数优秀的创业者在大学期间或毕业后不久就走上了创业的道路。雷军在武汉大学读书时就开始创业，毕业后曾参与金山软件公司创业并担任公司总经理、总裁。我们身边的一些创业者或者说民营企业家，很多人也是从二三十岁就开启了创业历程。无论哪个行业，站在创业的角度上说，年轻人创业都具有天然的优势。

三、年轻创业者的优势

为什么这些独角兽创业者都是清一色的年轻人？这是因为年轻人创业具有得天独厚的优势，特别是在互联网时代。正如2022年6月习近平总书记考察香港科学园时讲到的，青年人是全社会最富有活力、最具有创造性的群体，也是推动创科发展的生力军。要为青年铺路搭桥，提供更大发展空间，支持青年在创新创业的奋斗人生中出彩圆梦。

年轻创业者在创业过程中通常具备以下九个方面的独特优势：

（1）**创新思维活跃**：年轻人往往更具创造力和开放性，能够从不同的角度看待问题，提出新颖的解决方案。这种创新思维有助于开发出独特的产品或服务。

（2）**适应能力强**：年轻创业者通常对新技术和市场变化的适应能力较强，能够迅速学习和调整自己的策略，以应对快速变化的市场环境。

（3）**风险承受能力强**：年轻人通常没有太多的家庭负担和经济压力，因此在面对创业风险时，能够更加大胆地尝试和冒险。

（4）**网络资源丰富**：许多年轻创业者在大学或社交媒体上建立了广泛的人际网络，可以利

用这些资源获取支持、合作机会和投资。

（5）**对新兴市场的敏锐度**：年轻人更容易识别和理解新兴市场和趋势，能够抓住年轻消费者的需求，开发相应的产品和服务。

（6）**热情和动力**：年轻创业者通常充满激情和动力，愿意投入大量时间和精力来实现自己的创业梦想，这种热情能够激励团队并推动项目向前发展。

（7）**灵活性**：年轻创业者在时间安排和工作方式上通常更具灵活性，可以更容易地调整工作计划和策略，以适应市场需求。

（8）**技术熟练度**：在数字时代成长的年轻创业者通常对新技术和互联网工具非常熟悉，能够利用这些工具提高工作效率和市场竞争力。

（9）**社会责任感**：许多年轻创业者关注社会和环境问题，愿意通过创业来推动社会变革，吸引志同道合的消费者和投资者。

所有这些优势使得年轻创业者在创业过程中能够更好地应对挑战，抓住机会，推动事业的发展。习近平总书记激励广大青年要敢于做先锋，而不做过客、当看客，让创新成为青春远航的动力，让创业成为青春搏击的能量，让青春年华在为国家、为人民的奉献中焕发出绚丽光彩。

特别是新的科技革命颠覆了传统的创业模式时，创业不再依赖传统意义上的经验积累，而是要懂得互联网时代的发展特征，抓住网民的心理需求。年轻人不易被各种条条框框约束，创新意识更强，常常会创造新方法去解决问题；年轻人的学习能力更强，具有非常敏锐的思维和高涨的热情，能够快速地接受新概念和新技术，并且能够迅速地把一些新的想法付诸实施。

相反，在职场上打拼多年的人容易形成相对固定的思维和行为定势，做事情更倾向采取某种方法，从而导致学习新知识的速度减缓。一个年龄稍长的人，虽然他的阅历与人脉更加丰富，但是就精力而言，已大不如二十多岁的后辈，这个年龄的人相对不敢去冒险，因为他们背负着生活的重担。一般来说，随着年龄的增长，创新精神逐渐减弱，容易受惯性思维的束缚，学习能力也在减缓，对于互联网的发展趋势与方向的把握相对来说没有优势，对新事物的学习和接受能力相对不如年轻人。这也许就是互联网领域罕有 40 岁以上的大龄创业者的原因。当然，并不是说年龄大了就不能创业，在传统行业，特别是与经验、人脉相关性很大的行业，年龄大的创业者具有独特的优势。

四、创新创业可学可教

德鲁克认为，创新创业是可以作为一门学科去传授和学习的。他认为创业就是创业者学会通过发现和追求机遇来实践系统化的创新。创新是所有创业者遵循的工作实务，创新并不一定要是天才，但一定要训练。创新不仅是灵光乍现，更要遵守原则和条件。因此，创新是一门可以去传授和学习的学科，只要遵循一定的规律和掌握一定的方法，就可以学会如何成功地创新。创新，首先是创新思维的培养，创新思维可以通过学习掌握创新方法、应用创新工具来训练培养。

　　蒂蒙斯从创业学的视角来研究创业，他认为创业学是一门学科，创业是可教可学的。蒂蒙斯认为，就创业本身而言不是一个结果，而是一个过程，既然是一个过程，那么就可以研究学习，有规律可循。创业教育是教你学习创业知识，训练创业思维，引导你如何发现市场、寻找商机，最终走上创业的道路，向青年人展现未来事业的发展前景，树立正确的创业态度。

　　创业首先是发现产品价值，然后是寻到市场和商业机会，这个商机来自你发现的一个市场痛点，或社会上尚未被满足的一个需求，基于这个商机，你有一个想法或创意来解决它，为了实现它，你设计出一个产品或一种服务，在这个过程中，你需要深入调研市场价值所在和实施的可行性、制订商业计划、筹集创业资金、寻找创业合伙人，这就是创业的大致过程。而所有过程都可以设计成可遵循的原则和流程，这些原则和流程是可以学习和复制的。在目前大众创业的热潮下，我们要向学生讲授更多的创业知识，培养他们的创业意识，创造条件鼓励青年人去创业，向他们普及创业理念和热情，提高他们的创新创业能力，只有这样才能建立起创业生态环境，并不断优化。

　　创新工场的李开复指出，创业成功的关键在于团队、经验和执行力。大学所学的专业知识和技术只是单方面，创业者不能只是专才，而是要有多方面的经验，不但要懂技术、产品，也要懂管理、运营、市场。所有这些都可以通过创新创业教育过程传授给学生。

　　创业者并非天生的，有些人天性乐观、有远见和敢于冒险，这些特质是天生的，但创业的环境、氛围也非常重要，创业成功更多地取决于后天因素已成为普遍共识。德鲁克认为，创业就是创业者学会通过发现和追求商业机遇来实践系统化的创新。创新是管理者的一项重要能力，它是有规律可循的实务工作。创新不需要天分，但需要实践训练；不需要灵光乍现，但需要遵守规律（创新的原则和条件）。因此，创新可以作为一门学科去传授和学习，只要遵循一定的规律，就可以学会创新。蒂蒙斯从创业学的视角进行研究，认为创业学是一门学科，是可教的。就创业本身而言，它不是一个结果，而是一个过程。既然创业是一个过程，那么就可以研究、可以学习，有规律可循。创业是一条引导年轻人发现创新思路和商机的道路，它展现了年轻人未来事业的前景。

1.6 拥抱创新创业新时代

一、我们处于互联网时代

2015 年，习近平总书记在浙江省乌镇视察"互联网之光"博览会时强调，互联网是 20 世纪最伟大的发明之一，给人们的生产生活带来巨大变化，对很多领域的创新发展起到很强带动作用。互联网发展给各行各业创新带来历史机遇。要充分发挥企业利用互联网转变发展方式的积极性，支持和鼓励企业开展技术创新、服务创新、商业模式创新，进行创业探索。

2024 年是互联网诞生 55 周年，也是中国全功能接入国际互联网 30 周年。1994 年 4 月，中国国家计算机与网络设施工程连入国际互联网的 64K 国际专线开通，实现了与国际互联网的全功能连接，从此，中国开始了互联网国家的历程。如今，中国从一个没有互联网的国家，变成今天使用互联网人数最多、国际互联网技术发展最快的国家。从开始的新浪、搜狐、网易三大门户网站，到后来的 BAT，构成了以门户网站为代表的 web1.0 时代，它的本质特征就是B2C（business to customer），即企业对消费者的电子商务形式。信息、电商、网络社交构成了web1.0 时代的基本商业模式，广告、游戏、购物是其基本的收入来源。2007 年，乔布斯宣布第一款 iPhone 手机问世，开启了移动互联网时代，也就是 web2.0 时代。在中国，新浪微博问世，随后淘宝诞生，BAT 全面由 PC（personal computer，即个人计算机）时代转向移动终端时代。web2.0 时代最本质的特征就是 C2C（customer to customer），即个人与个人之间的电子商务，企业成为连接平台。供给侧、需求侧、连接方式构成了互联网时代新的商业模式，佣金、内容付费成为这个时代的收入来源。从互联网 web1.0 时代到移动互联网 web2.0 时代，最大的变化是数据传输速度空前提升，图文传输进入音视频时代，手机移动终端取代电脑桌面，上网行为变得随时随地。

2016 年，人工智能机器人阿尔法围棋在五番棋中以 4∶1 大胜世界围棋冠军李世石，标志着人类进入人工智能和物联网时代。人工智能和物联网时代的本质特征是人工智能、大数据、云计算、万物互联，其最典型的应用场景是无人驾驶、机器人、智慧金融、智慧医疗、人脸识别、区块链技术等。

中国互联网行业经过 30 年的探索与创新，已成为推动中国经济发展的新引擎。根据中国信息通信研究院数据显示，2018 年，中国数字经济占 GDP 的 35%，比 2017 年增长了 90% 以上，在激烈的竞争中诞生了一批标志性企业。

2007年，全球市值排名前十的公司除了微软是互联网企业外，其他的都是石油、金融、通信企业，2023年全球市值排行前十的公司中，互联网企业已有7家。它们有的市值近万亿美元，比许多国家的国内生产总值还高，互联网企业正在引领全球经济的强劲增长。今天互联网的发展正在彻底颠覆经济发展与人们的生活，互联网也打破了工业文明的摩尔定律，使公司的盈利呈指数级增长，很多公司在创建的一两年间就能够达到10亿元人民币的收益，这是传统企业不可比拟的。过去20多年间，无数人曾质疑互联网经济，但今天互联网正在颠覆产业以及每个人的生活，充分证明了互联网的巨大威力。

二、数字时代的创新创业新浪潮

2025年1月，DeepSeek-R1大模型的发布，不仅引发了以英伟达为代表的美国芯片科技股的大幅下降，更是在全球掀起了人工智能应用的狂澜，引爆了人工智能时代的创新创业新浪潮。21世纪的第三个10年，人类社会正经历着由数字技术引发的第五次技术革命，这场以数据为核心生产要素、算法为关键生产工具、数字平台为新型生产关系的变革，正在重塑全球创新创业的底层逻辑。从硅谷车库到中关村的咖啡厅，从深圳的硬件工厂到班加罗尔的软件园，数字技术的应用催生出前所未有的创新创业机遇，也彻底改变了传统的创新创业范式。数字时代不同于前三次工业革命的典型特征是其构建了虚实共生的新型社会形态，在数字时代，数据要素完成了从资源到资产、再到资本的蜕变。5G网络、物联网、区块链等技术构建起数字神经网络系统的物理基础，云计算和边缘计算构成分布式智能中枢，人工智能则成为驱动整个数字系统进化的核心方法。这种技术架构颠覆性地打破了物理世界的时空限制，根据麦肯锡全球研究院数据显示，2022年，全球数据总量达到94ZB，其中90%产生于过去两年。数据洪流不仅改变了生产要素的配置方式，更重构了价值创造的基本逻辑。正如克莱顿·克里斯坦森在《创新者的窘境》中指出的，数字技术正在创造"非竞争性市场空间"，传统行业的价值网络被数字原生企业不断解构。

回望传统的创新创业历史，数字时代的创新创业主体正在从工业技术时代的精英阶层走向广大平民化。GitHub平台聚集超过7 300万开发者，淘宝生态孕育千万级创业者，低代码平台让非技术人员也能构建复杂应用。这种大众化的创新创业现象颠覆了熊彼特的创造性破坏理论，而形成分布式创新网络。厂房设备、渠道网络等重资产创业要素被API接口、数字用户、算法模型等轻资产创业要素取代。Stripe公司仅用7年时间实现了估值高达950亿美元，其核心资产正是支付系统的数字接口，根据Y Combinator数据显示，2022年，数字初创企业的平均启动成本仅为3万美元，较十年前下降85%。数字时代的创新创业模式呈现出量子特征，从线性进化模式进入多维度并发迭代模式，字节跳动通过算法推荐引擎颠覆内容产业，特斯拉用OTA升级技术重构汽车生命周期。

数字时代的创新创业范式与传统区别明显：一是生态化共生，数字化创新创业不再遵循零和博弈，而是构建价值共生网络。苹果公司 App Store 形成 2 000 万开发者生态，微信小程序催生 300 万服务商，这种平台化数字生态系统的增长模式创造了"1+N"的指数级价值增长。二是数据驱动决策，创新创业过程实现从经验到数据驱动的转变。Netflix 通过 4 000 万用户标签优化内容生产，希音公司（Shein）依托实时销售数据实现每日 6 000 多新款上线。三是跨界融合创新，数字技术消除了产业的边界，催生出金融科技、数字医疗等融合领域。蚂蚁金服通过区块链技术构建跨境支付网络，平安好医生结合 AI 问诊与线下医疗资源，这种跨界创新产生"1+1>3"的乘数效应，跨行业数字化创新创业项目的成功率较传统项目高达 27%。四是人机协同进化，创新创业进入"生物＋数字"的混合智能阶段，GPT-4、DeepSeek 等大模型已具备辅助编程、作品创作等能力。世界经济论坛预测，到 2025 年，人机协作将创造 97 万亿美元的数字经济价值。

三、中国已成为全球创业的中心

互联网发端于美国，在中国已经走过了 30 多年的发展道路，如果说电是工业时代的能源，那么互联网则是信息时代的能源。几十年前，福布斯排行榜上领先的几乎都是美国、日本、欧洲等发达国家的企业。随着中国互联网的发展，自 2009 年以来，世界上诞生的市值超百亿美元的 20 多家互联网公司中，中国占有 8 家，硅谷和北京成为众多创业公司的聚集地。今天的中国已经走在世界互联网经济发展的前列，成为全球互联网创新创业的中心。

在世界 500 强企业中，中美两国的企业占据了 3/5，而且随着中国的崛起，这种趋势越来越明显。据专家预测，在不久的将来，中国将全面超越美国，成为全球 500 强企业和全球富豪最多的国家。当下中国有其独特的发展优势，我们正在努力推进创新型国家建设，进一步构建创新创业的优良环境。中国拥有全球最大的市场，截至 2023 年，中国网民规模已达 9 亿人次，手机网民规模超 9 亿人次，这已经超过了欧洲人口总量。中国创业者无论是获取技术信息、资本支持，还是创业经验，都已经与美国的创业者一样，而且中国创业者比美国创业者更努力，执行速度更快。中国是世界上唯一具有完整产业链的国家，党和国家为新型业态的先行先试提供了更好的机会。这些都是中国独特的优势，正是基于这些优势，中国从互联网时代模仿性的创新，到移动互联网时代在很多应用领域引领全球的发展，特别是微信、阿里巴巴、滴滴出行、美团、今日头条以及金融支付等一大批优秀的公司和产品，已经在引领全球移动互联网的发展。

2025 年，中国人工智能公司发布的开源 DeepSeek 大模型再次点燃了全球人工智能的应用热潮，说明中国已经站到数字时代创新创业的前列。中国正处于创新创业的黄金时代，兼具天时、地利、人和的优势。美团创始人王兴曾说过："我很幸运，生在中国，生在这个时代。如果早出生 30 年，能参与的事情完全不一样。……我很庆幸生在这个时代，这是我内心的想法，不是装的。没有什么不值得乐观的，这很简单：有事做、有希望、有人爱。"创新创业是推动经济社会发展最重要的实践活动，"长风破浪会有时，直挂云帆济沧海"，创新创业需要一种意志、一种信念、一种精神；"昨夜西风凋碧树，独上高楼，望尽天涯路"，创新创业者需要一种创造思维、一种方法；"天生我材必有用，千金散尽还复来"，创新创业者需要一种自信、一种坚持。

【思考题】

1. 以 DeepSeek 大模型为例，谈谈你对创新创业过程中非常规道路的理解。

2. 既然创业失败的概率很大，创业又非常艰辛，为什么还要去创业？

3. 众多的创业者都说创业最难的是如何从 0 到 1，最初的想法究竟从哪里来？如何找到创业的想法？

4. 从众多的创业者身上，你认为创业成功最本质的特质是什么？

5. 创业与年龄有什么样的关系？究竟是年轻时创业好？还是年长时创业好？什么年纪创业更容易成功？大学生适合创业吗？

6. 谈谈你对当下中国创新创业环境的认识。

2 创 新 思 维

　　《礼记》有云："苟日新，日日新，又日新。"对于人类而言，创新思维不可或缺。回首过往历史，商鞅变法，打破旧制，使秦国迅速崛起，为统一六国奠定基础，这是创新思维在政治领域的巨大作用。在科技领域，DeepSeek打破了"高算力和高投入是发展人工智能的唯一途径"和"集成电路制成优势＝人工智能技术霸权"的迷信，引领人工智能行业进入以算法和模型架构优化为主，同时高度重视数据质量与规模、理性提高算力的新时期。身处快速发展的时代，大学生作为未来的中流砥柱，只有拥有创新思维，才能在激烈的竞争中脱颖而出。在学术研究中，创新思维能帮助我们突破传统理论的局限，发现新的课题与方向。投身职场，创新思维能让我们提出独特的解决方案，为职业创造更大的价值。

　　创新思维并非遥不可及，而是源自对知识的积累、对生活的观察和积极思考。习近平总书记强调高校需要"教育引导学生培养综合能力，培养创新思维"。同时指出："广大青年科技人才要树立科学精神、培养创新思维、挖掘创新潜能、提高创新能力，在继承前人的基础上不断超越。"本章主要探讨创新思维的内涵、特征及阻碍，介绍了六种实用的创新思维训练工具，以帮助大学生训练创新思维，发挥创新潜能，实现个人与社会的共同发展。

【导读图谱】

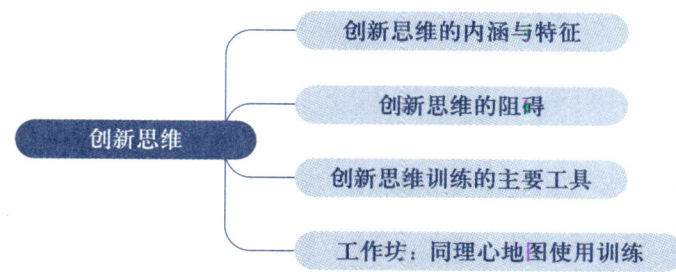

2.1 创新思维的内涵与特征

课堂活动

请思考：如何用一支普通的水银温度计，去测量甲壳虫的体温（图2-1）？

图2-1 课堂活动示意

当然，如果采用常规的方法是很难做到的。这就需要方法创新，打破常规的思维方法，那么什么是非常规的方法呢？

一、创新思维的内涵

创新思维作为创新创业活动的灵魂，是指个体在面对问题和挑战时，能够超越传统思维模式，提出新颖、独特且有效的解决方案的能力。创新思维是一种高级认知过程，它涉及对现有知识、经验和信息的重新组合和整合，以创造出有价值的新事物。创新思维的核心在于"新"，即能够产生与众不同的想法和解决问题的方案。这种思维过程不局限于科学技术领域，还广泛应用于商业、艺术、教育等多个领域。

习近平总书记指出："创新思维能力，就是破除迷信、超越陈规，善于因时制宜、知难而进、开拓创新的能力。"这段话深刻阐述了创新思维能力的内涵和要求，具体包括：

（1）**破除迷信**。打破对经验、本本和权威的盲目崇拜，不拘泥于传统观念和既定的思维模式，创新无极限，要敢于质疑、勇于探索，以科学的态度和创新的方法对待问题。

（2）**超越陈规**。敢于突破旧的规章制度观念、思维定势和行为习惯，不满足于现状，打破司空见惯的模式，积极寻求新的思路、方法和途径，推动事物的发展和进步。

（3）**因时制宜**。根据时代发展的要求和具体环境的变化，灵活调整策略和方法，在新的时空条件下，使创新创业活动更加符合实际，提高创新的针对性和有效性。

（4）**知难而进**。面对困难和挑战，不退缩、不畏惧，敢于迎难而上，以坚定的信念和顽强的毅力克服困难，推动创新事业不断前进。

（5）**开拓创新**。勇于开拓新领域、新境界，不断探索未知领域，创造新事物、新思想、新方法，推动社会和事业的发展与进步。

依据上述对创新思维能力的诠释和理解，创新思维可以具体表述为：破除迷信、超越陈规，善于因时制宜、超越司空见惯的模式，知难而进、开拓创新的思维方式。

理解创新思维还需要把握以下两点：

1. 创新思维与常规思维的对比

常规思维往往遵循既定的模式和规则，创新思维则是打破这些限制，探索新的可能性。常规思维倾向使用已知的方法解决问题，创新思维则是寻求新的解决方案。

2. 创新思维的多维性

创新思维不是一种单一的思维方式，它包括发散思维、收敛思维、水平思维、非常规思维等多种思维方式。这些思维方式相互补充，共同构成了创新思维的多维结构。

二、创新思维的重要性

（一）适应变化

在快速变化的环境中，创新思维帮助个人和组织适应新情况，找到新的解决方案。例如，面对全球气候变化、温室效应问题，创新思维可以推动新能源技术的发展，以减少对化石燃料的依赖。

（二）竞争优势

在激烈的市场竞争中，创新思维能够为企业带来新的产品、服务和非常规的商业模式，从而在市场中获得竞争优势。例如，苹果公司通过创新思维推出了 iPhone 手机，彻底改变了智能手机市场。DeepSeek 大模型改变了传统的人工智能大模型需要高投入的训练模式，使人工智能更加平民化。

（三）社会进步

创新思维推动了科技的发展和社会的进步，改善了人们的生活质量。例如，互联网技术的创新使得信息传播更加迅速和便捷，极大地提高了工作效率和生活质量；人工智能技术深刻改变了世界的生产生活方式。

三、创新思维与创造力

创新思维与创造力紧密相关，但不完全相同。创造力更多地涉及生成新颖的想法，创新思维则包括从想法到实际应用的整个过程。创新思维需要创造力，但也需要批判性思维、问题解决能力和执行力。一个成功的创新不仅需要一个好主意，还需要将这个主意转化为实际的产品和服务，这就需要创新思维的全面参与。

（一）创新思维与问题解决

创新思维在问题解决中发挥着关键作用。它不仅能够帮助我们识别问题，还能够提供创新的解决方案。

（二）创新思维与决策制定

在决策制定过程中，创新思维能够帮助决策者考虑更多的选项和可能性，从而做出更有效的决策。

四、创新思维的特征

（一）开放性

开放性是创新思维的一个核心特征。具有开放性思维的人愿意接受新观点和不同的观点，不拘泥于传统思维模式。他们对新事物持开放态度，愿意尝试不同的方法来解决问题。开放性思维者通常具有较高的文化敏感性和适应性，能够在多元文化的环境中工作和学习。

开放性与知识接受：开放性思维者对新知识有着强烈的好奇心和接受度，他们愿意学习新的知识和技能，以适应不断变化的环境。

开放性与文化适应：在全球化背景下，开放性思维者能够更容易地适应不同文化，促进跨文化交流与合作。

（二）灵活性

灵活性指的是能够根据不同情境调整思维和行动的能力。在面对复杂问题时，灵活的思维者能够从多个角度考虑问题，找到最合适的解决方案。这种能力使他们能够迅速适应变化的环境，在不确定中找到机会。

灵活性与环境适应：灵活性思维者能够快速适应环境及其高度不确定性，他们能够根据环境的变化调整自己的策略和行动。

灵活性与创新实践：在创新实践中，灵活性思维者能够根据实际情况调整创新策略，以实现最佳的创新效果。

（三）好奇心

好奇心是创新思维的催化剂，驱使人们探索未知，激发人们不断学习，提出问题，并寻求答案。好奇心强的人通常对周围的世界充满兴趣，他们不断地提问、探索和实验，以满足自己的好奇心。

好奇心与知识探索：好奇心是知识探索的驱动力。它激励人们去探索未知的领域，获取新的知识。

好奇心与创新发现：好奇心也是创新发现的源泉。许多伟大的创新源自对未知的好奇和探索。

（四）风险承担

创新往往伴随着高风险。愿意承担风险是创新思维的一个重要特征，它意味着敢于尝试新事物，即使可能面临失败。风险承担者通常具有较高的自我效能感，他们相信自己能够应对挑战并从中学习。

风险承担与创新勇气：风险承担是创新勇气的体现。它要求创新者有勇气面对可能的失败和挑战。

风险承担与创新机遇：风险承担为创新者带来了新的机遇。许多重大创新是在承担风险的基础上实现的。

（五）系统思维

系统思维涉及对复杂系统的理解和分析，能够帮助人们识别系统中的各组成部分及其相互关系。这种思维方式有助于人们在更广泛的背景下理解和解决问题。系统思维者能够看到问题的全貌，而不只关注局部。

系统思维与整体性理解：系统思维强调对问题的整体性理解，它要求人们从整体的角度来看待问题，不只关注局部。

系统思维与跨学科整合：系统思维强调跨学科的整合。它要求人们将不同学科的知识和方法整合起来，以解决复杂的问题。

（六）持续学习

创新思维者通常具有持续学习的倾向和能力，他们不断寻求新知识和技能，以保持思维的活跃和创新能力。在快速变化的世界中，持续学习是保持竞争力的关键。创新思维者通过终身学习，不断更新自己的知识库，以适应新的挑战。

持续学习与知识更新：持续学习是知识更新的重要途径。它要求人们不断地学习新的知识和技能，以适应不断变化的环境。

持续学习与创新能力：持续学习也是创新能力提升的关键。通过学习新的知识和技能，人们可以提升自己的创新能力，实现更多的创新成果。

（七）协作性

创新往往不是孤立发生的，而是需要团队合作和跨学科协作。协作性思维者能够有效地与他人合作，共同解决问题。通过团队合作，人们可以集合不同的观点和专长，从而产生更强大的创新力量。

协作性与团队创新：协作性思维者在团队创新中发挥着重要作用。他们能够有效地与团队成员沟通与合作，共同推动创新项目的发展。

协作性与跨学科合作：在跨学科合作中，协作性思维者能够整合不同学科的知识和方法，共同解决复杂的问题。

五、创新思维的应用

（一）商业领域的应用

在商业领域，创新思维可以用于开发新产品、改进服务流程和创造新的商业模式。例如，亚马逊通过创新思维，从在线书店发展成为全球最大的电子商务平台，其创新的物流系统和云计算服务为公司带来了巨大的竞争优势。

【头脑风暴】

分析一个商业领域的创新案例，探讨创新思维在其中的作用。

创新思维与产品开发：创新思维在产品开发中发挥着重要作用。它可以帮助企业开发出满足市场需求的新产品，提高企业的竞争力。特别是在当下数字时代和个性化时代的环境下，如何创造性地满足客户的需求是产品开发的根本性问题。

创新思维与服务改进：创新思维也可以用于服务客户流程的改进。通过创新思维，企业可以优化服务流程，提高服务质量，创造性地满足客户需求，提升客户满意度。

（二）科技领域的应用

科技领域是创新思维的前沿阵地，创新思维被用来推动技术进步和解决复杂问题。例如，特斯拉公司通过创新思维，不仅在电动汽车领域取得了突破，还在太阳能和能源存储领域进行了创新。

【头脑风暴】

分析一个科技领域的创新案例，探讨创新思维如何促成技术突破。

创新思维与技术突破：创新思维是技术突破的关键。

它可以帮助科研人员发现新的技术解决方案，推动技术的发展。

创新思维与问题解决：在解决复杂的技术问题时，创新思维可以帮助科研人员从不同的角度考虑问题，找到最有效的解决方案。

（三）社会领域的应用

在社会领域，创新思维被用来解决社会问题，如环境保护、教育改革等。例如，通过创新思维，一些组织开发了低成本的清洁炉灶，以减少室内空气污染和提高能源效率。

创新思维与环境保护：创新思维在环境保护中发挥着重要作用。它可以帮助我们找到新的环境保护方法，减少环境污染，保护生态环境。

创新思维与教育改革：如何开展更好的教育是永恒的课题，创新思维可以用于教育改革。通过创新思维，教育者可以探索新的教育模式和方法，提高教育质量，培养创新人才。

【头脑风暴】

选择一个社会问题，讨论如何运用创新思维来解决这一公众关注的问题。

（四）艺术领域的应用

艺术领域是创新思维的重要应用领域，艺术家通过创新思维创作新的作品，表达新的观点。例如，现代艺术家通过结合传统艺术和现代技术，创作出令人耳目一新的作品。

创新思维与艺术创作：创新思维在艺术创作中发挥着重要作用。它可以帮助艺术家创作出具有创新性和个性的艺术作品，推动艺术的发展。

创新思维与文化表达：创新思维也可以用于文化的表达和传播。通过创新思维，艺术家可以探索新的文化表达方式，传播和推广文化。

创新思维是一种宝贵的能力，它不仅推动个人的成长，也是社会进步和经济发展的关键。通过理解和培养创新思维，人们可以更好地应对未来的挑战，创造更多的价值，实现个人与社会的共同进步。

【头脑风暴】

分析一件艺术作品，讨论艺术家如何通过创新思维表达观点。

陆向谦：非常规自我实现方法

2.2　创新思维的阻碍

在当今快速变化和充满不确定性的世界中，创新思维成为推动个人、组织和社会发展的关键因素。然而，思维定势和偏见常常成为阻碍创新思维发展的两大障碍。

一、思维定势

课堂活动

请思考：假如你回到童年时期，有一天和几个小伙伴在院子里玩，突然一个小伙伴掉到水缸里了，你会怎么办？

你是不是想到了砸缸救人？是不是想到了"司马光砸缸"的故事？再思考一下：只有砸缸才能救人吗？万一缸砸不破呢？除了砸缸，还有哪些救人的办法？

（一）思维定势的内涵

思维定势是指个体在长期的思维过程和处事方式中形成的固定模式和习惯，这种思维模式使得人们在面对问题时往往沿用旧有的思考路径，难以跳出既定框架。

（二）思维定势的类型

思维定势主要有以下三种类型。

1. 经验定势

个体依据过往经验来解决问题，忽视了环境的变化和新情况的出现。

案例1：人们可能认为一位外表整洁、穿着正式的人是专业人士。这种判断基于外表与职业的代表性特征，忽略了个体的具体能力和资质。

案例2：在评估某种风险时，如果最近发生了相关的新闻报道，人们就可能会高估这种风险。例如，飞机失事后，人们可能认为飞机出行比平时更危险，尽管统计数据显示飞机出行仍然相对安全。

2. 从众定势

个体在群体压力下，放弃自己的独立思考，盲目从众，跟随他人。

案例1：一个人走在马路上，突然停下脚步，仰起头，望着天。后面的人见他如此，于是站在他的身后，也像他一样仰头望天。就这样，仰头望天的人越来越多。

案例2：一位教师某次上课时拿着一个橘子走进教室。在讲到一半的时候，他突然提问："你们有没有闻到橘子的香味？"学生窃窃私语，他们想弄懂教师的意思。但是，没等学生商量出一个统一的答案，教师就从前排开始一个个提问。虽然这是一个没有香味的假橘子，但大多数学生都回答说闻到了橘子的香味，因为他们觉得别人都闻到了，自己也应该闻到，尽管他们之中根本没有一个人闻到橘子的香味。

3. 权威定势

个体对权威的意见或观点不加质疑地接受，限制了个人的独立思考。以下两个案例展示了权威人物对价值判断的影响力。

案例1：南北朝时期，张率16岁时写了赋颂诗两千余首。有人看到后百般挑剔，张率便一把火烧掉了，又写了一些诗给那人看，假托是沈约（当时著名的诗人）写的。那人看后，对之句句称赞。张率等他说完后告诉他："这些都是我写的。"

案例2：有人牵了一匹马到集市上去卖，可过了好几天，连一个问价的都没有。有一天伯乐来到集市上，朝这匹马看了几眼，在马颈上拍了两下，赞叹道："好马！"结果，这匹马立刻就被高价买走了。

（三）思维定势对创新的影响

思维定势限制了个体的创造性思维，使得个体局限于某种固定的反应倾向，跳不出框架、打不开思路，难以产生新的想法和解决问题的方案。

1. 经验定势的影响

在商业领域，柯达公司曾经是胶卷行业的巨头，但是由于坚持传统的胶卷业务，未能及时转型到数字摄影领域，最终柯达公司衰落。这个案例说明了经验定势如何导致企业错失创新机会。

【案例分享】

柯达公司的辉煌历史可追溯至1880年，其最初目标是让摄影变得普及，推出了便携式相机和相关胶卷产品，迅速在市场中占据主导地位。在20世纪，柯达的品牌几乎和摄影画上了等号。然而，正是这种成功使得柯达公司在后来的转型中遭遇了重大挑战。

进入21世纪，数字摄影技术的迅猛发展改变了整个行业的格局。尽管柯达公司在1975年便发明了数字相机，但公司高层对胶卷市场的过分依赖和对数字技术的迟疑，让其在市场竞争中失去了先机。随着佳能、尼康等竞争对手迅速崛起，柯达公司的市场份额逐年下降。柯达公司的数码相机业务亏损严重。

为了在数码成像时代重现银盐业务的辉煌，柯达公司推出了一种基于CD碟片的数码成像产品，然而由于该产品每台售价500美元，每张碟片的价格也高达20美元，因此未能吸引太多用户。柯达公司的衰落不仅因为对数字技术的迟疑，还因为其在多元化业务上，面对不确定性的摇摆不定。柯达公司曾尝试跨界数字影像、手机、杂志等多个领域，但一直未能在新业务上实现真正突破。

在2012年，柯达公司申请破产保护，成为数字时代数字化转型失败的经典案例。尽管柯达公司在破产后进行了重组，将重心转向商业印刷和图像技术服务，并尝试在数字化领域找到新的立足点，但其市场地位和品牌影响力已大不如前。

请思考：柯达公司的案例对企业创新创业有哪些启发？

2. 从众定势的影响

在科学研究中，科学家有时会因为从众定势而忽视新的理论或发现。例如，爱因斯坦的相对论最初并未被广泛接受，因为它挑战了当时主流的物理观念。

3. 权威定势的影响

在教育领域，学生可能会因为权威定势而不敢质疑教师的观点，这限制了他们的批判性思维和创新能力的发展。

（四）思维定势的心理机制

思维定势的形成与个体的认知习惯、情绪反应和动机有关。认知习惯使得个体倾向使用熟悉的思考模式；情绪反应可能使个体害怕改变和不确定性。动机方面，个体可能因为追求安全感和稳定性而坚持旧有的思维模式。

【头脑风暴】

讨论环境如何影响个体的思维定势。

二、偏见

（一）偏见的内涵

偏见是指基于个人经验、习惯、知识或立场对事物作出的带有主观色彩的判断，这种思维模式往往带有个人偏见、不够客观。

（二）偏见的表现形式

偏见有多种表现形式，包括经验偏见、利益偏见、文化偏见等。

1. 经验偏见

个体根据自己的经验对新事物作出判断，忽视事物可能的变化和发展。

案例1：一头驴子背盐渡河时滑倒，盐溶化后驴子感到轻松了许多。后来，驴子背棉花渡河时故意滑倒，希望像上次一样轻松，但棉花吸水后变重，让驴子无法站起来，最终被淹死。这个案例说明了驴子机械地套用以往的经验，未能根据实际情况灵活变通，导致悲剧发生。

案例2：一个卖草帽的人在树下打盹，醒来发现帽子被猴子拿走了。原来猴子模仿他把帽子戴到了自己头上。他灵机一动，把帽子脱下扔到地上，让猴子模仿，成功让猴子归还帽子。多年后，他的孙子遇到同样的情况，但猴子没有模仿他，因为猴子说："你以为只有你有爷爷吗？"这个案例展示了经验并非总适用，环境和对象的变化可能导致以往的经验失效。

2. 利益偏见

利益偏见是指个体的判断受到个人利益的影响，无法做到公正客观。

案例1：我国一些曾经辉煌的MP3生产商，由于坚守现状、拒绝深度变革而走向失败。他们在MP3市场上的辉煌地位和高额的转型成本使他们拒绝转型，最终因MP4等产品的冲击而被市场淘汰。

案例2：房地产估价师在评估房产价值时，如果他们与卖方有财务关系，则可能会高估房产价值，以帮助卖方获得更高的销售价格。这种利益偏见影响了房地产估价师的客观性和公正性。

3. 文化偏见

文化偏见是指个体受到文化背景的影响，对不同文化的事物持有固定的看法和态度。

案例1：一位企业家把业务重心转向海外，越南胡志明市是第一站。但在复制国内原有的管理体系后，他遭遇了员工集体辞职的困境。痛定思痛后，他把管理层换成当地人，逐渐开始走上正轨。他总结说："出海最重要的还是了解本地文化。"

案例2：肯德基在印度市场推出了符合当地人口味的咖喱炸鸡，以迎合印度人对辛辣食物的喜爱。除了炸鸡，肯德基还推出了炸鸡米饭套餐，其中很多米饭都配有一盒咖喱，上面有一块炸鸡，人们可以自己拌着咖喱吃。肯德基在饮料中也加入了当地的调料和孜然，以适应印度人的口味。

（三）偏见对创新的影响

偏见阻碍了个体接受新的想法和观点，限制了创新思维的发展。它使人们难以从多角度、不同位置、不同身份来考虑问题，从而阻碍了创新思维的形成和发展。

1. 经验偏见的案例

在技术领域，一些公司可能因为过去的成功经验而坚持过时的技术，拒绝采用新技术，导致其竞争力下降。

2. 利益偏见的案例

在商业决策中，管理层可能会因为短期利益而忽视长期的可持续发展性，这种短视行为可能损害公司的长期利益。

3. 文化偏见的案例

在国际合作中，不同文化背景的团队成员可能因为文化偏见而难以有效沟通和协作，影响项目的进展。

【案例分享】

百度在移动互联网时代初期并没有及时意识到移动大潮的迅猛来临。李彦宏曾表示，他最初认为手机上网体验不佳，速度慢且资费贵，因此对移动互联网的重视不够。这种认知凝滞导致百度在移动转型上的步伐落后于市场发展的速度。2014年，百度力推的信息流产品"百度新闻"采用个性化推荐，但更注重内容质量，采用定向邀请制，严控媒体和自媒体数量，这导致其用户活跃度远低于市场领先者。

2017年，当时抖音的日活跃用户数还没到 1 000 万时，百度内部已有人提议做短视频，但未得到认可。等到百度意识到短视频红利时，市场上优质的产品已经投入不起，自己做也希望渺茫，难以形成像抖音、快手一样的内容创作生态。

百度在移动互联网时代的战略几经调整，错失了不少发展机会，最终把战略重心再调整回到搜索，在移动端重做以搜索为核心的内容创作生态。

请思考：百度的经历说明了什么问题？

（四）偏见的心理机制

偏见思维的形成与个体的认知偏差、情绪倾向和社会认同有关。认知偏差使个体倾向选择性地处理信息；情绪倾向可能使个体对某些事物产生强烈的情感反应；社会认同则可能导致个体对内群体的偏好和对外群体的排斥。

三、思维定势和偏见的成因

（一）社会文化因素

社会文化因素对个体的思维方式有着深远的影响。传统文化和价值观可能会影响个体的创新思维，使其形成思维定势和偏见。

1. 传统文化的影响

在一些传统文化中，尊重权威和遵循传统可能被高度重视，这可能导致个体在面对新思想和新变化时表现出抵触和抗拒。

2. 社会价值观的影响

社会价值观对个体的思维方式有着指导作用。例如，个人主义社会可能更鼓励独立思考和创新，而集体主义社会则可能更强调遵守规则和群体一致性。

（二）教育背景

在教育过程中，如果过分强调记忆和重复，而忽视批判性思维和创造性思维的培养，则可能导致学生形成思维定势和偏见。

1. 教育方法的影响

传统的教育方法可能过于侧重知识的传授和记忆，而不够重视培养学生的批判性思维和解决问题的能力。

2. 教育评价体系的影响

以考试成绩为主导的评价体系可能鼓励学生追求标准答案，而不是鼓励他们探索和创新。

（三）个人因素

个人的性格、兴趣、经验和知识等都会影响其创新思维。此外，心理健康状态也会影响创新思维。

1. 性格特质的影响

性格特质，如开放性、好奇心和冒险精神可能与创新思维呈正相关，而封闭性、保守性和风险规避则可能与创新思维呈负相关。

2. 经验的影响

个人的经验可以是创新思维的宝贵资源，但也可能成为阻碍，特别是当个体过分依赖过去的经验而忽视新情况时。

3. 心理健康的影响

心理健康问题，如焦虑和抑郁可能会影响个体的认知功能和情绪状态，从而影响其创新思维能力。

四、克服思维定势和偏见的策略

（一）提高自我意识

个体需要提高对自身思维方式的自我意识，识别和挑战自己的思维定势和偏见。

1. 自我反思

通过定期的自我反思，个体可以识别自己的思维定势和潜在的偏见，从而有意识地改变它们。

2. 交流和讨论

与他人交流和讨论可以帮助个体获得不同的视角，挑战自己的思维定势和偏见。

（二）培养批判性思维

通过培养批判性思维，个体可以更加客观地分析和评估信息，以减少偏见的影响。

1. 逻辑和论证的训练

逻辑和论证的训练可以帮助个体识别和评估论点的合理性，提高批判性思维能力。

2. 问题解决技巧的培养

通过学习不同的问题解决技巧，个体可以提高应对复杂问题的能力，减少对旧有思维方式的依赖。

（三）形成多元化视角

鼓励个体从不同文化、不同背景的角度来看待问题，以减少文化偏见和视角偏见。

1. 跨文化交流

跨文化交流可以帮助个体理解和尊重不同的文化观点，减少文化偏见。

2. 多元背景的团队合作

个体在多元背景的团队中工作可以促进不同观点的交流和融合，提高团队的创新能力。

（四）持续学习和保持开放心态

通过持续学习和保持开放心态，个体可以不断更新自己的知识和观念，减少思维定势和偏见的影响。

1. 终身学习

终身学习可以帮助个体紧跟时代的变化，不断更新知识和技能，提高适应新情况的能力。

2. 开放心态

保持开放心态意味着愿意接受新的想法和变化，这对于创新思维至关重要。

（五）创新环境的营造

1. 组织文化的改变

组织可以通过改变文化来鼓励创新思维，比如奖励创新行为和提供创新资源。

2. 政策和制度的支持

政府和组织可以通过制定支持创新的政策和制度来营造有利于创新的环境。

思维定势和偏见是阻碍创新思维的两大障碍。通过了解它们的内涵、成因和影响，我们可以采取有效的策略来克服它们，从而培养和提高创新思维。

2.3　创新思维训练的主要工具

　　为了培养和提升创新思维能力，一系列工具和方法被开发出来，以帮助个体和团队更有效地进行创新思考。本节将简要介绍六种主要的创新思维训练工具：头脑风暴法、同理心地图、六顶思考帽、TRIZ理论、曼陀罗思考法和世界咖啡会谈。

一、头脑风暴法

（一）头脑风暴法的定义与历史

　　头脑风暴法（brain storming）是一种集体创新训练方法，由美国创造学家A·F·奥斯本（图2-2）于1939年首次提出。这种方法是通过群体讨论和想法分享生成新的观念，鼓励参与者自由发表意见，激发联想和竞争意识。

（二）头脑风暴法的基本规则

　　头脑风暴法的基本规则包括：

　　（1）自由思考。鼓励参与者提出任何可能的想法，无论这些想法多么非传统或创新。

　　（2）延迟评判。在创意生成阶段，避免对任何想法进行评判或批评。

　　（3）以量求质。鼓励参与者提出尽可能多的想法，从而增加产生高质量创意的机会。

　　（4）结合与改进。鼓励在他人想法的基础上进行扩展和改进。

（三）头脑风暴法的应用领域与案例分析

　　头脑风暴法广泛应用于创意生成、问题解决和决策制定等领域。它能够帮助团队在短时间内产生大量的想法，从而

图2-2　A·F·奥斯本
（1888—1966）

　　A·F·奥斯本，美国创造学家、头脑风暴法的发明人，美国BBDO广告公司创始人，是美国著名的创意思维大师，创设了美国创造教育基金会，开创了创造性解决问题讲习会，并任第一任主席。

找到最佳的解决方案。

1. 商业创新中的应用

在商业领域，头脑风暴法被用来开发新产品、改进服务流程和创造新的商业模式。例如，苹果公司在开发 iPhone 手机时，就使用了头脑风暴法来收集和筛选各种创新想法。

2. 社会问题解决中的应用

在解决社会问题时，头脑风暴法可以帮助非营利组织和政府部门集思广益，找到创新的解决方案。例如，头脑风暴法被用来解决城市交通拥堵问题，通过集体讨论产生多种可能的解决方案。

（四）头脑风暴法的变体与改进

随着时间的推移，头脑风暴法也发展出了多种变体，以适应不同的应用场景和提高效率。

1. 电子头脑风暴法

随着信息技术的发展，电子头脑风暴法成为一种流行的变体方式。参与者可以通过网络平台提出和讨论自己的想法，这种方式不受地理位置的限制，可以吸引更广泛的参与者。

2. 结构化头脑风暴法

结构化头脑风暴法通过设定特定的议题和讨论流程，使得头脑风暴更加有序和高效。这种方法特别适合解决复杂的问题，因为它可以帮助参与者集中精力在特定的议题上。

【头脑风暴】

分析苹果公司开发 iPhone 手机时使用头脑风暴法的案例，讨论这种方法如何帮助产品创新。

二、同理心地图

（一）同理心地图的定义与目标

同理心地图（empathy map）是一种将收集到的原始数据转化为可视化信息的方法，它可以帮助产品经理从不同的角度理解用户。这种方法的核心在于深入理解用户的需求、想法、感受和行为，从而设计出更符合用户期望的产品。

（二）同理心地图的构建步骤

构建同理心地图通常包括以下步骤：

（1）识别用户。确定目标用户群体。

（2）收集数据。通过访谈、观察等方式收集用户的行为、想法和感受。

（3）可视化信息。将收集到的信息以图形的方式展示出来，帮助团队更好地理解用户。

（三）同理心地图的应用领域

同理心地图在产品设计、用户体验和市场研究等领域有着广泛的应用（图2-3）。它能够帮助团队深入理解用户需求，从而设计出更符合用户期望的产品。

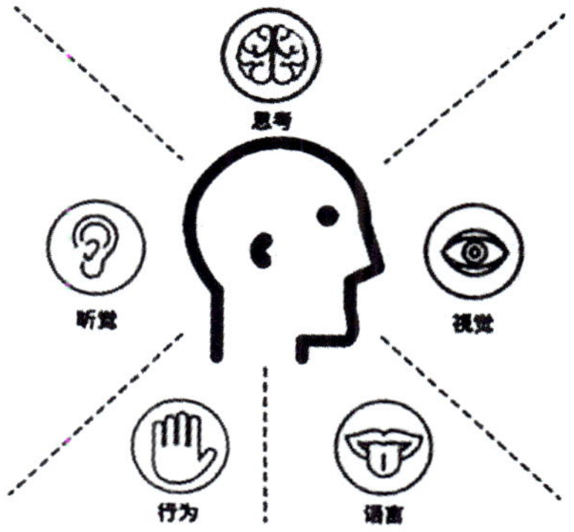

图2-3 同理心地图示意

1. 产品设计中的应用

在产品设计过程中，同理心地图可以帮助设计师理解用户的真实需求，避免设计出不符合用户实际需求的产品。

2. 用户体验中的应用

在用户体验中，同理心地图可以帮助团队识别用户在使用产品过程中的痛点和愉悦点，从而优化用户体验。

3. 市场研究中的应用

在市场研究中，同理心地图可以帮助研究人员深入理解目标市场，发现新的市场机会。

（四）同理心地图的案例分析

1. 案例一：智能家居系统设计

背景：在智能家居系统的设计过程中，企业面临如何更好地理解用户需求和提升用户体验的挑战。

应用过程：

（1）定义用户角色。企业通过市场数据和团队头脑风暴，确定智能家居系统的主要用户群体，例如，家庭用户、老年人、科技爱好者等，并为每个角色创建用户画像。

（2）收集用户数据。通过用户访谈、问卷调查、用户行为分析等方法，收集用户在使用智能家居系统时的反馈和感受。

（3）绘制地图框架。在白板上划分出四个象限，分别对应say（说）、do（做）、think（想）、feel（感觉）四个模块，并使用便签工具，在每个象限内添加用户的具体言行和感受。

（4）填充内容。根据用户调研数据，将用户说的话、做的事、想法和感受分别填入对应的象限中，以便团队成员能够直观地理解和分析用户的真实需求。

（5）创新成果。通过同理心地图的应用，企业能够深入理解用户在使用智能家居系统时的情感需求和痛点，从而设计出更符合用户期望的产品功能和用户体验，提升产品的市场竞争力。

2. 案例二：移动银行应用用户体验优化

背景：移动银行应用需要提升用户满意度和忠诚度，特别是在用户操作流程和界面设计方面。

应用过程：

（1）创建同理心地图。通过调研用户反馈，将用户的意见、行为和情感分布到同理心地图的各象限中。

（2）优化设计。通过分析感觉象限中的情感变化，比如用户对界面某些功能的困惑和烦躁感受，设计团队可以重点优化这些功能区域。

（3）视觉化设计讨论。利用协作工具，在同理心地图旁边直接放置界面草图或原型设计，进行即时反馈和讨论，以实现更有效的设计迭代。

（4）创新成果。同理心地图帮助团队精准把握用户的心理需求，设计更具吸引力的广告和推广活动，提高广告的共鸣度和吸引力，从而提升用户满意度和产品的市场表现。

以上案例展示了同理心地图作为一种强大的用户洞察工具，在企业创新和产品设计过程中的应用价值，帮助企业深入了解用户最真实的感受和需求，设计出更符合用户期望的解决方案。

三、六顶思考帽

（一）六顶思考帽的定义与起源

六顶思考帽是英国创新思维学家爱德华·德·博诺（图2-4）开发的一种思维训练模式，提供了"平行思维"的工具，避免将时间浪费在互相争执上。这种方法使用六种不同颜色的帽子来代表不同的思考角度，使得思考过程更加有序和全面。

图2-4　爱德华·德·博诺（1933—2021）及其作品

爱德华·德·博诺，英国心理学家，牛津大学心理学学士，剑桥大学医学博士。

（二）六顶思考帽的内容

六顶思考帽包括：

白色思考帽：关注客观事实和数据。

绿色思考帽：寓意创造力和想象力，具有创造性思考、头脑风暴等功能。

黄色思考帽：从正面考虑问题，表达乐观的、满怀希望的、建设性的观点。

黑色思考帽：运用否定、怀疑、质疑的看法，合乎逻辑地进行批判。

红色思考帽：表现自己的情绪，表达直觉、感受、预感等方面的看法。

蓝色思考帽：负责控制和调节思维过程，规划和管理整个思考过程。

（三）六顶思考帽的应用领域

六顶思考帽能够帮助人们提出建设性的观点、倾听别人的观点，并从不同角度思考同一个问题，从而创造高效能的解决方案。

1. 团队决策中的应用

在团队决策过程中，六顶思考帽可以帮助团队成员从多个角度审视问题，避免单一视角的局限性。

2. 问题解决中的应用

在解决复杂问题时，六顶思考帽可以帮助团队成员全面分析问题，找到最佳的解决方案。

3. 创新开发中的应用

在创新开发过程中，六顶思考帽可以帮助团队成员激发创意，从不同角度探索可能的创新点。

（四）六顶思考帽的案例分析

苹果公司在其创新和产品设计过程中应用六顶思考帽的方法，以确保全面性思考和创新。

白色思考帽（信息和数据）：苹果公司在创新过程中，白色思考帽角色关注收集和分析有关市场趋势、技术发展和用户需求的数据和信息。他们进行市场调研、竞争分析和收集用户反馈，确保团队有充分的信息基础。例如，苹果公司在推出 iPhone 手机时，深入分析了市场对智能手机的需求和期待，以及现有产品的不足之处。

绿色思考帽（创新和创意）：绿色思考帽角色在苹果公司的创新过程中代表创造性和创新思维。他们鼓励团队成员提出新的想法、概念和解决方案，推动团队在产品设计和创新方面保持有创意的态度。例如，在 AirPods 无线耳机的设计过程中，团队可能提出了无线耳机的创新概念，以及如何通过技术实现无缝连接和操作的解决方案。

黄色思考帽（积极和乐观）：在苹果公司的创新过程中，黄色思考帽角色负责提出积极的观点和解决方案。他们关注产品的好处、优点和可能的市场机会，推动团队朝着积极的方向思考和讨论。例如，苹果公司在推出 iPad 平板电脑时，团队成员可能集中讨论了其集通信、网络、娱乐、阅读于一体的优点，以及如何创新移动媒体的体验。

黑色思考帽（谨慎和批判）：黑色思考帽角色在苹果公司的创新过程中负责审慎评估和考虑问题的风险和缺陷。他们提出负面观点、潜在问题和可能的挑战，帮助团队避免潜在的风险和错误。例如，在开发 Apple Watch 智能手表时，团队成员可能深入探讨了可穿戴设备市场的不确定性和技术挑战。

红色思考帽（情感和直觉）：在苹果公司的创新过程中，红色思考帽角色负责表达情感、直觉和个人观点。这种情感表达有助于激发创意和热情，促使团队成员更加投入和有创造力地参与讨论。例如，在设计 iMac G3 一体机电脑时，团队成员的直觉和情感反应可能推动了其独特的彩色透明塑料外壳和一体化设计的创新。

蓝色思考帽（控制和组织）：蓝色思考帽角色在苹果公司的创新过程中负责组织和管理思考过程。他们确保团队按照六顶思考帽的方法进行讨论，引导讨论的流程和目标，并确保团队达成有效的决策和解决方案。例如，在 iPhone 手机的开发过程中，蓝色思考帽角色可能负责确保团队在每个阶段都遵循既定的流程，从概念化到产品发布的每一步都有条不紊地进行。

通过这种全面而系统的思考方法，苹果公司能够确保其产品创新过程中的每个方面都得到了充分的考虑和优化，从而持续推出引领市场潮流的产品。

四、TRIZ理论

（一）TRIZ的定义与理论基础

TRIZ，即"发明问题解决理论"，是一种系统化的创新方法论，它由苏联发明家和专利专家根里奇·阿奇舒勒（图2-5）及其同事在1946年提出。TRIZ理论旨在帮助人们发现问题解决的创新方法。TRIZ理论认为，任何领域的技术问题都可以通过创新的方法来解决，并且这些方法可以通过学习和实践来掌握。

（二）TRIZ理论的核心内容与工具

TRIZ理论的核心内容与工具主要包括以下11个方面。

1. 创新思维原则

TRIZ理论提供了一套创新思维的原则，帮助人们跳出传统思维模式，发现解决问题的新方案。

2. 矛盾矩阵

TRIZ理论中的矛盾矩阵是一个40×39的矩阵，它列出了39个工程参数，并为每一对参数之间的矛盾提供了40个标准解决方案（称为"发明原则"）。这些参数包括质量、速度、力量等，而矛盾则是指在改善一个参数时往往会使另一个参数"恶化"。

3. 发明原则

TRIZ理论总结了40个发明原则，这些原则都是基于对大量专利分析得出的，用于解决技术矛盾。例如，分割、局部质量、动态性、不对称性等。

4. 技术系统进化法则

TRIZ理论提出了技术系统进化的八大法则，描述了技术系统随时间发展的模式和趋势，如完备化、能量传递的优化、协调性增加等。

图2-5　根里奇·阿奇舒勒
（1926—1988）

根里奇·阿奇舒勒，1926年10月生于苏联，他在阿塞拜疆的首都巴库居住多年，是苏联著名科学家。从1946年开始，经过研究成千上万的专利，他发现了发明背后存在的模式并形成TRIZ理论的原始基础。苏联TRIZ协会于1989年成立，由阿奇舒勒出任主席。

5. 问题公式化

TRIZ理论强调将问题转化为标准形式，以便于应用TRIZ工具和原则进行分析和解决。

6. 功能分析

功能分析是TRIZ理论中的一种工具，用于识别系统中各组件的功能和相互作用，以及它们对系统整体功能的贡献。

7. 剪裁

剪裁是一种减少系统复杂性的方法，即通过移除不必要的功能或组件来简化系统。

8. 物质–场分析

物质–场分析是一种用于识别和优化系统中物质和能量流动的工具。

9. 矛盾矩阵的扩展

除了最初的39个参数外，TRIZ理论还扩展了矛盾矩阵，包括更多的参数和解决方案。

10. 创新问题解决算法

创新问题解决算法是TRIZ理论中用于解决复杂问题的算法，它是一个分步骤的解决问题的过程，适用于解决那些没有明显解决方案的问题。

11. 效应数据库和专利数据库

TRIZ理论还提供了大量的效应数据库和专利数据库，用于激发创新思维和提供解决方案的灵感。

TRIZ理论的核心在于它不仅提供解决问题的工具，而且提供了一种系统化的思维方式，帮助创新者发现问题的本质，预测未来发展趋势，并开发出创新的解决方案。通过学习和应用TRIZ理论，企业和个人可以提高创新效率，减少研发成本，加速产品上市时间。

（三）TRIZ理论的应用领域

TRIZ理论广泛应用于工程和技术领域，帮助解决复杂的技术问题，并促进新产品的开发。

1. 工程设计中的应用

在工程设计领域，TRIZ理论可以帮助工程师解决设计中遇到的技术难题，提高设计的创新性和可靠性。

2. 技术创新中的应用

在技术创新领域，TRIZ理论可以帮助研发人员发现新的技术解决方案，加速产品的开发进程。

3. 质量管理中的应用

在质量管理领域，TRIZ理论可以帮助企业识别和解决生产过程中的问题，提高产品质量和生产效率。

（四）TRIZ理论的案例分析

（1）案例名称：化工浆态床反应器催化剂问题

（2）应用领域：能源领域

（3）主要TRIZ理论工具：空间分离物理矛盾

（4）创新成果简述：在某大型化工浆态床反应器催化剂问题中，团队通过应用TRIZ理论，特别是空间分离物理矛盾的工具，成功解决了国家能源领域重大项目中的技术难题。这个案例展示了TRIZ理论在解决复杂工业问题中的实际应用能力，通过创新的方法优化了催化剂的性能和反应器的操作效率。

在具体的实施过程中，团队可能面临了催化剂在反应器中的分布不均、活性不足或者反应效率低下等问题。利用TRIZ理论的空间分离原理，团队可能采取了如下措施：

（1）优化催化剂分布。通过改变催化剂的物理形态或者引入特殊的结构设计，催化剂在反应器中能够更均匀地分布，从而提高反应效率。

（2）提高催化剂活性。通过调整催化剂的组成或者制备方法，提高了催化剂的活性，使得在相同的操作条件下能够获得更高的转化率。

（3）改进反应器设计。对反应器内部结构进行了优化，如增加特殊的搅拌装置或者改变反应器的形状，以提高物料的混合效果和反应效率。

（4）实现催化剂的循环利用。通过创新设计，实现了催化剂的在线更换和循环利用，减少了催化剂的损失，降低了生产成本。

这个案例体现了TRIZ理论在化工领域的实际价值，通过系统化的创新思维工具，解决了实际的工程问题，提高了生产效率和经济效益。

五、曼陀罗思考法

（一）曼陀罗思考法的定义与特点

曼陀罗思考法是由日本学者今泉浩晃发明的一种创新思维方法，通过九宫格结构来进行多元化思考和规划。这种方法的核心在于通过中心主题向四周扩展，激发更多的创意和想法。

（二）曼陀罗思考法的构建步骤

构建曼陀罗思考法（图2-6）通常包括以下步骤：

（1）确定中心主题：在九宫格的中央放置主题。

（2）扩展思考：围绕中心主题，从不同方向扩展思考。

（3）视觉化呈现：通过图像的联想和延伸，帮助人们进行全方位的思考。

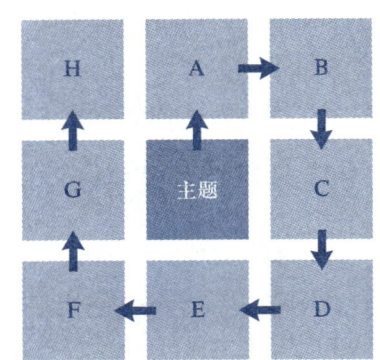

图2-6　曼陀罗思考法

（三）曼陀罗思考法的应用领域

曼陀罗思考法在创意开发、问题解决和决策制定等领域有着广泛的应用。它能够帮助人们从多个角度审视问题，激发创造力。

1. 创意开发中的应用

在创意开发过程中，曼陀罗思考法可以帮助团队成员从不同角度思考问题，激发更多的创意和想法。

2. 问题解决中的应用

在解决复杂问题时，曼陀罗思考法可以帮助团队成员全面分析问题，找到最佳的解决方案。

3. 决策制定中的应用

在决策制定过程中，曼陀罗思考法可以帮助决策者从多个角度考虑问题，做出更全面的决策。

（四）曼陀罗思考法的案例分析

某广告公司的策划团队需要为客户制定微信运营策略。他们决定使用曼陀罗思考法来激发创意和梳理运营的各个方面。

首先，团队在九宫格的中央填写"微信运营"作为主题。然后围绕这个主题，他们识别出了八个关键要素，分别是产品开发、用户发展、图文推送、数据分析、用户调研、用户活跃、用户留存和品牌渗透。

接着，团队成员分别对这八个要素进行深入思考，每个要素又作为一个新的九宫格的中心，进一步展开相关联想和创意。例如，从"图文推送"这个中心点出发，团队成员可能会联想到内容创意、视觉设计、表达方式、用户互动等多个方面，并将这些想法填入围绕"图文推送"的九宫格中。

通过这种方式，团队不仅能够全面地覆盖微信运营的各个方面，还能够在每个领域内深入挖掘更多的细节和创意点。最终，他们得到了一个详尽的思维网图，包含从宏观策略到微观执行的各个层面，为微信运营提供了丰富的创意和策略。

以上案例展示了曼陀罗思考法在广告公司创意开发中的应用，它帮助团队系统化地梳理和扩展创意，有效地促进了团队成员的头脑风暴和创意生成过程。通过这种方法，广告公司能够为客户提供更加全面和创新的运营方案。

六、世界咖啡会谈

（一）世界咖啡会谈的定义与理念

世界咖啡会谈是一种会谈方法，参与者在轻松的环境中孕育出群体智慧。这种方法鼓励开放的对话和集体思考，以解决复杂的问题。世界咖啡会谈的核心在于通过轮换交流和集体讨论，激发参与者的思考和创意。

（二）世界咖啡会谈的流程

世界咖啡会谈的流程包括：

（1）设定主题：确定讨论的主题。

（2）分组讨论：参与者围绕主题进行小组讨论。

（3）轮换交流：小组成员轮换到不同的小组，分享和扩展想法。

（4）整合智慧：将所有小组的想法整合，形成集体智慧。

（三）世界咖啡会谈的应用领域

世界咖啡会谈在组织发展、社区建设和教育等领域有着广泛的应用。它能够帮助团队成员共同探索问题，并找到解决方案。

1. 组织发展中的应用

在组织发展过程中，世界咖啡会谈可以帮助组织成员共同探讨组织面临的挑战和机遇，共同制定发展策略。

2. 社区建设中的应用

在社区建设过程中，世界咖啡会谈可以帮助社区居民共同讨论社区的问题和需求，共同制订社区发展计划。

3. 教育领域中的应用

在教育领域，世界咖啡会谈可以帮助教师和学生共同探讨教育问题，共同寻找教育创新的方法。

（四）世界咖啡会谈的案例分析

1. 案例背景

美国质量学会会员与顾客供方部的负责人斯蒂文·海克决定以世界咖啡会谈的形式举办可口可乐全球实验室论坛。海克认为，应用世界咖啡会谈是可行的，因为人们渴望对话与交流，世界咖啡会谈非常适宜这种交流。

2. 实施过程

（1）会议筹备。在筹备阶段，组织者制订了详细的会议计划，包括会议主题、时间安排、参会人员等。同时，还通过多种渠道进行宣传和邀请，确保参与者的多样性和广泛性。

（2）会议组织。采用世界咖啡会谈的形式，通过小组讨论、互动交流等方式，让参与者围绕主题展开深入的探讨。在会议过程中，组织者还邀请了多位知名学者和专家进行主题演讲，分享他们在文化交流和经济合作方面的经验和见解。

（3）会议成果。经过两天的激烈讨论和交流，参会者就文化交流与经济合作的多个方面达成共识。同时，还签署了多项合作协议和备忘录，合作涉及文化、教育、科技等多个领域。

3. 关键成功因素

（1）包容性。会议的策划阶段是成功的关键，组织者对会议目标和预期成果进行了明确的定义，确保参与者的便利性以及会议的吸引力。

（2）互动性。世界咖啡会谈是本次会议的一大亮点。在茶歇和午休时间，参与者围绕咖啡桌而坐、自由交流。这种轻松的氛围为参与者提供了自然的语言和文化交流机会。

（3）跨文化交流。通过小组讨论和国际茶歇等环节，不同文化背景的参与者得以充分交流与碰撞思想。他们分享了各自领域的经验、看法和观点，不仅促进相互了解，也在思维上相互启发和影响。

4. 总结与展望

本案例展示了世界咖啡会谈作为一种国际化的社交工具的优势与作用。通过以上分析与讨论可以看出，举办世界咖啡会谈不仅可以促进不同文化背景下的专业人士之间的交流与合作，还可以为组织和个人带来更多的机遇和发展空间。

以上介绍了六种创新思维训练的主要工具，每种工具都有其独特的价值和应用场景。通过学习和实践这些工具，我们可以较好地提升个人的创新思维能力，并在团队中促进更有效的创新协作。

2.4 工作坊：同理心地图使用训练

你是否曾为超市购物车的不便而烦恼？

你是否想过设计一款更人性化、更便捷的购物车？

加入我们，用同理心地图工具，开启一场超市购物车的创新设计之旅！

一、工作坊目标

（1）学习并掌握同理心地图这一创新思维。

（2）运用同理心地图，从用户角度出发，重新设计超市购物车。

（3）提升团队协作、创新思维和问题解决能力。

二、工作坊内容

1. 同理心地图初体验（10分钟）

（1）教师简要介绍同理心地图的概念、作用和应用场景。

（2）学生通过案例分析，学习如何构建同理心地图。

（3）分组练习：选择一位超市购物者角色，构建其同理心地图。

2. 超市购物车痛点挖掘（10分钟）

（1）分组讨论：结合自身经历，列举当前超市购物车存在的痛点。

（2）分享交流：各组代表分享讨论结果，并进行分类整理。

3. 创意激荡，重新设计（15分钟）

（1）各组根据整理的痛点，运用同理心地图，从用户角度出发，进行头脑风暴，提出超市购物车的改进方案。

（2）绘制设计草图，并标注设计亮点和功能说明。

4. 作品展示与点评（10分钟）

（1）各组展示设计作品，并进行讲解。

（2）教师进行点评，提出改进建议。

【思考题】

1. 请结合个人经验，分享如何培养和应用创新思维的案例。

2. 分享一个成功或失败的案例，讨论风险承担如何影响创新结果。

3. 请结合个人经验，分享如何识别和克服思维定势。

4. 以柯达公司为例，分析思维定势如何导致组织错失创新机会。

5. 讨论社会文化背景如何造成个体的思维定势和偏见。

6. 你认为现代教育应该如何培养学生的创新思维？

7. 根据头脑风暴法的规则与原则，讨论这种训练方法在团队中的实际效果。你认为哪些规则最关键，为什么？

8. 讨论同理心地图如何帮助设计师深入理解用户需求，设计出更符合用户期望的产品。

9. 讨论六顶思考帽法在团队决策和问题解决中的应用，以及如何平衡不同颜色帽子所代表的思考角度。

10. 讨论TRIZ理论在工程设计和技术革新中的应用，分析一个科技公司如何应用TRIZ理论获得市场竞争优势。

3 框架内创新

在当今快速变化和充满高度不确定性的时代，创新对经济增长、企业竞争力和社会发展的重要性越来越凸显。根据麦肯锡公司的研究，企业在创新上的投资能够带来高达30%的收入增长，而哈佛商业评论指出，创新是推动企业长期成功的关键因素。值得注意的是，创新并不仅限于科学研究和技术创新行业，它同样适用于社会商业、服务业、制造业和日常生活中的各方面。在众多创新方式中，框架内创新因其高效性和可操作性而受到高度关注。框架内创新强调在已有资源和条件的限制下寻找新的解决方案，分为五种类型：减法策略、乘法策略、除法策略、任务统筹策略、属性依存策略。

如何在有限的资源和条件下实现突破性创新？框架内创新能否帮助我们更好地应对当前的挑战？创新思维总是在一定条件下发生和发展的，提出想法与解决问题也是在一定框架下实现的，本章主要介绍框架内创新的定义、优势及其五种策略在实践中的应用，旨在帮助读者理解如何有效地进行创新。

【导读图谱】

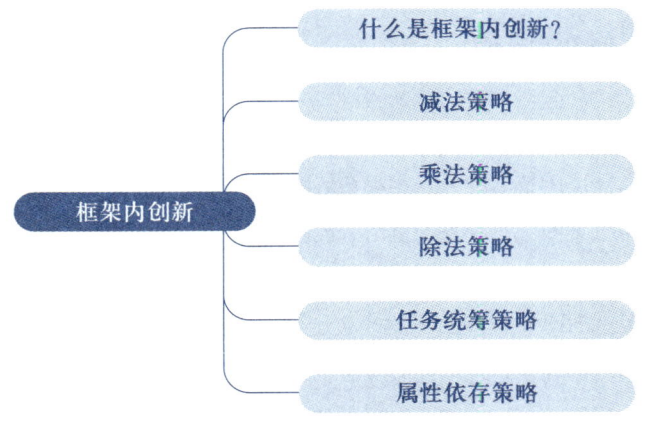

3.1　什么是框架内创新？

一、框架内创新的定义

在科学技术的发现史上，人们习惯将创新定义为"颠覆式革新"。但近年来，苹果公司在智能手机上的渐进式革新、特斯拉公司在现有电池技术框架下的续航优化、宜家公司在模块化家具领域的持续性创新设计，都正在揭示着与"颠覆式革新"相悖的反直觉：最具生命力的创新往往发生在既定框架之内，这种被称为"框架内创新"的思维范式，正在重构全球企业的创新逻辑。框架内创新是一种在现有产品、服务和业务模式的基础上，通过对现有资源、技术和市场需求的深入分析，进行小规模但有效的改进与优化的创新策略。框架内创新与颠覆式革新追求范式革命不同，它是在资源边界、技术限制、市场规则的框架内寻找突破点，强调在现有技术轨道、产业生态和客户习惯的环境中培育新品种。它强调系统性思考和策略性调整，以最大化地利用现有资源和技术路线，提升用户体验和创新价值。通过持续的小幅度改进，企业能够在不改变核心业务模式的前提下，增强市场响应能力，保持竞争优势，促进长期发展。这种创新方式不仅降低了风险，还提升了企业在快速变化和不确定性市场中的适应能力。

二、框架内创新的特点

框架内创新模式具有鲜明的边界约束特征，创新者往往主动接受框架限制，如手机屏幕尺寸的限制、电池能量密度的技术约束、键盘布局的用户习惯等创新边界，创新往往不是突破这种约束，而是通过对框架内已有要素的重组、流程优化、功能叠加等方式创造增量价值。

资源约束在框架内创新中起着重要作用，即在有限的资源条件下创造倍增的价值。当马斯克SpaceX团队面对火箭回收的物理极限时，创造出可重复使用的猎鹰9号发动机架构，这种把限制条件转变成创造力的现象，在认知心理学中被称为创新思维的激活效应。资源约束的存在迫使创新者超越线性思维，在有限维度内探索非常规组合方式。在技术爆炸与资源瓶颈并存的今天，框架内创新展现出独特的战略价值。它既避免了追求颠覆式革新的高风险，又在约束条件与创新自由之间找到了平衡点。当企业学会在框架内创新时，那些曾被视作障碍的边界将转化为核心竞争力，框架内创新范式也将构建竞争的底层逻辑。

结构化思维模型是框架内创新的核心工具。宜家设计师为了使所有家具产品必须满足集装箱运输的空间参数，应用平板包装约束法进行设计，不仅使所有宜家产品都能满足集装箱的运输要求，还创造了家具的简约美感。3M公司推行15%资源自由支配原则，在保证主营业务的前提下激活创新潜能。这些结构化工具将混沌的创新过程转化为可管理的系统工程。

渐进优化机制支撑了框架内创新的持续性。丰田生产体系通过数十年的持续改善，将汽车装配误差率降低到百万分之一；英特尔芯片制造工艺在纳米尺度上的迭代突破，都说明了框架内创新"积跬步以至千里"的力量。这种渐进的螺旋式上升模式，往往比颠覆式革新具有更强的可持续性。可持续创新循环的建立，使框架内创新突破短期改良的局限，微软公司的Windows系统在保持兼容性的框架下，通过安全架构升级完成生态进化，这表明框架边界在一定条件下不但不会束缚创新，反而会成为创新进化的阶梯。

三、为什么需要框架内创新

（一）创新是企业发展的根本动力

企业想获得更持续的发展，就必须不断地创新。在过去数十年里，在世界不同地区的主要行业中，调查企业领导有关创新的两个关键问题时，回答具体如下。

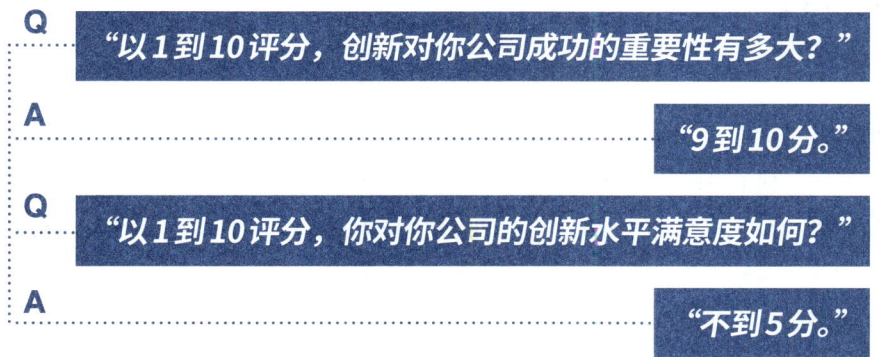

Q "以1到10评分，创新对你公司成功的重要性有多大？"

A "9到10分。"

Q "以1到10评分，你对你公司的创新水平满意度如何？"

A "不到5分。"

课堂活动

请思考企业领导何以把创新看得如此重要，却又对自己企业的创新水平如此不满？

不出所料，企业领导对创新的重要性评分非常高，通常是9到10分。创新是企业成功的第一增长源，没有人对此有异议。然而无一例外的是，多数企业领导对自己公司创新的满意度评分很低——不到5分。从这个调查结果可以看出，企业领导高度重视创新，而对自己打理的企业有着更高的创新追求。

（二）发散性创新效率低下

传统的创新观念认为：创新是无固定结构、不遵循任何规则和模式的。想要成为创新者的人常被告知要跳出固有思维模式，遇到问题时，要尽可能地发散思维，直至找到解决问题的方法。要想把那些看起来与自己的产品、服务或者工作毫无共性的事物拿来做参照，我们还得让思维如脱缰的野马一样，尽可能自由地、不受束缚地发散，以便有一个能够打破当前僵局的灵感突然迸发于脑海中。殊不知，这种发散性创新很容易导致效率低下。因为天马行空的想法往往是散漫和凌乱的，希望用这种方法解决棘手的问题并进行创新，是一个小概率事件。

（三）框架内创新更有效

框架内创新，即利用现有的资源实现真正的创新。若分析其中的关键词，创新的前提条件是"利用现有的资源"去"实现真正的创新"。创造力的提升源自思想的制约，而非放任。在需要用创新来解决问题时，我们要先明确需求，限定一个框架，然后再在框架内寻找答案，这远比漫无目的地发散思维或静候灵感更有效。

【案例分享】

框架内创新实例——漏气的轮胎

漏气轮胎的解决办法

1990年的一个深夜，两名年轻的航空机械师忙完一天的工作后，打算收工回家。那时，他们刚刚获得理学学士学位，在同一家公司任职。他们乐于共同解决问题，是亲密无间的朋友。当他们走到停车场时，发现汽车的一个轮胎漏气瘪了。这辆车是他们租来的，第二天早上还得还回去。对两名机械师来说，更换轮胎自然是小事一桩。但是谁也没想到，这样一件无足轻重的小事会改变他们的一生，令他们走上创新研究的道路。

当其中一人拿出扳手拧轮胎上的螺母时，他发现螺母生锈了，无论他们怎么用力，螺母都纹丝不动。20世纪90年代手机还未普及，他们没法向外界求助，把车扔在一个空荡荡的停车场里，他们又觉得不妥。

看来想把螺母拧下来，仅凭蛮力是不行的。认识到这一点后，他们另觅良策。最先想到的是要加长扳手力臂，但需要将一根管子套在把手上，可惜当时找不到这样的管子。他们意识到要解决问题，只能从身边现有的条件着手。

结论：有些问题的答案就隐藏在问题内部，却常常被人们忽略，这些答案正是人们所说的"创意"。与其漫无目的地寻找突破点，不如就在我们身边寻求问题解决的方法。

人们在专注于某个状况或问题的内部因素时，其创造力是最强的，寻找解决方法时要限制自己的选择范围而不是将其扩大。德鲁克说，创新要专注，不要过于多样化，不要分心，不要一次想做太多的事情，偏离核心问题的创新往往会变得相当散乱，最终也只能停留在创意上而无法付诸实践。

课堂活动

请各小组启动框架内创新，寻找解决轮胎漏气问题的方法，但以下方法除外（5分钟）：

（1）用手机求援。（1990年手机未普及）

（2）用加气泵给轮胎临时加气。（身边没有加气泵）

（3）找一根金属管套在把手上。（没有找到金属管）

（4）搭顺风车去最近的服务区。（暂不可行，第一，服务区离得太远；第二，要在"框架内寻找答案"）

讨论结束后，每个小组派一个人来陈述解决问题的方法，各小组陈述完毕后，教师总结。

四、框架内创新的类型

多年致力于创造力研究的创新领域知名专家德鲁·博迪和雅各布·戈登堡，通过对全球顶尖公司的上百种畅销产品进行深入分析，发现创新并非源于天马行空或惊世骇俗的发明，而是通过在现有框架内进行微小而有效的改进，从而实现非凡的创意和成果。这些看似多样化的产品创新实际上可以归纳为五大创新策略：减法策略、除法策略、乘法策略、任务统筹策略和属性依存策略。

（一）减法策略

减法策略的核心做法是识别并去除那些原本被视为必不可少的成分，从而简化产品或服务的设计，提高其效率和用户体验。以航空公司为例，许多航空公司通过提供打折机票来吸引顾客，这一策略的实施依赖取消了一些非必要的服务，如免费餐饮、额外行李等，从而降低了运营成本并提升了票价的竞争力。此外，传统耳机演变为入耳式耳机，正是研发者去掉了耳罩，减小了产品的体积和质量，使得入耳式耳机更便携、舒适。再如，传统手机向智能手机的转变过程，关键在于删除了物理键盘，转而采用触摸屏设计，使得用户界面更加直观和灵活。

（二）除法策略

在产品创新过程中，除法策略强调通过去除产品或服务中的某项功能，使其能够发挥其他功能，进而提升用户的使用体验。例如，在现代生活中，遥控设备的普及使用户能够远程控制电视、音响等设备，极大地提升了使用的便捷性。在空调设计中，通过将压缩机与恒温器分离，用户能够享受到更为舒适的温控体验，同时也简化了系统的维护。分期付款的引入则是一个典型的除法策略，它将一次性付款分拆为多次付款，使得消费者在购买商品时能够减轻经济负担，从而促进了消费市场的活跃。

（三）乘法策略

乘法策略是通过对产品的某一部分进行复制并进行微小的改进提升来实现创新。大货车增加多个轮子的设计，旨在增大受力面积，从而提高其承载能力和稳定性。在光学镜头的设计过程中，增加镜片的数量可以显著改善成像质量，使得摄影作品更加清晰和生动。电视机的"画中画"功能，使观众在观看一个频道的同时，能够随时捕捉另一个频道的热点节目，这种多任务处理的能力使得消费者的观看体验更加丰富和灵活。

（四）任务统筹策略

在产品或服务的创新过程中，任务统筹策略强调将不同功能进行整合，以实现特定的产品目标。许多面部乳霜不仅要具备基本的保湿功能，还兼具防晒效果，这种多功能集成设计满足了消费者对护肤品的多样化需求。医院将部分业务搬到线上，例如在线预约和远程诊疗，显著简化了病人的就诊程序，减少了等待时间，提高了医疗服务效率。

（五）属性依存策略

属性依存策略通过将多种属性建立相关性，从而引发创新。例如，现代汽车的音响系统与导航系统的整合，使得驾驶者在享受音乐的同时，不必担心音乐会干扰导航提示，这种设计提升了驾驶的安全性和舒适性。滴滴出行通过建立司机与乘客之间的直接联系，颠覆了传统的出行行业，提高了资源的利用效率，同时也为用户提供了更为便捷的出行选择。

综上所述，这五大策略为产品和服务的创新提供了系统化的思维框架，强调了在现有基础上进行微调和整合的重要性。这些策略不仅适用于企业的产品开发，也为各类组织在服务创新和流程优化中提供了宝贵的指导。通过深入理解和应用这些策略，企业能够在竞争激烈的市场环境中脱颖而出，实现可持续的增长和发展。接下来，本书将详细介绍这五种策略的原理及其实际应用，以帮助读者更好地理解和运用这些创新方法。

3.2　减法策略

在商业创新领域，减法策略是一种反向思考却高效的思维方式——它要求企业在现有资源框架内，通过系统性剔除冗余事项来释放核心价值。这种策略并非单纯地做功能删除，而是基于对用户需求的洞察，通过精准裁剪那些不必要的功能、优化用户必需的功能来实现价值跃升。以下通过经典案例来解析减法策略的实际应用。

【案例分享】

iPod——苹果音乐播放器

20世纪90年代末，MP3（音乐文件播放器）市场竞争异常激烈，许多生产MP3的公司都想方设法地让自己的产品特色更多、品质更好、功能越来越丰富。苹果公司却反其道而行之，把显示屏彻底去掉，只保留了随机播放功能，设计出更小巧、更简单、更有趣的新一代MP3播放器iPod，市场结果出乎意料地好，随机播放功能成为"耳机族"的挚爱。

iPod——苹果音乐
播放器

一、什么是减法策略

减法策略是指在现有产品或流程中去除某一组件，并对剩余组件的运作方式进行设想。该策略的核心是勇于剔除那些被广泛认为必不可少的组成部分，尽管传统观念可能认为，缺少这些必要组件将导致产品无法正常运作。通过采用这种思维方式，可以探索去除某些部件、流程或功能后可能带来的益处，并对其可行性进行系统评估。

- -

课堂活动

请思考减法策略的好处与可行性，并将你的思考填入表3-1中。

表3-1　减法策略的好处与可行性

减去的	带来的好处	可行性
部件		
流程		
功能		

- -

当然，作为启发性的解决问题的办法，读者可以问自己以下问题：如果某一组件（或流程）被去除，产品将会呈现出怎样的状态？这一改变为何会具有实际价值？潜在的用户群体是谁？他们为何会对该产品产生兴趣？在此基础上，创新过程可以遵循以下步骤进行。

二、减法策略的原理、步骤和注意事项

减法策略的原理、步骤和注意事项见表3-2。

表3-2　减法策略的原理、步骤和注意事项

原理	减去某个基本部分，减去的部分越是基本，创新越激烈
步骤	1. 列举产品或服务的内部或组成部分清单； 2. 选择一个基本部分，将其删除（完全删除或部分删除）； 3. 想象删除后的结果； 4. 新产品或新服务有什么潜在的价值和优势？有无市场？谁需要？为何需要？新产品或新服务是如何发挥功效的？ 5. 有无可行性？是否可以付诸实践？原因是什么？可否通过调整功能，提高其可行性？
注意事项	1. 删除的基本部分，既不是最核心的，也不是最次要的，而是中间地带的； 2. 不要仅删除有缺陷的部分； 3. 不要立刻寻找替代品； 4. 避免认知偏差

【案例分享】

减法策略应用实例

【案例1】"空气洗手"

洗手必须用水，换作用空气行不行？就是从这个"古怪念头"出发，浙江大学的几名本科生成功研发了"空气洗手装置"（见图3-1）：将手放在水龙头下方，通过红外线感应，水龙头

内喷出雾状水滴和高速气流，洗手的效果与水洗无异，但用水量相较水洗可以节省90%。

第1代空气洗手机：使用者需站在约22 cm高的踏板上，使踏板下沉，通过滑轮组牵引活塞挤压空气获得高速气流，令水龙头喷出雾状水滴冲洗掉手上的污渍，平均节水量达90%。

第2代空气洗手机：手放在水龙头下方，通过红外线感应喷出雾状水滴和高速气流。电力驱动，直接通过电机将空气压缩，功率只有60 w，能耗极低，平均节水量达95%。

图3-1　空气洗手装置

该项目荣获第二届中国"互联网+"大学生创新创业大赛全国金奖，已申请4项发明专利，团队已入驻浙大科技园"浙江大学e-WORKS创业实验室"。

该案例的减法策略运用原理见表3-3。

表3-3　案例1的减法策略运用原理

项目	（内部）组成部分清单	删除的部分	删除后结果	有何价值和优势？	谁需要？为何需要？	可行性及原因
空气洗手	水、水龙头、水管、红外线、盆	水（部分删除）	节约了大量的水	环保、可持续，符合社会发展趋势；市场上无同类竞品	政府机关单位（尤其是公共场合）；节约成本、减少浪费	可行性强；难点是技术、成本

【案例2】春秋航空

春秋航空是中国首个民营资本独资经营的"草根"航空公司，公司通过降低运营成本和提供具有竞争力的票价，吸引对票价敏感的自费旅客和追求高性价比的商务旅客。春秋航空单位销售费用和管理费用远低于行业其他航空公司，公司通过精细化管理降低成本。

1. 无餐食费用：春秋航空不提供机上食物。

2. 单一舱位：公司飞机只设置单一的经济舱位，不设头等舱与公务舱。公司提供的座位数较通常运营A320飞机并采用两舱布局的航空公司高15%～20%（改为150～160座）。

3. 单一机型：公司全部采用空客A320系列机型（见图3-2），可通过集中采购降低飞机购买和租赁成本，降低航材日常采购、送修、仓储管理等成本。

4. 提高飞机日利用率：公司通过单一机型、更加紧凑合理的航线编排以及较少的货运业务获得更高的运行效率。此外，公司依据差异化客户定位，更多地利用延长时段飞行（早上8点前或夜晚21点后起飞），从而增加日均航班班次，

图3-2　春秋航空

提升飞机日利用率。

5. 低销售费用：99元系列特价机票，采用网上直销渠道、不开门店，极大节省了不必要的开支，仅2011年就节省了代理佣金至少4 000万元。

该案例的减法策略运用原理见表3-4。

表3-4 案例2的减法策略运用原理

项目	（内部）组成部分清单	删除的部分	删除后结果	有何价值和优势？	谁需要？为何需要？	可行性及原因
春秋航空	飞机、空乘、乘客、机票、食物、贵宾服务、报纸、登机牌、销售……	机票、食物服务、多型号飞机……	成本节约，价格低，效率提高	低价、快捷、方便	对价格敏感的自费旅客和追求高性价比的商务旅客	具有竞争力，高客座率、高飞机利用率；国内最成功的低成本航空公司

三、工作坊：运用减法策略进行创新实践

任务：要求每个小组完成两个项目。第一，找到已存在的减法策略运用案例，并在减法策略运用原理表（见表3-5）中呈现出来。第二，运用减法策略发明新的产品或服务（在现实生活中没有的），可以发挥大家的想象力和创造力，从身边的产品入手，也可以从生活中的"痛点"入手，使新的产品或服务满足新的需求或改善人们的体验。

步骤：小组讨论（课上10分钟），制订方案，课后具体实施并呈现在表中。

展示：小组选择一名主讲人陈述，内容聚焦如何进行创新，陈述完后允许其他同学提出两个问题，由陈述人进行回答（5分钟）。

表3-5 减法策略运用原理

项目	（内部）组成部分清单	删除的部分	删除后结果	有何价值和优势？	谁需要？为何需要？	可行性及原因
已存在的						
未存在的						

3.3　乘法策略

【案例分享】

【案例1】剃须刀的刀片数量之争

自青铜时代起，人们就开始使用单刀片的剃须刀。但直到1971年，吉列公司推出了双锋剃须刀，革命性地取代了传统单锋刀片，男士们的剃须体验有了巨大飞跃。

双刀片的设计提供了更贴合的剃须体验，这源于两片刀片被赋予了不一样的任务。第一片刀片的作用是向上拉起它经过的胡须，这样胡须就不会缩回到皮肤里。紧跟其后，第二片刀片的设计角度相对于第一片刀片来说稍有不同，这样就能更精准地刮掉胡须。在这个创新中，虽然刀片被复制了，但不是简单复制，第二片刀片被赋予了新的功能，那就是通过调整其位置的角度，更贴合地刮掉胡须。

随后触发了剃须刀行业的"刀锋大战"，3个刀锋，4个刀锋……直到现在已经有6个刀锋。从乘法策略的角度出发，实际上只有第一次的双刀片创新才是真正的颠覆性革新，其后的刀片数量增长既不出人意料，也了无新意。

【案例2】旋丽蝇——繁殖而后消灭

20世纪30年代，旋丽蝇在美国中西部地区繁殖，它是牛群的致命杀手，也是令当地奶牛饲养主和奶制品加工者闻之色变的昆虫。直到20世纪50年代初期，旋丽蝇每年对当地造成的经济损失高达2亿美元。美国得克萨斯州农业部门的两名科研人员爱德华·尼普林和雷蒙德·布什兰德，一直在寻找一种根除旋丽蝇的方法，但是又不希望借助传统的大面积喷洒农药的方式来解决。

旋丽蝇——繁殖而后消灭

在应对这道难题之前，人们的创新思维曾囿于一个固执的念头，那就是雄性昆虫和雌性昆虫交配后会产生后代。这就意味着要根除旋丽蝇，就不能让它们交配。尼普林和布什兰德则换了一种思路，他们对雄性昆虫进行大批量培育，但以一种并不明显的方式对培育的旋丽蝇进行改造，即对复制出的雄性旋丽蝇做不育术，然后将这些没有繁殖能力的旋丽蝇大量投放在旋丽蝇的栖息地，当它们和雌性昆虫交配时，就不会再产生后代，这样旋丽蝇的整体数量逐年减少，最终美国在 1982 年彻底消灭了旋丽蝇。由于这项技术不使用农药，没有残留物，并且对非目标物种不产生破坏性影响，这项技术目前被广泛用于牲畜、水果、蔬菜和农作物的病虫害治理。

1992 年，尼普林和布什兰德因其在科研领域取得的成就而被授予"世界粮食奖"，美国前农业部长奥维尔·弗里曼称他们研制的昆虫不育技术是"20 世纪昆虫学领域最伟大的成就"。

非洲桑给巴尔岛上的居民数年来一直遭受嗜睡症的困扰，这是一种极其可怕的疾病，感染者会变得意识混乱，情绪焦虑，肢体协调能力下降，并产生严重的睡眠周期紊乱，如果不及时接受治疗，病人的情况会逐渐恶化，直至陷入昏迷，最终死亡。这一疾病的罪魁祸首是采采蝇。利用昆虫不育技术，科学家培育出数以万计的采采蝇，通过光照辐射使之丧失繁殖能力，然后投放到野生采采蝇栖息地，由于雌性采采蝇在一生中唯一一次交配后会即刻死去，这种无繁殖能力的雄性采采蝇就会阻碍它们衍生后代。就这样，随着老一代的消亡，新一代采采蝇的数量逐渐减少，直至最终灭绝。数月间，桑给巴尔岛上的"微型杀手"就消失得无影无踪了。

我们可以选取问题中最令你烦恼的部分进行复制，然后稍作修改，以使其成为解决问题的关键。这种做法尽管有违常理，但是非常奏效。

一、什么是乘法策略

乘法策略是指对产品的某一部分进行复制并加以修改，从而形成一种新的产品。该策略的核心在于完成两项关键任务：一是选择产品的一个组件并进行简单的复制，即实现由一变多的过程；二是对每个被复制的组件赋予独特且不同于原始产品组件的功能，可以是对原有功能的改进，也可以是全新的功能设计。

二、乘法策略的原理、步骤和注意事项

乘法策略的原理、步骤和注意事项见表 3-6。

表 3-6　乘法策略的原理、步骤和注意事项

原理	对产品或服务的某一方面进行复制并改动
步骤	1. 列举产品或服务的内部或组成部分清单； 2. 选择一个或几个部分进行复制（如不能确定复制多少份，那就任意选择一个数字）： （1）列举出该部分的属性。属性是指一些可能发生变化的特性（如颜色、位置、方式、温度、涉及人数等）；

续表

步骤	（2）选择其中一个基本属性加以改变。务必以一种巧妙的、颠覆传统的方式进行改动。 3. 设想新产品或新服务的样子； 4. 新产品或新服务有什么潜在的价值和优势？有无市场？谁需要？为何需要？它能怎样帮助你解决具体问题？ 5. 如果确定新产品或新服务有一定的价值，那么这种改进方法有无可行性？是否能生产出这样的产品或提供这样的服务？为什么？如何通过调整和完善将其付诸实践？
注意 事项	1. 切勿做简单的加法，不是用数量换功能； 2. 务必采用颠覆传统的方法对某个部分进行改动； 3. 切勿对某个属性进行数量上的倍增（属性是指部件的特征，具有可变性）

【案例分享】

乘法策略应用实例——完美的抽水马桶

德国唯宝公司是一家全球知名的陶瓷企业，设计并生产精美的家居用品。公司至今有着276年的历史，一直以硕果累累的创新史闻名于世。公司鼓励员工即使在最基础、最古老的产品上，也要不断挖掘新意。2005年，公司召集了全球各分公司的营销主管、研发主管和财务总监，组成了一个跨部门工作组，任务是设计一款创意大胆的新型马桶。工作组在学习了系统性创新思维的基本原则和方法之后，决定利用乘法策略进行创新，首先列出陶瓷马桶的组件，选择其中一个最基本的组件，先复制，再做细小改变，主要步骤如下：

第一步，列举传统陶瓷马桶的组件：

- 马桶身
- 水箱
- 进水管
- 马桶底座
- 马桶盖
- 虹吸管
- 排水管
- 水

第二步，选择其中一个最基本的组件，先复制，再做细小改变。选择进水管复制，水管性能中可能发生改变的部分：

- 数量
- 长度
- 直径

- 位置
- 颜色
- 材质厚度
- 材质类型
- 材质硬度

第三步，选择水管直径，将1根进水管复制成4根。

第四步，想象一下粗细不一样的水管究竟有什么作用？

设计结果：

以上项目中选择了水管的直径，这就意味着设计者打算让4根水管具备各不相同的直径。接下来的工作就是要弄清楚这些粗细不一的进水管究竟有什么作用。

想象这样的场景在跨部门工作组的人看来未免可笑，要知道，他们效力的公司是一家老牌企业，生产马桶的历史可追溯到1748年。所以他们当初的普遍反应是："既然1根进水管就能搞定，为什么要变出4根来？"

在创新策略推广师的鼓励下，大家没有半途而废。下一步就是明确这种带有4根进水管的马桶能为人们带来怎样的便利。正是在这个环节上，工作组取得了突破性进展。他们意识到，如果把1根进水管变为直径各不相同的2根进水管，有助于控制冲水量的大小，做到节约用水。使用者可以根据需要选择大水量按钮或小水量按钮。这样的马桶最大的好处就是节省冲水量。

在创新策略推广师的建议下，他们想象着将2根水管增加到4根。如果4根水管的直径各异，长度也不同，那会怎么样？把多根水管环绕分布在马桶四周，这样使水流从四面八方汇集在一起形成的强劲冲击力比直冲式马桶出水口的力量大得多。这种马桶的好处是：水量可控制，污物被清除得更彻底，残留物更少。

工作组趁热打铁，在这一创意进一步完善的基础上设计出了一种新款马桶：欧米亚环保马桶（图3-3）。这是一款里程碑式的产品，它是首个单次冲水只消耗3.5 L水的立式马桶，比传统马桶节约了2.5 L水，节水率超过40%。他们进一步改进，用户如果需要减小水量，可以按经济型冲水按钮，耗水量仅为2 L。欧米亚环保马桶荣获2009年国际厨房卫浴博览会设计大奖，此奖为该领域最具分量的奖项。

该案例的乘法策略运用原理见表3-7。

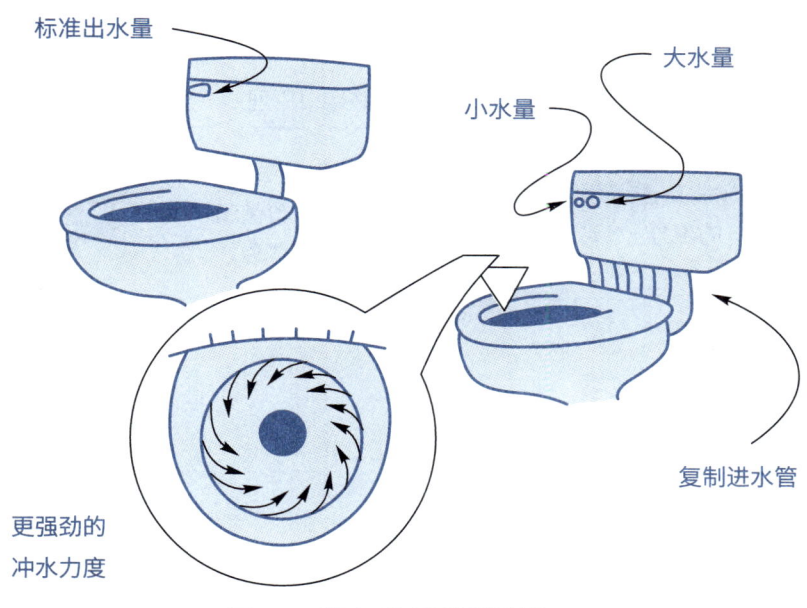

图3-3 欧米亚环保马桶原理图

表3-7 案例的乘法策略运用原理

列举内部或组成部分清单	选择复制的部分	列举该部分的属性和要改变的其中一个属性	新产品或新服务的样子	有何价值和优势？	谁需要？为何需要？	可行性及原因
陶瓷马桶身、水箱、进水管、马桶底座、马桶盖、虹吸管、排水管、水	进水管	数量、长度、直径、位置、颜色、材质厚度、材质类型、材质硬度等	4根直径各异、长度不同的水管环绕马桶四周	节水、污物被清除得更彻底	普遍都需要	可行，已实现

三、工作坊：运用乘法策略进行创新实践

任务：要求每个小组完成两个项目。第一，找到已存在的乘法策略运用案例，并在乘法策略运用原理表（见表3-8）中呈现出来。第二，运用乘法策略发明新的产品或服务（在现实生活中没有的），可以发挥大家的想象力和创造力，从身边的产品入手，也可以从生活中的"痛点"入手，使新的产品或服务满足新的需求或改善人们的体验。

步骤：小组讨论（课上10分钟），制订方案，课后具体实施并呈现在表中。

展示：小组选择一名主讲人陈述，内容聚焦如何进行创新，陈述完后允许其他同学提出两

个问题，由陈述人进行回答（5分钟）。

表3-8 乘法策略运用原理

列举内部或组成部分清单	选择复制的部分	列举该部分的属性和要改变的其中一个属性	新产品或新服务的样子	有何价值和优势？	谁需要？为何需要？	可行性及原因
已存在的						
未存在的						

3.4　除法策略

【案例分享】

【案例1】窗式空调与壁挂式空调

　　最早的空调是将所有的功能部件，包括恒温器、风扇、制冷系统放在一起，后来有人想到把压缩机从空调设备中分解出来，将其放在户外。这样屋内噪声和热量流失将大大减少。冷气可以通过墙上的小孔由管道进入屋内，不必将空调堵在窗户前或放置在凿有巨型开口的墙上，恒温器也可以从空调机中分解出来移到室内（图3-4）。这使得人们可以从一个更方便的位置按照需要调整温度，既快捷又省事。

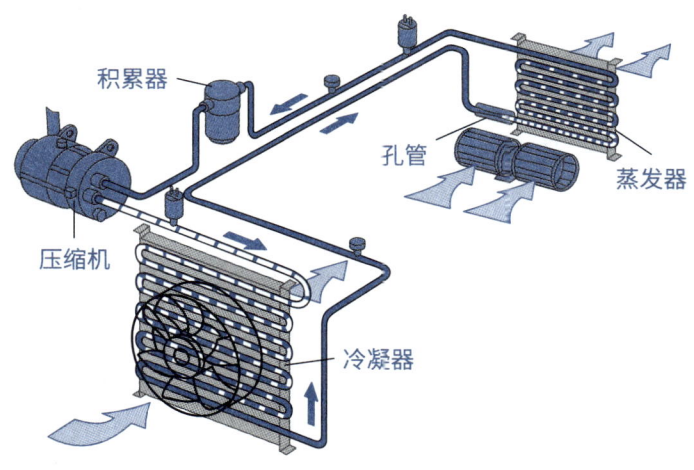

图3-4　壁挂式空调原理图

【案例2】分期付款

　　19世纪早期，美国农民的收入水平不高，因而无力购买农业机械。当时，虽然市面上有各种各样的收割机，但无论农民多么需要，也无钱赊买。于是，收割机发明者之一的麦考密克开始使用新的购买方式——分期付款。本来一次性的买卖，通过银行的分期付款，分成n笔连续付款，付款时间也变成很多年。当然，n次付款总额要大于1次付款金额。但付款方式和时间变化后，农民就可以用未来的收入来支付今天的需求，市场也由卖方市场变为买方市场。

一、什么是除法策略

除法策略，即将一个产品或一项服务分解成多个部分，再将这些分解后的部分进行重组，这样做可能带来两种结果：一是产生一种全新的功能，二是以一种全新的形式呈现某个已有的功能。

运用除法策略有利于帮助我们克服"结构性固着"。所谓"结构性固着"，是指一种思维定势，人们容易把某个产品或某项服务圈定在它们原本隶属的范围内，将其看成一个整体，并认为它们应该以人们熟悉的样子存在。如果这个熟悉的样子发生了变化，人们就会觉得无所适从，并本能地认定这种改变不妥。这种"结构性固着"会束缚人们的思维，让人们忘记张开想象的翅膀。

例如，当你拿到一把手电筒时，发现灯头掉了，也许你的第一反应就是这个手电筒不能再用了，该扔了。但先别急，在扔掉它之前，想想这个灯头——一个全新形状的手电筒——还能在什么情况下派得上用场。也许可以固定在墙上做一个聚光灯，也许可以安装在安全帽上用作探照灯。这样思考的目的就在于，让除法策略打破你心中的思维定势，帮助你获得新的发现。

除法策略有以下三种类型：

（1）功能型除法策略。挑出产品或服务中的某个功能，改变其位置，按空间重组（该物品相对于其他物品的空间位置）或按时间重组（该物品相对于其他物品的存在时间）后，将注意力放在产品的新功能上。也就是说，要明确产品中具备特定功能的那些部分，然后从中挑出一个，将其调整到其他位置。窗式空调通过将压缩机转移到户外（改变空间位置），得到一个全新的空调；分期付款通过改变付款方式，由一次性支付变为多年多次付款（改变存在时间），释放了市场的巨大消费潜能。

（2）物理型除法策略。将产品按随机原则分解成若干部分。饮料有哪几个物理部分？水和食用香精。如果把这两个功能分解并重新组合呢？水放在饮料瓶子里，食用香精放在吸管里会怎样呢？想象一下不同的吸管创造不同的味觉体验，草莓口味、柠檬口味……是不是很酷？

（3）保留型除法策略。保留产品的原有功能和特性，但把产品按比例缩小会怎样？从空间上缩小，比如把电脑硬盘缩小到可以随身携带的样子，这就是U盘；从时间上缩小，比如把酒店全年的收益权，分成52份（即每周一份），你可以购买其中的一份，自用或者租出去，这就是"分时酒店"。

二、除法策略的原理、步骤和注意事项

除法策略的原理、步骤和注意事项见表3-9。

表3-9　除法策略的原理、步骤和注意事项

原理	将一个产品或一项服务分解成多个部分，再将这些部分重新组合（可以使产品或服务产生新功能或以新形式呈现某个已有的功能）
步骤	1. 列举产品或服务的内部或组成部分清单； 2. 以任意一种方法分解产品或服务：功能型除法策略、物理型除法策略、保留型除法策略； 3. 设想新组成的产品或服务； 4. 新产品或新服务有什么潜在的价值和优势？有无市场？谁需要？为何需要？它是如何发挥功效的？ 5. 有无可行性？是否可付诸实践？原因是什么？可否通过调整提高其可行性？
注意事项	1. 按时间和空间对产品或服务进行重组； 2. 从列举清单入手； 3. 可同时使用三种除法策略

【案例分享】

除法策略应用实例——冰箱的创新

微创新的创立者德鲁·博迪有一次给通用电气公司做关于系统创新思维的演讲时，通用电气公司的精英员工们并不接受他的"创新套路学说"，于是提出挑战，希望他能应用系统创新思维，生成一个冰箱创新的灵感。

德鲁·博迪虽然并不知道冰箱要如何创新，但是他决定用"除法策略"五步法，带领大家试试看。

第一步，列出产品的主要组成部分。冰箱的主要物理组成部分有：门、隔板、灯泡、制冰格、压缩机等。

第二步，采用功能型除法策略分解产品。这时通用电气公司的员工故意提出要改变冰箱压缩机的位置，大家似乎都等着看德鲁·博迪的笑话，认为他不可能把最重要的核心部分移出冰箱。

第三步，重新组合产品。如何重组冰箱呢？人们开始陷入了思考，"把压缩机放在外面，也就是屋子外面会怎样呢？"一种新的产品形态慢慢出现了。

第四步，明确这种产品的优势和市场定位。员工们逐渐你一句我一句地把很多想法说出来："把压缩机放在室外，厨房会安静得多。""厨房的热量会减少。""冰箱内部容量会变大。""我们可以用一台外置的压缩机，冷却厨房不同位置的、冰箱之外的东西。""对，我们能把抽屉变成存放鸡蛋的冰格。""是的，还可以有单独的蔬菜柜和饮料架。""我们甚至可以对厨房做个性定制！"……一个简单的做法，打破了员工们的固有思维框架，德鲁·博迪用一个小小的灵感，点燃了如此多激情澎湃的创新。

第五步，创意有没有可行性，如何提高它的可行性？几年后，脱离冰箱主体的独立冰镇抽屉真的出现在了市场上，其中包括通用电气HotPoint系列的抽屉型电器。

该案例的除法策略运用原理见表3-10。

表3-10　案例的除法策略运用原理

列举内部或组成部分清单	选择一种除法策略	设想新组成的产品或服务	有何价值和优势？	谁需要？为何需要？	可行性及原因
门、隔板、灯泡、制冰格、压缩机	功能型除法策略	把冰箱的压缩机抽离出来放到室外	厨房会更安静，热量会减少，内部容量会变大	商用冰镇抽屉，空间大，制冷要求高	技术上可行

三、工作坊：运用除法策略进行创新实践

任务：要求每个小组完成两个项目。第一，找到已存在的除法策略运用案例，并在除法策略运用原理表（见表3-11）中呈现出来。第二，运用除法策略发明新的产品或服务（在现实生活中没有的），可以发挥大家的想象力和创造力，从身边的产品入手，也可以从生活中的"痛点"入手，使新的产品或服务满足新的需求或改善人们的体验。

步骤：小组讨论（10分钟），制订方案，课后具体实施并呈现在表中。

展示：小组选择一名主讲人陈述，内容聚焦如何进行创新，陈述完后允许其他同学提出两个问题，由陈述人进行回答（5分钟）。

表3-11　除法策略运用原理

列举内部或组成部分清单	选择一种除法策略	设想新组成的产品或服务	有何价值和优势？	谁需要？为何需要？	可行性及原因
已存在的					
未存在的					

3.5　任务统筹策略

【案例分享】

韩国首尔酒店

美国纽约酒店的总裁曾在一年内两次抵达韩国首都首尔，并住在同一家酒店。在他第二次入住该酒店时，前台接待人员热情地迎接了他："欢迎您，先生！很高兴再次见到您！"这给他留下了深刻的印象。他决定回国后要培训自己酒店的员工，让他们用同样的方式欢迎那些老顾客。

回到纽约后，这位总裁咨询了专业人员如何识别老顾客，他们给出的建议是，酒店内安装能够识别人脸的摄像头，拍下顾客的样子，通过图片比对来确定哪些人是回头客，以此提醒接待人员。然而，这套设备的费用高达250万美元，令人咋舌。总裁不得不否决了这个提议。他决定，下次去首尔的时候要一探究竟，看看对方到底有什么"秘密武器"来识别老顾客。在第三次入住这家酒店时，他依然受到了对方接待老顾客的热情礼遇。他有些难为情地问接待员是如何认出他的，对方的回答让他哑然失笑。原来，这家酒店和出租车司机之间有一个小小的交易。司机在从机场去酒店的路上会和客人闲聊，顺便打听对方以前是否在这里住宿过。

"如果是，那么司机就会把客人的行李放在接待台右边。"接待员不好意思地笑了笑，"如果不是，司机就会把客人的行李放在左边。每接来一位客人，司机就可以从我们这里赚到一美元。"就这样，他们没有投资昂贵的设备来识别老顾客，而是凭借任务统筹策略，用微不足道的代价换来了高品质的客户服务。

一、什么是任务统筹策略

任务统筹策略的核心是给产品或服务中的某个部分分配一个附加的任务或功能，让它在发挥原本作用的前提下完成新的任务。任务统筹策略可以分为以下三类。

苹果手机软件外包

1. 任务外包：把原有的内部任务分配给一个外部构件或已有部件

苹果手机就是将原有的内部任务（硬件开发软件）分配给一个外部构件

（手机用户和独立软件供应商）或已有部件。

2. 内部重组：最大限度地利用现有的内部资源

慢性骨盆疼痛病是一种很难定位疼痛点的疾病，原因在于病变的位置从外观上观察与正常组织相比并无太大区别，用传统的腹腔镜检查，医生根本无法判断疼痛点的具体位置。而新的诊断方法的创新之处在于它赋予了病人一项新的任务。之前病人只是被动地接受检查，现在医生在病人的配合下，会一点一点地碰触病人的腹部，当触摸到疼痛点时，通过病人的确认定位病变位置，为之后的手术切除治疗奠定基础。巧妙地实践框架内创新，在治疗过程中，病人既是诊疗对象，又是诊断工具，诊断病源的任务由医生与医疗器械完成，转变为由医生、医疗器械和病人三者共同完成。

3. 由内而外：让内部元素发挥某个外部元素的功能

某互联网公司曾推出过一项"云墓碑"服务。每位逝者都有值得回顾的一生，都足以让后人尤其是亲人缅怀。"云墓碑"把逝者的人生经历放在"云"（也就是互联网）这个外部元素上，然后把其生成的二维码印在"墓碑"这个内部元素上。悼念者通过扫描二维码，就能缅怀逝者的一生。这就是让内部元素发挥外部元素的功能。

二、任务统筹策略的原理、步骤和注意事项

任务统筹策略的原理、步骤和注意事项见表3-12。

表3-12　任务统筹策略的原理、步骤和注意事项

原理	将一个任务或功能分配给某个已有的部分承担（这部分属于框架内），或者由外部成分承担（这部分属于框架外）
步骤	1. 列举产品、服务或流程中位于框架内的所有内部成分和外部成分； 2. 以任意一种方式选取一个成分并分配给它新的任务： （1）选取一个外部成分，给它分配一项产品本身能够完成的任务； （2）选取一个内部成分，给它分配一项新任务或附加任务； （3）选取一个内部成分，让它发挥某个外部成分的功能。 3. 想象新的结果； 4. 新产品、新服务或新流程有什么潜在的价值和优势？有无市场？谁需要？为何需要？它是如何发挥功效的？ 5. 有无可行性？是否可付诸实践？原因是什么？可否通过调整提高其可行性？
注意事项	1. 框架内和框架外可相通； 2. 勿将新任务只分配给能够明显胜任新任务的部分； 3. 任务统筹不同于任务集结

【案例分享】

任务统筹策略应用实例——医院看病

在过去网络不发达的时代，看病的所有环节都要人工办理，医院人满为患。后来医院将挂号、看病时间、缴费、体检信息等都传送到了网上，大大减少了看病时间，使患者享有快速便捷的就医体验。

该案例的任务统筹策略运用原理见表3-13。

表3-13　案例的任务统筹策略运用原理

列举内部和外部所有成分	选择一种任务统筹策略分类	设想新组成的产品或服务	有何价值和优势？	谁需要？为何需要？	可行性及原因
分诊、挂号、排队看病、缴费、拍片、医生看病、开药方、缴费、拿药	任务外包	网上挂号、医生看病、网上缴费、拍片、医生看病、开药方、网上缴费、拿药	便捷、快速	患者及家属	可行

三、工作坊：运用任务统筹策略进行创新实践

任务：要求每个小组完成两个项目。第一，找到已存在的任务统筹策略运用案例，并在任务统筹策略运用原理表（见表3-14）中呈现出来。第二，运用任务统筹策略发明新的产品或服务（在现实生活中没有的），可以发挥大家的想象力和创造力，从身边的产品入手，也可以从生活中的"痛点"入手，使新的产品或服务满足新的需求或改善人们的体验。

步骤：小组讨论（10分钟），制订方案，课后具体实施并呈现在表中。

展示：小组选择一名主讲人陈述，内容聚焦如何进行创新，陈述完后允许其他同学提出两个问题，由陈述人进行回答（5分钟）。

表3-14　任务统筹策略运用原理

列举内部和外部所有成分	选择一种任务统筹策略分类	设想新组成的产品或服务	有何价值和优势？	谁需要？为何需要？	可行性及原因
已存在的					
未存在的					

3.6　属性依存策略

【案例分享】

【案例1】变色龙

变色龙是蜥蜴家族中一个极具特色的成员。它长着钳子状的四肢，有两个突出的眼睛可以独立地自由转动，一个长得离奇的舌头，伸长时可达到其身体的两倍，能以闪电般的速度来回伸缩。由于它奇特的爬行方式和长长的舌头以及头顶部突起的"钝三角"，使它看上去就像史前时代令人生畏的蜥蜴的微缩版。事实上，这个捕食高手是几百万年物种进化史中的幸存者，它最显著的特征莫过于可以随环境变化而变化的皮肤颜色。在特定的环境中，变色龙的皮肤会分别变成红橙黄绿蓝靛紫七色，甚至会呈现出五彩斑斓的颜色。因此，人们常常用变色龙来形容那些善于伪装的人们。变色龙的这一特性很好地诠释了属性依存策略。

【案件2】变色奶瓶

在抚育婴儿时，父母会使用奶瓶给婴儿喂牛奶或水，他们必须十分小心地留意牛奶或水的温度，以免烫到婴儿的嘴唇。但遗憾的是，当父母半夜起来热牛奶时，常常容易在慌乱中把牛奶弄得太烫，而使牛奶温度下降又十分费时，嗷嗷待哺的婴儿可能等不及，撕心裂肺的哭喊声会让父母更加乱了阵脚。后来人们利用属性依存策略，将牛奶的温度和奶瓶的颜色关联起来，即当牛奶温度超过 38℃时，奶瓶会改变颜色，提醒父母加入少量冷开水。这解决了长期困扰父母的难题，父母再也不用通过在手腕上滴牛奶来粗略地估计牛奶的温度。

一、什么是属性依存策略

某个产品或服务中原本不相关的两个属性，通过某种方式建立相互依存的关系，即使其中的一个属性（如变色龙的颜色）随着另一个属性（如环境）的变化而变化，从而使产品或服务产生新的价值，这就是属性依存策略。

二、属性依存策略的原理、步骤和注意事项

属性依存策略的原理、步骤和注意事项见表3-15。

表3-15 属性依存策略的原理、步骤和注意事项

原理	产品、服务或流程中的某个属性，随着其他属性（环境）的变化而变化
步骤	1. 列举产品、服务或流程中的变量清单； 2. 将变量排成行与列（表格）； 3. 根据当前的市场动态填表，想象新的结果； 4. 根据可以依存关系填表，想象新的结果； 5. 思考：新产品或新服务有什么潜在的价值和优势？有无市场？谁需要？为何需要？它是如何发挥功效的？ 6. 思考：有无可行性？是否可付诸实践？原因是什么？可否通过调整提高其可行性？
注意事项	1. 成分与变量的差异，动态创新使用的是变量，而非成分； 2. 两个变量之间的正负动态变化关系； 3. 是使用时动态可变，而非提前改变

在运用属性依存策略时，应注意以下四点：

（1）不要将成分和变量混为一谈

与其他四种创新策略不同，属性依存策略使用的是变量，而不是成分。变量是指产品中可变的部分，例如，在婴儿软膏中，软膏是成分，而软膏的黏度则属于变量。

（2）用心制作表格

精心制作一张表格可能很费时，但可以让这个难度较大的创新策略变得简单易学，帮助我们找到更多的创新可能性。

（3）选定一组变量后，尝试不同的相关性

两个变量之间的依存关系有两种：一种是正相关，即一个变量增加的同时，另一个变量也在增加；另一种是负相关，即一个变量增加的同时，另一个变量在减少。

（4）只在能掌控的变量之间建立依存关系

运用属性依存策略可以在产品或服务的两个内部变量之间创建一种独特的依存关系，因为两个内部变量均在我们的掌控范围内。也可以在一个内部变量和一个外部变量之间建立灵活的依存关系（其中一个不受我们控制，如天气）。不可以选择两个都不受控制的外部变量。

【案例分享】

属性依存策略应用实例——共享充电宝

近年来，随着智能手机的普及，共享充电宝行业在中国快速发展。手机电量不足成为人们日常生活中的常见问题，尤其在外出、旅行或长时间逛街的情况下，手机电量耗尽可能带来极大的不便。为解决这一用户痛点，共享充电宝应运而生，它为用户提供了一个随时随地租借充电设备的便捷方式，成为近年来创新创业的典型案例之一。

属性依存策略是一种创新方法，指通过分析产品或服务的属性，创建与特定用户需求之间的依赖关系，从而设计出新的解决方案。在共享充电宝的案例中，这一策略通过以下方式得到应用：

1. 识别关键属性

智能手机电量不足是用户在移动场景中常常遇到的关键问题，尤其在外出、没有固定充电设备的情况下，用户对充电需求非常迫切。这一属性使手机用户高度依赖可以随时随地提供充电的设备。

2. 创造依存关系

通过属性依存策略，共享充电宝将用户的"手机电量不足"这一问题与"便捷获取充电设备"结合，形成了一种新的依赖关系。当用户手机电量耗尽时，共享充电宝提供了随时租借的解决方案，用户可以在商场、餐厅、车站等场所通过扫码租用充电宝，使用完毕后可以在任意站点归还。这种依存关系增强了用户对共享充电服务的需求。

3. 创新的实现

共享充电宝的创新不仅解决了用户在移动过程中充电不便的问题，还通过应用二维码扫码租借、移动支付等便捷技术大大提升用户体验。同时，通过大范围的站点布局，用户可以轻松找到并归还充电宝，提升了使用频率与市场覆盖率。此外，一些共享充电宝品牌通过与商场、咖啡馆等商业场所的合作，实现跨界合作，进一步扩大应用场景。

4. 结论

共享充电宝的成功正是基于属性依存策略的典型应用。通过识别用户手机电量不足的痛点，构建用户对随时获取充电设备的依赖关系，企业不仅解决了实际问题，还创造了全新的消费模式与市场需求。这一案例为大学生创新创业提供了重要启示，即在创新过程中，通过细致分析产品或服务的属性，结合用户需求，创造出新的依存关系，从而开拓出全新的市场机会。

请思考：

1. 在其他产品或服务中，是否存在类似的属性与用户需求之间的依存关系？

2. 如果共享充电宝要继续创新，未来可能会在哪些属性上进行依存策略的延伸？

三、工作坊：运用属性依存策略进行创新实践

任务：运用属性依存策略进行创新实践，要求每个小组完成两个项目。第一，找到已存在的属性依存策略实际应用案例；第二，运用属性依存策略发明新的产品或服务（在现实生活中没有的），并分别把创新过程在表格（见表3-16）中呈现出来。

步骤：进行小组讨论（10分钟），制订方案，课后具体实施并呈现在表中。

展示：小组选择一名主讲人陈述，内容聚焦如何进行创新，陈述完后允许其他同学提出两个问题，由陈述人进行回答（5分钟）。

表3-16　属性依存策略工具

列举变量清单	将变量排成行与列表，并用0和1填表	改变某些变量，想象新产品或新服务	有何价值和优势？	谁需要？为何需要？	可行性及原因
	横排：自变量 竖排：因变量				

因变量	自变量		

【思考题】

1. 你如何理解框架内创新？

2. 你如何理解减法策略、乘法策略、除法策略、任务统筹策略和属性依存策略？

3. 请设计一个案例，说明减法策略、乘法策略、除法策略、任务统筹策略或属性依存策略的具体应用。

4 创业团队

在浩瀚的商业竞争海洋中，创业者与他们的团队如同勇敢的航海家，驾驶着创新的帆船，破浪前行。创业领导者作为梦想的点燃者，他们不仅拥有敏锐的洞察力，能够捕捉市场中的商业机遇，更具备无畏的勇气，敢于挑战未知，将创意转化为现实。而创业团队则是这艘帆船上的坚实甲板，每一位成员都扮演着不可或缺的角色，他们携手并进，共同面对风浪，用智慧和创造铸就成功的航程。

创业者与团队之间的关系，如同舵手与船员，彼此依存，相互成就。创业者引领方向，设定目标，而团队则提供动力，确保航行的稳定与高效。在创业过程中，发挥每个人的长处，激发团队的潜能，是创业成功的关键。正如管理思想家所强调的，组织的力量源自对个体优势的精准识别与高效整合。本章将深入探讨创业者与创业团队的关系，揭示他们如何在不确定的市场环境中，凭借坚定的信念、创新的思维、敏捷的商业洞察、高效的团队协作，以及持续的学习与适应，共同书写着属于他们的创业传奇。

【导读图谱】

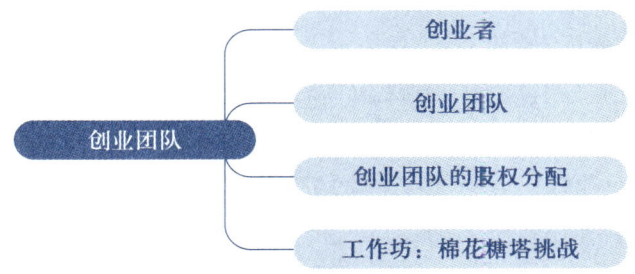

4.1 创业者

一、创业者的定义

创业者是指那些能够在不确定的发展环境中识别和抓住机会，整合资源，创造新的产品、服务、商业模式或价值的人。德鲁克强调，创业者并不是一个寻找机会的人，而是一个将变化视为机遇，善于运用创新思维将其转化为商业价值的人。德鲁克在他的著作《创新与企业家精神》中提到，创业并不是一种"天赋"，而是一种能够学习的、以系统化和有规律的方式进行的工作。

创业并不局限于创立新企业，也可以体现在组织内部的创新和价值创造，即我们常说的"内部创业"。这意味着创业者不仅存在于初创企业中，还包括那些在组织内部推动创新和实现变革的人。

二、创业者的素质与能力

创业活动是由创业者主导和组织的商业价值创造活动，它要求创业者不仅具备深厚的内在素质，还要展现出卓越的外在能力。创业者的素质是创业成功的基础，它涵盖了身体素质、人格品质、心理素质和知识结构等多个方面。

1. **身体素质**：创业者需要拥有健康的体魄和充沛的精力，以应对创业过程中的高强度工作和压力。

2. **人格品质**：创业者应具备开创新事业的激情和冒险精神，勇于挑战未知，追求创新。同时，他们还需要具备面对挫折和失败的勇气和坚韧，能够在逆境中坚持不懈，迎难而上。

3. **心理素质**：创业者应具备良好的心理素质，包括乐观的心态、稳定的情绪和强大的抗压能力。他们应能够保持冷静和理性，在复杂多变的市场环境中做出明智的决策。

4. **知识结构**：创业者需要具备广泛而深入的知识储备，包括行业知识、管理知识、金融财务知识等方面。这些知识将为他们解决创业过程中的各种问题提供有力的支持。

创业者的能力是指他们解决创业及创业企业成长过程中遇到的各种复杂问题的本领，是创业者基本素质的外在表现，也是创业者整体素质体系中的最核心的要素。

1. **战略思维能力**：创业者应具备高瞻远瞩的战略眼光，能够洞察行业发展趋势，把握市场机遇，制订切实可行的长远发展规划。

2. **创新思维能力**：创业者应勇于打破常规，敢于尝试新事物，不断探索新的商业模式、产品和服务，以保持企业的竞争优势。

3. **团队协作能力**：一是善于用人，创业者需要识别并吸引优秀人才，根据每个人的特点和优势进行合理配置，确保团队成员能够在最适合自己的位置上发挥最大的价值。二是善于发挥别人的长处，创业者应鼓励团队成员展示自己的才能和优势，为他们提供展示和发挥的平台，以激发团队的创造力和活力。三是具备领导力，创业者作为团队的领导者，需要具备强大的领导力和影响力，能够明确企业的愿景和目标，带领团队成员共同为实现这些目标而努力。

4. **执行力与坚韧不拔的精神**：创业者需要具备强大的执行力，能够将战略规划和计划转化为实际行动。同时，他们还应具备坚韧不拔的精神，能够在面对困难和挫折时保持坚定的信念和决心。

5. **资源整合能力**：创业者应具备强大的资源整合能力，能够准确识别并获取企业所需的资源，包括资金、人才、技术、市场等，并通过有效的资源整合实现资源的优化配置和高效利用。

综上所述，创业者的能力与素质是创业成功的关键。通过不断培养和提高这些创业能力和素质，创业者将能够更好地应对新时代的挑战，引领企业走向更加辉煌的未来。我们通过对创业者特质的分析可以发现，他们怀揣着清晰的愿景，拥有打破常规的创意思维，敢于承担风险，并具备持之以恒的执行力。这些特质相互交织，共同构成了创业者成功的坚实基石。

三、充分发挥人的长处：摩托罗拉面试案例

课堂活动

摩托罗拉公司设计了一道面试题，情境设定在一个暴风雨夜，一位年轻人驾驶法拉利跑车时遇到三个需要帮助的人：一位身体欠佳的老人、一位气质非凡的美女、一位曾救过自己一命的医生。题目要求应聘者作为这个年轻人做出选择。

如果你是这位应聘者，你会做出怎样的选择？

1. 小组讨论5分钟；

2. 每个小组派一人陈述方案；

3. 教师总结。

摩托罗拉面试案例
分析

4.2　创业团队

一、创业为什么需要团队

能获得很大成功的新创企业大多是共同创业。例如，阿里巴巴的十八罗汉，新东方的三驾马车，携程四君子，腾讯五虎将，微软公司的比尔·盖茨与保罗·艾伦，苹果公司的史蒂夫·乔布斯与斯蒂夫·盖瑞·沃兹尼亚克，等等。

如果要尽可能避免失败，那么共同创业确实是比较好的做法。其中最重要的原因就是，如果创业者一个人要做所有事，则创业效率就会大幅下降。美国的新创企业支持公司Startup Genome所发表的报告中整理了新创企业的创业者人数，以及该公司进入规模化阶段的平均所需时间。在创业者只有一个人的情况下，进入规模化阶段的所需时间是创业者是两个人时的3.6倍，以技术见长的创业者与以营销见长的创业者的组合，比其他组合募集到的资金多30%，用户的成长速度也是其他组合的2.9倍。

与单个人创业相比，团队创业具有以下优势：

汇聚多元能力：创业会涉及多方面的工作内容，如产品研发、市场营销、财务管理、人力资源管理等。不同的人具有不同的专业技能和经验，一个团队可以汇聚各种能力的人才，确保创业项目的各个环节都能得到专业的支持。

分担工作压力：在创业过程中，创业者面临的工作压力巨大，创业者很难独自承担所有任务。团队成员可以共同分担工作，将复杂的任务分解为多个部分，提高工作效率，减轻个体的压力，使创业者能够更专注于核心业务。

提供情感支持：创业之路充满着挑战和不确定性，会遇到各种困难和挫折。团队成员之间可以相互鼓励、支持和安慰，提供情感上的支持，帮助彼此保持积极的心态，增强应对困难的勇气和信心。

促进创新与决策：团队成员来自不同的社会背景，具有不同的思维方式和观点。在团队讨论中，各种想法相互碰撞，能够激发创新思维，为创业项目带来新的思路和解决方案。在这个充满变化和不确定性的市场环境中，团队成员能收集更广泛的信息，使作出决策的视野更加广阔。同时，团队可以通过集体决策，综合考虑各种因素，提高决策的科学性和准确性。

扩大资源网络：每个团队成员都拥有自己的人际关系网络和资源。团队的形成可以将这些资源整合起来，为创业项目提供更多的支持，如资金、技术、市场渠道、合作伙伴等，有助于创业项目更好地发展。

【案例分享】

携程公司的创始人团队都是很厉害的人物：季琦、梁建章、沈南鹏和范敏。携程公司在1999年创立的时候，互联网热潮正席卷整个市场，季琦和梁建章首先提出并建立了携程旅行网，后来沈南鹏和范敏加入团队。

季琦，上海交通大学毕业，一个普通的农民家庭孩子，在携程创立之前是一个卖电脑的个体户，自己创业。他是携程公司的开路先锋，携程公司创立的时候只有他是全职创业，在公司担任总裁职位，携程公司的创业初期也是他主要带领的。2001年，他主动让位于更理性、更懂管理的梁建章。2002年，他从携程离开，创办了如家酒店。2005年，他又创办了汉庭酒店。

梁建章，上海复旦大学少年班毕业后赴美国留学，21岁获得佐治亚理工学院计算机硕士学位。他少年时就是电脑天才，13岁时以"电脑小诗人"闻名。梁建章性格内敛、沉稳、理性，在携程创立时，他是以兼职的身份加入的，当时他在甲骨文公司任中国咨询总监。2013—2016年，他在携程公司担任CEO。

沈南鹏，上海交通大学学士，耶鲁大学硕士。在加入携程公司之前，他是一位具有多年投资经验的银行家，具备相当的融资能力和宏观决策能力，担任德意志银行董事兼中国资本市场主管，负责中国债务资本市场。1999年，他加入携程，在公司担任总裁及首席财务官职位，并在2003年率领携程上市。

范敏，上海交通大学毕业。他34岁加入携程，之前是上海旅行社总经理，以及上海新亚酒店管理公司副总经理。他的加入使得携程初期的业务方向更加明确、整合更加顺畅，因为企业需要有人脉、有经验的人去沟通。

一个成功的企业离不开一个强大的创业团队，这四个人的默契配合以及彼此宽容的心态造就了一个强大的携程公司。

二、创业团队的定义

德鲁克说："创业团队是平凡的人做不平凡的事！"创业团队是指在创业初期（包括企业成立前和成立早期），由一群愿为共同的创业目标而奋斗，责任共担、才能互补（分工），并能做到利益让渡的人所组成的特殊群体。创业团队由四个要素构成。

（一）共同的目标

创业目标是创业团队的旗帜和方向，共同的创业目标可以更好地凝聚人心、鼓舞士气、统一行动。特别是在初创企业中，由于人员不足、资金相对匮乏、技术不够熟练，需要用共同的创业目标和愿景将创业团队成员凝聚在一起，形成强大的力量去攻坚克难。

（二）责任共担

有了共同的创业目标和相同的价值观后，创业团队成员才能共同肩负起责任，团结一致，使团队成为战无不胜的铁军。

（三）才能互补（分工）

创业者寻求团队合作，其目的就在于弥补自身能力的不足。只有在创业团队成员的知识、才能、经验实现互补时，才可能产生"1+1>2"的效应。此外，创业团队一定要有核心成员和辅助成员，主辅成员各司其职。领军人物要承担起自己的职责，团队成员要履行各自的义务。

（四）利益让渡

创业团队成员要有奉献精神，每位成员都要充分认识到个人利益是建立在团队利益基础之上的，自觉地将团队利益置于个人利益之上，具有大局意识。

三、创业团队的组建

（一）创业团队的分工

创业团队的高效运转依赖合理的团队分工，主要包括五个关键角色（见图4-1）：首席执行官（Chief Executive Officer，CEO）、首席技术官（Chief Technology Officer，CTO）、首席战略官（Chief Sales Officer，CSO）、首席财务官（Chief Financial Officer，CFO）、首席营销官（Chief Marketing Officer，CMO）。通

图4-1 创业团队分工

过明确角色与职责，各成员能够发挥各自优势，形成合力，推动团队的成功发展。

1. 创始人/CEO

创始人通常是创业公司的灵魂人物，负责整个公司的战略规划和决策制定，同时也是公司的代表人。CEO是创始人委派的高管，负责公司日常管理和业务拓展。

2. 技术总监/CTO

技术总监是负责公司技术研发和创新的重要角色，他们需要带领技术团队开发新产品或改进现有产品，并确保技术方案符合公司的战略目标。

3. 销售总监/CSO

销售总监负责公司的销售策略和业务拓展，需要制订销售计划和目标，并带领销售团队完成销售任务，同时还需要与客户建立良好的关系。

4. 财务总监/CFO

财务总监负责公司的财务管理和决策，包括资金筹集、预算规划、财务报表分析等。他们需要确保公司的财务状况健康稳定，以支持公司的发展战略。

5. 市场营销总监/CMO

市场营销总监负责公司的市场推广和品牌建设，包括广告、宣传、公关等方面，他们需要制订营销计划和策略，并通过各种渠道提高公司的知名度和影响力。

在创业初期，公司业务规模小、团队人数少，团队成员往往身兼数职，不少CEO会兼任CTO，比尔·盖茨就曾兼任CTO。

【案例分享】

"史上最牛创业团队"——中国共产党

中国共产党带领全国各族人民通过百余年的团结奋斗、突破重重艰难险阻，不仅成为世界上最大的政党，还被誉为世界上最伟大的创业团队。中国共产党带领全国各族人民进行伟大的理论创新、实践创新、制度创新、文化创新，实现了从13名党代表发展到517.6万个基层党组织、9 918.5万名党员。历史是最好的注解，现实是有力的印证。事实告诉全世界，这个团队不但成功了，还取得了最优秀的业绩；决定它格局的，是使命的力量。

【头脑风暴】

"史上最牛创业团队"——中国共产党有什么特质？

（二）创业团队的组建原则

打造高效的创业团队至关重要，要遵循以下原则。

创业团队的组建原则：
- 目标明确合理
- 计划实际可行
- 人员互补匹配
- 分工职责明晰
- 团队动态调整

在创业期间，创业团队的稳定性至关重要。初创企业一般有两个特点：一是先前共事过的团队成员要优于首次合作的团队成员，绝大多数的初创团队成员都是创始人的同学、校友或同乡，创业前团队成员间彼此熟悉。二是创业团队一定要有领军人物。初创公司尤其依赖领军人物，所有伟大的公司往往都与一位创业领军人物联系在一起，如雷军之于小米，任正非之于华为。

【案例分享】

腾讯创业团队

1998 年，马化腾与他的同学张志东共同创立了深圳市腾讯计算机系统有限公司，后来曾李青、许晨晔、陈一丹等人加入。为避免彼此分工不明，马化腾在创立腾讯之初就和四个伙伴约定清楚：各展所长，各管一摊。

（三）创业团队的组建程序

创业团队的组建是一个相当复杂的过程，不同的企业情况不同，其团队组建的程序也不完全一样，但大多数创业团队的组建都遵循如下程序。

 明确创业目标　制订创业计划　招募合适的人员　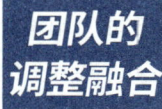职权划分　团队的调整融合

1. 明确创业目标

创业团队的总目标就是要通过完成创业阶段的各项工作，实现企业从无到有、从起步到成熟。总目标确定之后，再将总目标加以分解，设定若干可行的、阶段性子目标。

2. 制订创业计划

创业计划是以团队为整体来考虑的计划，它确定了在不同的创业阶段需要完成的阶段性子目标，通过逐步实现这些阶段性子目标来最终实现创业的总目标。

3. 招募合适的人员

招募合适的人员是创业团队组建最为关键的一步，应主要考虑两个方面：一是互补性，即创业团队成员之间能否在能力或技术上形成互补。这种互补性的形成，既有助于强化团队成员间彼此的合作，又能保证整个团队的战斗力，更好地发挥团队的作用。一般而言，创业团队至少需要管理、技术和营销三个方面的人才。二是规模适度，适度的团队规模是保证团队高效运转的重要条件。团队成员太少可能无法实现团队的功能和优势，而团队成员过多又可能带来沟通问题和逐渐增多的潜在冲突。

4. 职权划分

为保证团队成员执行创业计划、顺利开展各项工作，必须预先在团队内部进行职权划分。创业团队的职权划分就是根据创业目标和执行创业计划的需要，具体确定每个团队成员所要担负的职责和所享有的权限。团队成员之间的职权划分必须明确，既要避免职权的重叠和交叉，又要避免工作无人承担而造成疏漏。

5. 团队的调整融合

完美组合的创业团队并非在创业一开始就能建立起来，很多时候是在企业创立一段时间以后随着企业的发展而逐步形成的。在团队运作过程中，团队组建时在人员匹配、制度设计、职权划分等方面的不合理之处会逐渐暴露出来，这时就需要对团队进行调整融合。由于问题的暴露需要一个过程，因此，团队的调整融合也应是一个动态持续的过程。在进行团队调整融合的过程中，最为重要的是要保证团队成员间经常性的有效沟通与协调，强化团队精神，提升团队士气。

4.3 创业团队的股权分配

创业团队的股权分配是一个至关重要且复杂的问题，合理的股权分配有助于调动团队成员的积极能动性，保持团队的稳定性和项目的成功。以下是一些需要考虑的因素、常见的分配模式和注意事项。

一、考虑因素

（一）资金投入

在创业初期，资金是启动项目的关键因素之一。根据团队成员对项目的资金贡献比例来分配股权是一种最为常见的方式。例如，成员A出资50万元，成员B出资30万元，成员C出资20万元，那么按照资金投入比例，成员A、成员B、成员C的股权分配可能为 50%、30%、20%。

（二）人力贡献

人力贡献具体包括成员的工作时间、专业技能、工作经验等。全职投入的成员应比兼职成员获得更多的股权。例如技术核心成员，其专业技能对项目的技术研发至关重要，可适当多分配股权；有丰富行业经验的成员能为创业项目提供关键指导，也应在股权分配上有所体现。

（三）资源提供

若团队成员能为项目带来重要的资源，如客户资源、行业关系、技术专利等，这些资源对项目的发展有重大价值，应根据资源的重要性和稀缺性给予相应的股权。例如，成员D拥有大量潜在的客户资源，可帮助项目迅速打开市场，就可获得一定比例的股权作为回报。

（四）角色与职责

明确每个成员在创业团队中的角色和承担的职责。核心领导者通常承担更多责任和风险，应持有较高比例的股权。例如，CEO负责整体战略规划和运营管理，其股权比例可能相对较高；而一般的执行人员，其股权比例相对较低。

二、常见的分配模式

（一）绝对控股型

在绝对控股型模式下，大股东拥有绝对的控制权，通常持股比例在67%以上。优点是决策高效，大股东能快速推动项目发展；缺点是可能会导致小股东的权益受限，缺乏足够的话语权和能动性。这种模式适用于创始人有绝对的主导权和决策权，且团队成员对其高度信任的情况。

（二）相对控股型

大股东持股比例在51%～67%，能对公司重大决策起到主导作用，但也需要考虑其他股东的意见。这种模式兼顾大股东的控制权和小股东的参与权，比较好的创业团队往往有一个核心领导者，同时也需要其他成员积极参与决策的情况。

（三）股权分散型

团队成员股权比例较为平均，没有明显的大股东。优点是团队成员的权力相对平等，能充分发挥团队成员各自的优势；缺点是容易出现决策分歧，导致公司运营效率低下。这种模式适用于团队成员能力互补性强，且相互之间非常信任，能够通过良好的沟通和协商达成一致意见的情况。

三、注意事项

（一）预留股权池

为未来可能的员工激励、新的合作伙伴加入等预留一定比例的股权，一般为10%～20%。股权池的设立可以增强公司的吸引力，便于吸引优秀人才和战略投资者。

（二）动态调整机制

股权分配不应是一成不变的，而应根据团队成员的实际贡献、项目的发展阶段等因素进行动态调整。例如在项目发展过程中，某成员的贡献超出预期，可适当增加其股权比例；反之，若成员的贡献不足，则可减少其股权。

（三）签订协议

明确股权分配的细节和各方的权利与义务，通过签订股东协议等法律文件来保障各方权益，避免未来可能出现的股权纠纷。协议中应包括股权比例、投票权、分红权、股权退出机制等重要条款。

四、股权分配案例

（一）案例一：腾讯股权激励计划

腾讯公司为了激励员工的工作积极性、能动性和创新能力，实施一套股权激励计划。根据员工的职位、工作年限及绩效表现，分配一定比例的公司股权给员工。这样的股权激励政策不仅提高了员工的满意度和忠诚度，还为公司带来了持续的创新动力。

通过制订股权激励计划，公司可以有效地激发员工的潜力和创新力，为公司的稳健发展提供源源不断的动力。

（二）案例二：华为的员工持股计划

华为公司实施了一项独特的员工持股计划，将公司股权分配给符合条件的员工，使员工成为公司的实际股东。这种股权分配方式有助于增强员工的归属感和忠诚度，同时也使公司的决策更加贴近市场需求。

通过实施员工持股计划，员工可以更好地参与到公司的发展中来，提高公司的市场竞争力。

4.4　工作坊：棉花糖塔挑战

棉花糖塔挑战是一项检验和提升团队合作和创新能力的实验，在这项挑战过程中，参与者需要在有限的时间内使用意大利面、胶带、绳子和一个棉花糖等材料，建造一个尽可能高的自立结构塔体，棉花糖必须放在塔结构的顶部。

一、工作坊目标

聚焦能力培养，通过限时团队协作搭建棉花糖塔，强化团队分工协作效能，提升结构化问题解决能力，激发轻量化创新设计思维，训练高效沟通决策机制。直观呈现"设计迭代—快速试错—资源整合"的创业思维模型，理解"原型验证"在创新过程中的关键作用。

二、工作坊信息

时长：45分钟。

场地：教室。

三、材料准备

每组配备：棉花糖1支、意大利面条20根、棉线1米、胶带1卷、剪刀1把。

教师配备：卷尺1把。

四、教学流程

（一）任务发布（5分钟）

每组在18分钟内用给定材料搭建"棉花糖塔"，棉花糖不能被破坏，意大利面可以剪断，如果不小心折断了，可以换取新的，但必须拿着全部折断的意大利面来换；不能将塔座粘到桌子上，也不能用绳子从天花板吊下来，然后挂上棉花糖计算高度。

（二）实战搭建（18分钟）

团队行动：自主分工（设计/搭建/测试/协调），鼓励快速制作原型（先搭建基础框架再优化），教师不介入具体方案指导。

时间管理：教师每5分钟提醒一次进度，最后3分钟每分钟倒计时播报。

（三）成果验收（5分钟）

测量：先检查结构稳定性（自然静置5秒），再测量"棉花糖底部到桌面"的垂直高度（精确到1 cm）。

计分规则：结构稳定停留5秒（不足则不计分），按实测高度排名，第1名得8分，第2、3名得6分，第4、5名得4分，其余得2分。

（四）深度复盘（10分钟）

小组讨论：3分钟内梳理"2个成功行动+1个改进点"，推选1名代表陈述结果。

分享：前2名分享经验，最后2名分享教训。

（五）教师总结（5分钟）

五、风险控制与清洁还原

使用剪刀时禁止奔跑；材料领取和回收设专人负责；活动结束前5分钟启动"桌面还原"任务，纳入小组表现观察项。

【思考题】

1. 成功的创业团队有何特征?
2. 如何组建高效的创业团队?
3. 从棉花糖塔挑战中你感悟到什么?

5 创业机会

创业是从创业机会识别开始的，是创业者在面对大量的不确定性因素时，通过分析、评估可能的机会并进行有选择的投资决策的行动。一个好的创业机会需要满足一定的条件，如能吸引客户、在机会之窗存在的期间被实施等。创业者首先必须懂得识别创业机会，然后进行创业机会开发。

本章首先阐述创业机会的概念，接着重点阐述创业机会的来源和创业机会的识别，进一步介绍如何评估创业机会，即判断该创业机会是否具有商业价值。最后利用以上方法使创业团队找到具有商业价值的创业项目。

【导读图谱】

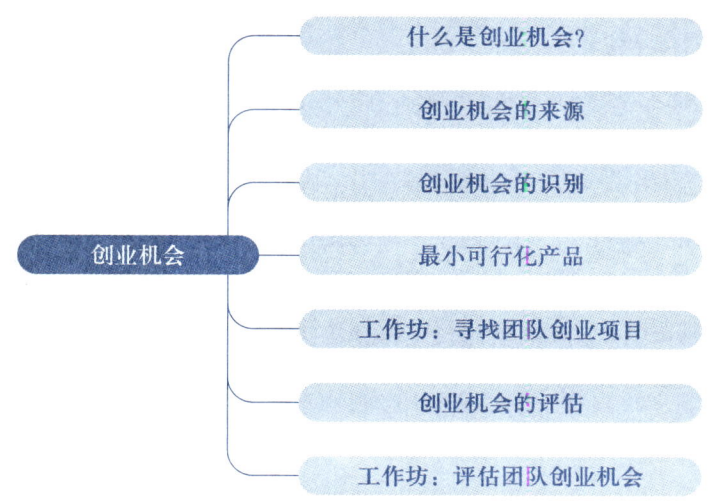

5.1 什么是创业机会？

创业机会是指具有较强吸引力的、较为持久的、有利于创业的商业机会，创业者可以据此为客户提供有价值的产品或服务，同时使自身获益。商业机会是指某种商业从经济角度能够产生利润的机会，如果这个机会可以通过创业活动的实施来实现，那么它就是创业机会；如果这个机会不适合通过创业来实现，那么它就不是创业机会。创业机会通常表现为未被满足的市场需求、未被利用的资源和新的技术应用等方面。移动互联网的兴起出现了许多基于手机端的创业机会，例如，外卖配送、共享自行车、共享汽车等服务，都是创业者抓住了人们在出行和生活方面未被满足的需求而创造出来的创业机会。商机是客观存在的，而创业机会与实施主体有关，因此，商业机会与创业机会的本质区别在于是否具有可实施性。

杰弗里·蒂蒙斯（图5-1）认为，好的创业机会有以下四个特征：

- 很能吸引客户。
- 能在你的商业环境中行得通。
- 必须在机会之窗存在的期间被实施。
- 必须有资源和能力创立相应业务。

创业机会作为创业活动开展的首要条件，对创业成功起着至关重要的作用。如果没有创业机会，那么创业活动就无法开展。创业机会识别是创业活动的初始阶段和核心环节，对创业者来说，具备识别创业机会的能力，是提升自身创业活动成功率的重要因素。

图5-1　杰弗里·蒂蒙斯

【案例分享】

世 纪 佳 缘

2000—2009年，中国的城镇化率从36.2%上升到46.6%，城镇人口增加了约1.6亿。在这一过程中，大量人口从农村流向城市，导致传统的熟人介绍婚恋方式难以满足需求。世纪佳缘公司敏锐地捕捉到这一社会变化带来的婚恋需求变化，开始在网络婚恋行业"试水"，为单身人士提供新的交友平台。随着互联网技术的快速发展和普及，越来越多人开始使用互联网进行社交和信息获取。世纪佳缘公司利用互联网技术，搭建了一个便捷、高效的在线婚恋交友平台，打破了地域限制，让单身人士能够更广泛地寻找合适的伴侣。世纪佳缘公司在市场推广方面也非常成功。例如，在金融危机后市场普遍收缩的情况下，世纪佳缘公司加大了广告投入，成功吸引了大量用户关注。这种"反其道而行之"的策略不仅提升了品牌知名度，也进一步巩固了其在市场中的领先地位。

机会窗口用来比喻企业能够真正进入某个新市场的时间阶段。这个概念是德鲁克根据产业发展周期提出来的，每一个企业都有生命周期，企业刚出现时，并不为人们所察觉，因此它的市场规模非常小，几乎没有客户。当客户认识到企业的价值时，该企业就会出现爆发式的增长，这时就进入了成长期。由于现有企业的产能不足，因此给了新企业进入市场的机会，即新企业的机会窗口开启。随着进入市场的企业数量增长，供给增长追上了需求增长，这时，新进入市场的企业机会逐渐减小，涌入市场的企业越多，剩下的市场空间就越小，优胜劣汰就会开始，这时新进入市场的企业机会就会减少。也就是说，新企业的机会窗口关闭。

图5-2为某行业机会窗口图，从O点到A点的第一个五年是这个行业的酝酿期。从A点到C点的第二个五年则是这个行业的机会窗口期。而在C点之后，市场已经成熟，机会窗口开始关闭。从O点到B点之间的这段时期内，一般人意识不到这是一个非常不错的创业机会。好的创业者应该选择在合适的窗口期进入市场（如图中从A点到C点的部分），在O点到A点的部分进入市场意味着企业要花费大量时间和成本培育机会，在C点之后进入市场意味着企业要经历残酷的市场竞争。

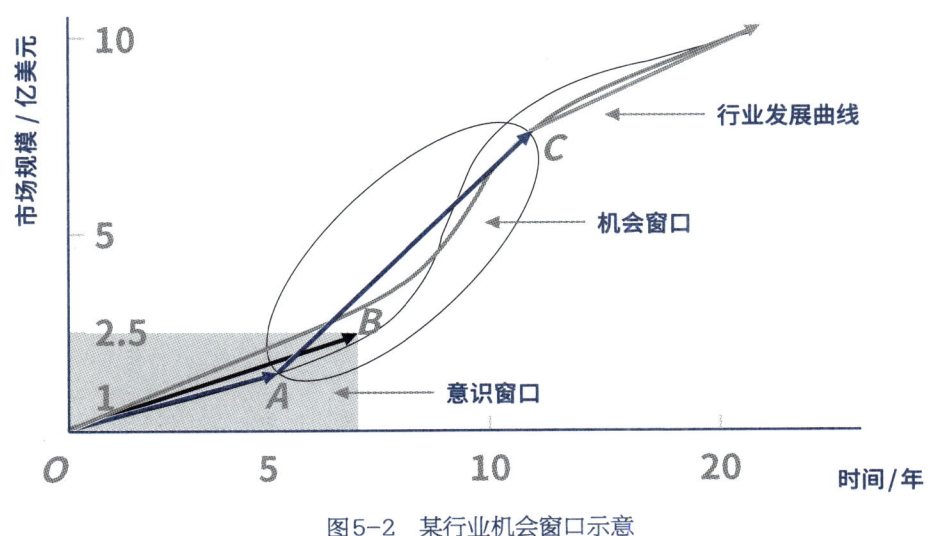

图5-2 某行业机会窗口示意

5.2 创业机会的来源

创业的第一步是要选择一个能够满足消费者需求、为消费者带来独特价值的创意。如果新的产品或服务与市场上现有的产品或服务无太大区别，那么就很难有机会，因为人们的消费惯性使然。以下三方面是创业机会的来源，有利于形成成功、新颖且价值独特的商业创意。

一、变化的环境趋势

最重要的环境趋势包括经济趋势、社会趋势、技术进步、政治行为与政策变化。这些环境的变化通常会刺激新的创业机会产生。在分析环境趋势以识别创业机会时，要注意以下两点：（1）一定要区分趋势与流行，新创企业通常没有足够的资源追赶流行风尚的脚步；（2）各种趋势是相关联的，应综合考虑这些趋势，如智能手机的兴起是各种趋势综合的结果，青年人有更多可支配的收入（经济趋势）、人口流动的加强（社会趋势）以及电子产品越来越小型化（技术进步），缺少任何一种趋势，智能手机都不会发展得如此迅猛。

（一）经济趋势

市场上会出现与经济发展阶段有关的需求，相应地，就需要有企业去满足这些新的需求。例如，中国经济发展使国人不再仅满足于衣、食、住、行的物质需求，还会追求健康、娱乐、休闲以及精神层次的提升等。

（二）社会趋势

社会趋势对人们的生活方式和消费需求有影响。例如，中国老龄人口增多，在家庭护理、保健产品与服务、老年人金融服务、老年人旅游服务等方面产生新的需求，相应地，就会产生创业机会。

（三）技术进步

技术上的进步或多种技术的组合，都可能给创业者带来创业机会，主要表现在三个方面：（1）某一领域出现新的科学突破和技术，并足以替代旧技术；（2）实现产品的新功能、创造新产品的技术出现；（3）新技术带来新问题，为消除新技术带来的弊端，去开发更新的技术并使其商业化。如互联网的出现标志着人类进入互联网时代，成千上万的网站诞生，出现BAT三大门户网站；智能手机的出现标志着人类进入移动互联网时代，各种APP、小程序如雨后春笋般涌现，出现今日头条、美团、滴滴、微信等优秀的企业和产品；2016年，人工智能机器人阿尔法围棋打败围棋世界冠军李世石，标志着人类进入人工智能时代，出现了无人驾驶、人脸识别、智慧金融等新型业态。

（四）政治行为与政策变化

政府的行为与政策变化会带来新的创业机会。例如，政府生育政策的放开和建立生育支持体系，释放了婴幼儿看护、母婴用品、幼儿教育、大面积商品房等重大需求；垃圾分类将带动上下游千亿规模的相关产业发展；等等。这些都会催生新的创业机会。

课堂活动

小组讨论：

（1）说出你身边环境变化趋势带来的创业机会。

（2）小组代表分享。

（3）教师点评。

二、尚未解决的问题

人们在日常生活中会遇到各种各样的问题或痛苦，大到就业难、结婚难，小到晚上睡不着觉、冬天半夜起来看书冷、儿童的书包过重、儿童喝开水容易烫伤等，但每一个问题或痛苦的背后都隐藏着创业机会。很多优秀企业的创建就是源于要解决生活中的某个问题，或看到他人遇到的问题。

【案例分享】

【案例1】滴滴出行公司

滴滴出行公司是创始人程维基于自己出行的"痛点"想到的一个创业项目。创立滴滴出行公司前，程维在杭州的阿里巴巴公司任职，每周五他要从杭州坐飞机回北京，下午五六点钟是出租车司机交班的时间，也是打车最困难的时候，他经常要提前两个小时在杭州打车，而且好几次都没能打到车，等他到机场的时候已经错过了航班。同时，他也觉察到出租车司机是工作效率较低并且很辛苦的一群人，他们的工作方式都是扫活，也就是开着车在马路上转，看看能不能找到订单，这样既浪费资源又效率低下。2012年前后，智能手机在国内迅速兴起，手机定位距离的属性变得越来越重要。他通过网上调研发现国外也有类似的模式，英国打车应用Hailo已拿到融资，方向貌似可行。因此，程维敏锐地觉察到出行行业是一个商业机会。于是，2012年6月，程维从阿里巴巴离职并创立了小桔科技，后改名为滴滴出行。2015年，滴滴出行与快的合并；2016年，滴滴出行收购优步中国；2017年，滴滴出行估值为2 280亿元人民币。

程维创立滴滴出行公司时，绝大多数朋友是反对的，都觉得不靠谱，因为那时候大部分司机连智能手机都没有，更别说安装打车软件了。但程维认为，正是市场还不成熟时才有机会，当市场成熟的时候就没有机会了。

【案例2】ZUCA拉杆书包

ZUCA拉杆书包的发明者劳拉·尤德尔，在觉察到上小学四年级的女儿经常抱怨因为背书包而后背疼痛后，发明了一款拉杆书包。开始时，她在学生中间做了许多调查，得到了一些反馈，她先做了几个样品，经过几轮迭代后，找到工厂生产出了ZUCA拉杆书包。这款书包兼具功能性与美感，迎合了小学生的喜好，现在ZUCA已经成为全球知名的企业，ZUCA拉杆书包也风靡全球。

- -

课堂活动

小组讨论：

（1）说说你身边尚未解决的问题可能带来的创业机会（5分钟）。

（2）小组代表分享。

（3）教师点评。

- -

三、市场缝隙

市场缝隙是指被众多生产者、经营者所忽略的，具有一定潜在需求的市场空间。这种潜在需求指的是广大消费者未被满足的商品需求和未被满足的服务需求。市场缝隙有两个重要特性：（1）市场小众，或者目前市场潜力有限，实力强大的竞争对手不愿意去开发此类市场；（2）创业者可以在一个小范围的市场内获得对其实际的控制权或垄断地位。

彼得·泰尔认为，创业者应该从市场缝隙着手："探索秘密的最佳处所就是无人关注的地方。"占领一个缝隙般的小市场，服务一个特定的小群体，而且几乎没有其他竞争者，这给弱势的初创企业占领市场缝隙创造了极大的发展机会和生存空间。

【案例分享】

【案例1】女性特大码服装

科特勒和维肯发现了一个女性特大码服装市场。原因是她们逛了许多女性服装店，怎么也买不到漂亮、时尚、合体的特大码服装，沮丧之余，她们干脆开了一家店，专卖漂亮、时尚的女性特大码服装。科特勒和维肯的创业经历让我们看到，如果一个商业机会恰好能填补市场缝隙，并让一类特殊顾客产生强烈共鸣时，那是多么令人不可抗拒啊！维肯在回顾她们的成功时说道："冒险太值得了，它能给你带来回报。每天都有人告诉你'有你们我太高兴了'。很多人在我们店里会哭出来，她们喜极而泣，因为她们找到了合体的服装。有位女士买了一条合身的牛仔裤，一个小时后她打电话和我说：'裤子太棒了，在家里穿也很棒！'"有时人们因为生病或生育，体形发生改变，对此会产生比较沮丧的情绪。如果出门能买到合体的服装，能让他们的自我感觉好很多。

【案例2】自动售药机

当某地区需要某种服务，该地区又没有足够的人口可支撑传统店铺生存，或店铺在夜间及周末不营业时，也会产生市场缝隙。例如，很多农村地区没有24小时营业的药店，这导致夜间急诊的人难以迅速买到药品。为填补这一市场缝隙，InstyMeds公司研发了一台自动售药机，安置于农村地区的医院和急诊中心，售卖急诊常用的100多种处方药。如果医生开了处方，病人就可以根据处方到自动售药机买药；如果有医疗保险，售药机还能自动计算你的应付额度，支付方式也可以选择现金或线上支付。

课堂活动

小组讨论：

（1）说说细分市场可能带来的创业机会。

（2）小组代表分享。

（3）教师点评。

5.3　创业机会的识别

　　从创业机会在创业过程中的作用来看，创业机会的准确识别和评价对于成功创业至关重要。创业过程始于创业者对创业机会的识别，进而不断持续开发这一机会，使创意发展成为真正的企业。在这一过程中，创业机会的潜在预期价值以及创业者的自身能力得到反复验证，创业者对创业机会的战略定位也越来越明确，这一过程称为识别创业机会。

一、影响识别创业机会的因素

　　关于哪些因素可以使人们更善于识别出有价值的创业机会，不少学者进行过研究，取得共识的因素主要有以下四类。

（一）先前经验

　　在特定产业中的先前经验有助于创业者识别创业机会，也称为走廊原理，是指创业者一旦创立企业，就开始了一段旅程，在这段旅程中，通向创业机会的"走廊"将变得清晰可见。这一原理指出，某位创业者如果投身于某个产业的创业，那么这个人将比那些从产业外进行观察的人，更容易看到产业内的新机会。

（二）认知因素

　　识别创业机会可能是一项先天技能或一种认知过程。有研究者认为，创业者有"第六感"，这使他们能看到别人错过的机会。多数创业者用这种观点看待自己，认为自己比别人更"警觉"。警觉在很大程度上是一种习得性技能。在某个领域拥有更多知识的人，比其他人对该领域内的机会更警觉。

（三）社会关系网络

　　社会关系网络能带来识别创业机会的有价值的信息，个人社会关系网络的深度和广度影响着创业机会的识别。研究发现，通常情况下，建立了大量社会与专家联系网络的人，会比那些拥有少量网络的人容易得到更多机会。

（四）创造性

创造是产生新奇产品或有用创意的过程。从某种程度上讲，识别创业机会就是一个创造过程，是不断反复的创造性思维过程。在听到许多趣闻逸事的基础上，创业者很容易看到创造性包含在许多产品、服务和业务的形成过程中。对个人来说，创造过程可分为五个阶段，分别是准备、孵化、洞察、评价和阐述。

二、识别创业机会的常见方法

（一）通过调查发现创业机会

开展初级调查：通过与顾客、供应商、销售商交谈或对他们进行采访，直接与这个商业世界互动，了解正在发生什么以及将要发生什么。

注重二级调查：阅读某研究者的发现和出版的作品、利用互联网检索数据、寻找浏览包含你所需要信息的报纸及文章等，都是二级调查的形式。

记录你的想法：瑞士最大的音像图书公司创始人说，他有一个笔记本专门用来记录自己的想法，当记录到第200个想法时，他就坐下来，回顾所有的想法，就这样他创办了自己的公司。

（二）通过系统分析识别创业机会

实际上，绝大多数的创业机会都可以通过系统分析得到发现。人们可以从企业的宏观环境（政治、法律、技术、人口等）和微观环境（顾客、竞争对手、供应商等）的变化中识别创业机会。借助市场调研，从环境变化中发现机会，是识别创业机会的一般规律。

（三）通过问题分析和客户建议识别创业机会

问题分析从一开始就要找出个人或组织的需求以及他们面临的问题，这些需求和问题可能很明确，也可能很含蓄。一个有效并有回报的解决方法对创业者来说是识别创业机会的基础。问题分析需要全面了解客户的需求，以及可能用来满足这些需求的手段。

从客户那里征求想法。一个新的创业机会可能会由客户识别出来，因为他们知道自己究竟需要什么。客户的建议多种多样，最简单的如他们会提出一些诸如"如果怎样的话不是会很棒吗"这样的非正式建议，留意这些有助于创业者发现创业机会。

（四）通过创造识别创业机会

这种方法在新技术行业中最为常见，它可能始于明确拟满足的市场需求，从而积极探索相应的新技术和新知识，也可能始于一项新技术发明，进而积极探索新技术的商业价值。通过创造获得机会比其他任何方式的难度都大，风险也更高。但是如果能够成功，那么其回报也更大。这种情况下所产生的创新在对人类具有重大影响的创新中居于压倒性的主导地位。索尼公司开发的随身听就是一个很好的例子。索尼公司觉察到人们希望能够随身携带一个听音乐的设备，便利用公司核心的微缩技术从事项目研究，最终开发出划时代的产品——随身听，从而取得了巨大的成功。

三、找到创业机会的途径

（一）观察日常生活中的痛点

日常生活是创业机会的重要来源。留意人们在生活、工作、学习等方面遇到的问题和不方便之处，这些痛点往往意味着潜在的商业机会。例如，随着外卖行业的兴起，人们发现送外卖的保温箱在夏天无法有效保持低温，于是有人发明了一种新型的保温箱，解决了这一问题，同时也获得了创业机会。

（二）关注市场趋势

新兴的市场趋势和潮流往往蕴含着巨大的商机。关注经济、社会、科技、文化等方面的发展趋势，如人工智能、大数据、环保、健康养生等领域的发展，从中寻找与之相关的创业机会。例如，随着人们对健康重视程度的不断提高，健身、有机食品、智能健康监测设备等领域出现了很多创业机会。

（三）分析行业缝隙

深入研究现有的行业和市场，寻找其中尚未被充分满足的细分领域需求或未被解决的问题。可以通过分析行业报告、研究竞争对手、与行业专家交流等方式，发现行业中的缝隙和机会。例如，在电商行业竞争激烈的情况下，一些创业者专注于特定的产品领域，如母婴产品、宠物用品等，通过提供更专业、更精准的服务，成功找到了自己的创业机会。

（四）利用自身的兴趣和特长

从自己的兴趣爱好和专业技能出发，寻找与之相关的创业机会。因为对某一领域有浓厚的兴趣和深入的了解，往往能够更好地把握该领域的市场需求和发展趋势，也更容易在创业过程中保持热情和动力。例如，如果对摄影有浓厚兴趣和专业技能，就可以考虑开设摄影工作室、在线摄影课程、摄影器材租赁等创业项目。

（五）参加创业活动和社交聚会

积极参加各类社会创业活动，如创业大赛、创业讲座、研讨会、行业社交聚会、商会活动等。在这些场合中，可以结识不同领域的人，包括创业者、投资者、行业专家等，通过与他们的交流和互动，可能会获得一些创业灵感和机会。此外，创业活动中经常会有一些项目展示和路演，从中可以了解到最新的创业动态，为自己寻找创业机会提供参考。

（六）研究政策法规

政策法规对创业有着重要的影响，一些政策可能会鼓励和支持特定领域的发展，为创业者提供优惠政策、资金扶持等。关注国家和地方政府出台的相关政策法规，寻找与之相关的创业机会。例如，政府对新能源、科技创新、乡村振兴等领域的支持政策，为创业者在这些领域开展业务提供了良好的机遇。

（七）挖掘新技术的应用潜力

关注新技术的发展和应用，思考如何将新技术应用到现有的市场或行业中，创造新的产品或服务。例如，随着区块链技术的发展，一些创业者将其应用于供应链金融、数字版权保护、溯源系统等，开发出了具有创新性的产品和服务，获得了市场的认可。

（八）发现人口结构变化带来的需求

人口结构的变化，如老龄化、城市化、少子化、生育政策的放开等会带来一系列新的需求和市场机会。例如，老龄化趋势使得养老服务、医疗保健、老年用品等市场需求不断增加；城市化进程的加快，带动了房地产、城市基础设施建设、物业管理等行业的发展；生育政策的放开，为母婴产品、教育、儿童娱乐等领域带来了新的商机。

5.4　最小可行化产品

一、什么是最小可行化产品（minimum viable product，MVP）？

你可以把它理解为"能验证用户需求的最简版产品"。用最快速度做出一个"刚好能解决用户最核心问题"的产品，通过真实的用户反馈来验证你的创业想法是否成立，而不是一开始就追求完美。这一概念由《精益创业》作者埃里克·莱斯提出，其核心逻辑是建立"建构—测量—学习"的循环：

（1）建构（build，B）：快速做出最简版产品。

（2）测量（measure，M）：观察用户是否愿意使用和付费。

（3）学习（learn，L）：从反馈中判断想法是否正确，决定下一步的改进方向。

二、为什么需要MVP？

或许有人不理解如何根据最小可行化产品的概念来设计最小可行化产品，这里以瑞典某公司的一个最小可行化产品示意图来进行说明（图5-3）。假设你想设计一款"帮人从A到B"的产品，第一步不是造汽车，而是先验证："真的有人需要从A到B吗？"如果验证"有人需要从A到B"这个假设是真的，这时就要开始设计实现把人从A移动到B的产品。

错误做法：先造一个车轮，功能不完整，无法验证需求。

正确做法：先做一块滑板，能实现"移动"的核心功能，成本低、速度快。

如果用户愿意使用滑板，说明"移动需求"成立，再根据用户反馈升级：用户说"需要转向功能"，为满足用户需求，在滑板上增加方向盘，做成滑板车（第二代MVP）；用户说"想要更快"，可以在滑板车加上脚踏板，做成自行车（第三代MVP）；最终验证所有需求后，再造汽车（完整产品）。

关键点：MVP只保留"验证当前假设"的最小功能，其他复杂功能（如汽车的安全装置、引擎）暂时不考虑，避免浪费时间和成本。在设计最小可行化产品时，一开始并不知道产品的最终形态会是什么样子，最小可行化产品只是具备核心的功能。

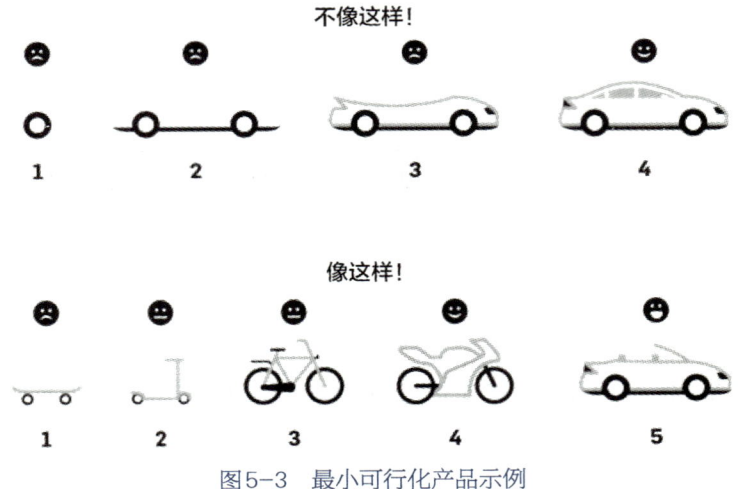

图5-3 最小可行化产品示例

三、MVP的核心目标：验证两大假说

（一）问题假说

用户真的存在某个痛点吗？例如，微信1.0版最初设计的核心理念是验证"用户嫌短信贵、群发麻烦"的痛点。

（二）价值假说

你的产品能解决这个痛点，让用户愿意使用吗？例如，360杀毒软件验证"用户愿意用免费杀毒软件替代付费产品"。

通过MVP，你能快速知道"你的想法是否靠谱？"如果用户并不买账，及时调整方向（避免"闭门造车"）；如果用户有积极反馈，再投入资源优化（降低失败风险）。

四、经典案例：成功产品如何使用MVP？

【案例1】微信

微信是从最小可行化产品一步一步改进而来的。微信1.0版是一个非常经典的最小可行化产品。当时微信针对的是传统运营商的短信费用高昂且短信群发功能受限的痛点，而推出只有免费短信和短信群发功能的微信1.0版。在微信2.0版中加入了照片分享功能。之后，微信逐渐加入了语音、视频以及其他一些功能。

【案例2】360杀毒软件

2008年，360公司开始发布最初简陋版本的免费杀毒软件，通过用户使用—反馈—再完善的循环反馈过程，逐步满足用户需求，最终被越来越多的用户所接受。到2010年，他们在国内杀毒软件的覆盖率超过51%。

【案例3】Facebook

扎克伯格在发现哈佛学生需要更私密、更便捷的社交方式这一痛点后，就想设计一个面向大学生的、私密便捷的社交网站。刚开始，他仅设计了一个面向哈佛学生的极简社交网站，功能仅有"发状态、传照片、加好友"等简单功能，上线后受到哈佛学生的欢迎，他的假设在一个学校得到验证后，就即刻扩展到其他大学，然后不断改进和适应用户需求，最终形成覆盖全球的Facebook。

五、MVP的三个核心原则

（一）功能极简

只做"验证假设必需"的功能，砍掉所有"未来可能需要"的多余设计。

（二）快速试错

不要等"完美"再上线，先让用户用起来，在用户反馈中不断迭代。

（三）数据说话

关注真实的用户行为（如使用频率、是否愿意付费），而非主观想象。

MVP就像创业的"试金石"——用最小的成本、最快的速度，验证你的产品设计是否值得投入。不是"做出完美的产品"，而是"先做出用户需要的产品"。通过不断"试错—改进"，最终找到用户真正想要的解决方案。

5.5　工作坊：寻找团队创业项目

一、破冰准备（5分钟）

（一）核心目标速览

（1）找痛点：用框架内创新和三大创业机会来源挖掘创业方向。

（2）做原型：用低成本方式验证想法，比如手绘、表格、简易原型。

（3）练协作：小组分工，高效设计产出项目雏形。

（二）材料准备

每组1套：大白纸（记录痛点／画原型）、马克笔（标注重点）、手机（扫码收集问卷／查资料）。

二、案例拆解（10分钟）

学会构建"痛点—方案"分析模型。

（一）滴滴出行案例对比速记表

表5-1　滴滴出行案例对比速记表

分析维度	核心要点	校园场景类比
行业痛点	打车难、空驶率高、计价不透明	自习室占座乱、快递找件慢、二手交易信息差
解决方案	用APP连接供需，智能匹配+透明规则	用微信群/小程序做预约系统、货架分区表、二手交易表单
产品亮点	多场景覆盖（快车/顺风车）	细分场景（如"考研自习专区""毕业季教材专场"）
客户验证	用"是否愿意下载APP"测试	用"是否愿意扫码填表"测试

（二）提问公式（快速套用）

（1）痛点反问："如果_____问题解决了，谁会最受益？"（例如："如果快递找件时间减少5分钟，学生是否愿意使用？"）

（2）方案简化："不用开发APP，能不能用_____（微信/表格/线下工具）实现？"（例如：二手书交易先用"微信群＋腾讯文档"发布信息）

三、分组实操（20分钟）

（一）第一步：头脑风暴——捕捉身边的机会（10分钟）

1. 场景聚焦（三选一，投票决定）

（1）校园生活：食堂/快递/自习室/二手交易/活动组织。

（2）兴趣圈层：运动/汉服/剧本杀/考研/游戏社群。

（3）轻服务：代取快递、资料整理、旧物交易、校园导游。

2. 痛点捕捞

（1）亲身经历：每人写1个"上周遇到的麻烦"。（例如："打印店太远，线上传文件总漏打。"）。

（2）快速调研：用"问卷星"调查3道题目。（例如："你最希望优化的校园服务是_____"），发给20位同学，5分钟后回收。

（3）趋势联想：结合"校园经济""宠物经济"，思考校园周边机会。（例如：小学生放学后的接送、托管和辅导服务）。

（二）第二步：筛选过滤——淘汰"三伪"项目（5分钟）

表5-2 案例筛选表

淘汰标准	案例（淘汰）	合格案例特征
伪需求	帮同学"代买早餐" （用户嫌贵不愿长期用）	教材循环平台（毕业季70%学生有卖书需求）
伪创新	校园版"美团" （已有学长做过，无差异化）	考研资料"精准匹配"（按专业/科目分类，比全网检索快）
伪可行	校园充电桩 （需校方审批＋设备采购）	自习室预约表（用"腾讯文档"即可管理）

（三）第三步：快速填表——锁定项目雏形（5分钟）

用《创业项目速查表》（表5-3）整理核心信息。

表5-3　创业项目速查表

关键信息	填写示例（校园快递优化项目）
行业痛点	快递站货架混乱，找件平均耗时10分钟，高峰期排队20分钟以上
解决方案	① 制作"货架分区图"发班级群；② 培训学生志愿者引导找件；③ 用"腾讯文档"预约错峰取件
产品名称	快取侠
核心功能	纸质货架图（按宿舍楼编号）+志愿者引导服务（12:00—13:00高峰时段）
目标用户	全校学生，尤其是快递高频用户（日均取2件以上），约5 000人
竞争优势	比校外快递APP更轻量（无需下载），比人工管理更有序

四、原型制作：验证想法的可行性（20分钟）

（一）实物类项目（如校园文创）

（1）手绘原型：用10分钟画出产品草图（例如：带校园地图的帆布包，标注"侧兜放校园卡""背面印常用教室号"）；

（2）成本测试：计算材料成本（帆布15元+印刷5元=20元），定价30元，问10位同学"是否愿意购买"，记录3人以上感兴趣则通过测试。

（二）服务类项目（如自习室预约）

（1）流程模拟：用便利贴在黑板上贴出用户流程：微信扫码→选择日期→查看空位（绿色可用）→填写姓名→收到短信提醒→现场扫码签到。

（2）小范围测试：在一间自习室试点，用"腾讯文档"手动记录预约，观察是否有"用户忘记签到""时段冲突"等问题，收集5条以上反馈。

（三）数字类项目（如二手交易平台）

（1）简易原型：用PPT制作3个页面（首页/商品页/个人中心），用超链接模拟点击，重点展示"搜索课程代码找教材"功能。

（2）用户访谈：找10位同学"体验"原型，问："哪个功能你会常用？""哪里让你觉得麻烦？"（例如："上传商品图片太麻烦"→简化为"文字描述+微信私聊"）。

五、展示交流：跨组碰撞优化（20分钟）

（一）3分钟展示模板

（1）痛点开场（1分钟）："每天中午，300多人挤在快递站，20%的人因找件太慢而选择退

货——这是我们要解决的问题。"（用数据抓注意力）

（2）方案亮点（1.5分钟）："我们做了三件事：① 货架贴颜色标签（红色：1—5号宿舍；蓝色：6—10号）；② 开发'扫码查件'小程序（展示手绘原型）；③ 错峰取件（12:00—13:00预约优先）。"（分点清晰，有可视化）

（3）验证结果（0.5分钟）："试点2天，测试组找件时间缩短60%，已有3个班级主动加入。"（用数据证明可行性）

（二）问答环节

表5-4　三类常见问题应答

提问类型	应答思路	示例回答
质疑可行性	展示"轻量版"方案	"如果小程序来不及开发，我们就先用'微信群＋人工查询'，同步请计算机系同学帮忙写基础代码。"
追问盈利点	先提"用户量"再谈"变现"	"当前目标是覆盖1 000名用户，之后可以收快递点广告费，或者向二手商家收入驻费。"
建议差异化	快速吸纳合理意见	"感谢建议！我们会增加'帮取超重快递'的增值服务，按重量收费。"（当场记录在白板上）

六、总结优化：明确下一步（15分钟）

（一）教师点评重点（学生自查清单）

（1）项目维度：痛点是否真实（有调研数据）？方案是否可落地（不用复杂技术）？市场潜力是否说清（用户数×频次）？

（2）团队维度：分工是否明确（有人负责记录/有人负责画图）？讨论是否充分（每人都发言）？展示是否流畅（提前演练过）？

（二）课后行动清单（选2项执行）

（1）深化方案：给项目加1个"差异化功能"（例如：快递项目增加"代拆包裹＋拍照验货"）；

（2）小范围试错：在1个宿舍楼/班级试运行MVP（如用微信群做二手交易群，3天内促成10笔交易）；

（3）对接资源：找创业协会或辅导员咨询"我们想试点自习室预约，需要申请什么手续？"

（三）"避坑指南"：学生必看

（1）别贪大求全：先服务 500 人，再考虑"覆盖全校"，"小而美"更易成功。

（2）用好身边资源：校园内的闲置教室、勤工俭学岗位、学长技术支持，都是低成本启动的关键。

（3）快速迭代：别等"完美方案"，先做"能用的 1.0 版"，根据用户反馈修改 3 次，比闭门造车 1 个月做 5.0 版更有效。

通过以上团队创业项目寻找实践，小组需在 90 分钟内完成从"想法"到"可验证项目"的全流程，重点不是做出"伟大的创业计划"，而是在实操中学会"用数据说话""用低成本试错"，学会如何寻找创业机会，为未来创业积累团队协作和问题解决经验。

5.6　创业机会的评估

对创业者来说，关键在于如何从众多创业机会中找寻出有价值的机会，并采取快速行动把握机会。创业机会评估由商业创意的优势、与产业相关的问题、目标市场与消费者相关的问题、与创业者相关的问题和融资问题五部分组成。[①]

一、商业创意的优势

商业创意一定要在创业机会之窗开启时进入，而不能在创业机会之窗关闭后进入。因此，创业者在具有商业创意时，要判断创业机会之窗是否开启。新的商业创意一定要有市场需求，即它能够提供什么样的新的产品价值，如偏远地区的自动售药机，能让人们在半夜买到急需的药品。目前投资中国、麦肯锡季刊、经济学人行业分析等能够提供产业发展趋势的相关信息，从中给出产业发展的方向，并帮助创业者判断商业创意的潜力。

表5-5　商业创意的优势

条件	低潜力（-1）	中等潜力（0）	高潜力（1）
1. 创意	弱	中等	强
利用环境趋势的程度			
解决问题的程度			
契合尚未填充的市场缝隙的程度			
2. 进入市场时机	不适时	一般	非常适时
3. 创意为其购买者或最终使用者"增加价值"的程度	低	中等	高
4. 消费者对现有同类产品的满意程度	非常满意	中等	不太满意或模棱两可
5. 创意会使得消费者改变基本做法或行为的程度	改变很大	中等	很少甚至无需改变

---

① 巴林杰.创业计划书：从创意到方案 [M].陈忠卫，等译.北京：机械工业出版社，2016：41.

二、与产业相关的问题

企业与所在产业紧密关联，许多研究发现，8%～30%的企业盈利能力差异与产业因素有关。最重要的产业因素有：竞争者数量、产业所处的生命周期阶段和产业增长率。处于生命初创期及成长期的产业比成熟期的产业更适合新进入者。产业平均利润率也很重要，有些产业平均利润率较低，如农业、林业、渔业、餐饮、住宿，而健康、社会服务、专业服务、休闲娱乐等产业的平均利润率则相对更高。

表5-6　与产业相关的问题

条件	低潜力（-1）	中等潜力（0）	高潜力（1）
1. 竞争者数量	多	少	无
2. 产业所处的生命周期阶段	成熟期或衰退期	成长期	初创期
3. 产业增长率	低或零	中等	高
4. 产业内产品/服务对消费者的重要性	可有可无	希望拥有	必需品
5. 产业平均利润率	低	中等	高

三、目标市场与消费者相关的问题

确定企业的目标市场非常重要，目标市场指的是一个产业中具有类似特征的产品细分市场，大部分企业都是针对某个细分市场，而不会面对广阔的大市场。企业要长久地生存下去，都要构建自身产业的行业壁垒，防止竞争对手进入自己的细分市场，这种壁垒往往就是自己的独特优势，如规模经济、产品的差异化、独特的分销渠道、知识产权等。在商业创意的细分市场中，客户的购买能力如何，产品到达消费者的渠道是否通畅，细分市场是否存在增长潜力，这些问题都很重要，创业者要有判断。

表5-7　目标市场与消费者相关的问题

条件	低潜力（-1）	中等潜力（0）	高潜力（1）
1. 拟创建企业目标市场的识别	难以识别	能够识别	清楚
2. 构建可能竞争者"进入壁垒"的能力	无法构建	介于"可"与"不可"之间	可以构建
3. 消费者的购买能力	低	中等	高

条件	低潜力（-1）	中等潜力（0）	高潜力（1）
4. 让消费者认识新产品的难度	高	中等	低
5. 目标市场的增长潜力	低	中等	高

四、与创业者相关的问题

这部分是对创业者进行自我评估，一定要做到客观真实。创业者在新进入产业时的经验，新企业在产品或服务方面的技能，创业者在新进入产业内是否有广泛的社会与职业网络，新创企业与创业者个人目标愿景是否一致，团队是否有一个强有力的领导者，团队是否有凝聚力，这些都对构建一个强有力的创业团队至关重要。

表5-8　与创业者相关的问题

条件	低潜力（-1）	中等潜力（0）	高潜力（1）
1. 创业者在该产业中积累的经验	没有经验	经验一般	很有经验
2. 创业者与拟创建企业的产品或服务相关的技能	没有技能	技能一般	很多技能
3. 创业者在相关产业的社会与职业网络	没有	中等	广泛
4. 是否有一个强有力的团队领导人，拟创建企业与他自身显著的个人目标和抱负的契合程度	弱	中等	强
5. 组建有凝聚力的团队共同创建与发展企业的可能性	不可能	可能性中等	极有可能

五、融资问题

初始资本投资对初创企业至关重要。零售或服务企业的启动资金较容易被精确地预测，但对开发新产品的企业来说，开发费用、渠道费用等难以测算，可以通过咨询专业人士和查阅专业报告加以解决。企业收入渠道是否通畅？企业应尽量拓展收入来源，比如电子产品的收入来源，通常包括产品的销售、服务与维修等。回本时间指的是收回初始投资的时间，对于投资少的企业，收回成本的速度较快，回本时间相对较短；而对于投资金额较大、产品开发周期较长的企业，回本时间则相对较长，风险也相对大一些。通过评估同类企业的财务业绩，可以预测初创企业的销售与收益情况。最后一项是评估创业者利用个人储蓄或自筹资金作为新产品开发和初创费用融资的能力，在外部融资或借款之前，创业者最好有个人储蓄自筹资金。

表5-9　融 资 问 题

条件	低潜力（-1）	中等潜力（0）	高潜力（1）
1. 初始资本投资	高	中等	低
2. 企业收入渠道	没有	单一	多个渠道
3. 回本时间	长	中等	短
4. 同类企业财务业绩	弱	中等	强
5. 创业者利用个人储蓄或自筹资金作为新产品开发和初创费用融资的能力	弱	中等	强

　　评估商业创意的总体潜力：评估的每个条件都有五项，得分为-5～5。分数只是一个参考，多少分属于高潜力、中等潜力和低潜力，没有公认的标准，要靠主观分析。

表5-10　商业创意总体潜力

条件	得分（-5～5）	商业创意在各部分的总体潜力	提高潜力的建议
商业创意的优势		高潜力	
		中等潜力	
		低潜力	
与产业相关的问题		高潜力	
		中等潜力	
		低潜力	
目标市场与消费者相关的问题		高潜力	
		中等潜力	
		低潜力	
与创业者相关的问题		高潜力	
		中等潜力	
		低潜力	

条件	得分（−5～5）	商业创意在各部分的总体潜力	提高潜力的建议
融资问题		高潜力	
		中等潜力	
		低潜力	
总体评价		高潜力	
		中等潜力	
		低潜力	

5.7　工作坊：评估团队创业机会

一、工作坊目标

（1）引导团队熟练运用商业创意评估方法，从商业创意的优势、产业发展、目标市场与消费者、创业者以及融资等多维度对创业项目进行全面、深入的评估。

（2）提升团队的市场分析能力、风险识别能力和决策判断能力，使其能够准确判断创业项目的可行性和潜力。

（3）促进团队间的经验交流与知识共享，通过汇报和讨论，拓宽团队视野，深化对创业机会评估的理解与实践。

二、工作坊信息

（1）时长：45分钟。

（2）参与人数：依据实际分组状况确定，每组5人左右。

三、材料准备

商业创意评估表格，每组一套，分别涵盖商业创意的优势、与产业相关的问题、目标市场与消费者相关的问题、与创业者相关的问题和融资问题的评估内容。

四、教学流程

（一）开场引入（5分钟）

教师介绍本次工作坊的核心目的、完整流程和重要规则。回顾创业机会的来源与识别的相关知识，强调评估创业机会对于创业成功的关键作用，为团队后续工作明确方向。

（二）评估团队创业机会（15分钟）

各团队采用商业创意评估方法，对之前确定的项目（或绐定的项目）从以下五个方面进行评估，并填写相应表格。

商业创意的优势：分析项目的创新性、独特价值主张、差异化竞争优势等。

与产业相关的问题：评估产业的发展趋势、市场饱和度、竞争格局、政策法规影响等。

目标市场与消费者相关的问题：研究目标市场规模、增长潜力、消费者的需求特征、消费习惯、购买能力等。

与创业者相关的问题：考量团队成员的专业技能、行业经验、领导能力、团队协作能力等是否与项目匹配。

融资问题：探讨项目的资金需求、融资渠道、融资成本、资金使用计划等。

形成总体潜力并给出总体评价理由：综合以上各方面的评估结果，对项目的总体潜力进行判断，并简要阐述评价理由。

各小组内部对评估结果进行深入讨论，进一步完善评估内容的准确性和全面性。在讨论过程中，团队成员分享观点，对评估结果进行交叉验正，确保评估结果的可靠性。同时，梳理汇报思路，准备向其他小组汇报。

（三）团队成果汇报与交流（每组3分钟，共20分钟）

各小组依次上台汇报自己的项目评估结果，推选一名代表进行陈述。陈述过程中重点突出各维度的评估要点、发现的问题以及总体评价结论。汇报结束后，设置问答环节，其他小组提问交流，分享不同的观点和建议，促进团队间的相互学习与启发。

（四）总结与点评（5分钟）

教师对各小组的表现进行全面总结和专业点评，分析每个团队评估过程中的优点与不足，着重强调创业项目评估的关键要素和常见问题。鼓励团队在今后的学习和实践中持续提升评估创业机会的能力，做出更明智的创业决策。同时，对表现出色、分析深入的团队给予表扬，对存在问题的团队提出针对性的改进建议。

五、考核方式

（1）综合考量评估内容的全面性、准确性、分析深度以及汇报表现、团队协作等方面，对各小组进行评估。

（2）制定详细的评分标准，如评估内容占60%（各维度评估的准确性和完整性分别占一定比例）、汇报表现占20%（表达清晰度、逻辑连贯性等）、团队协作占20%等，确保评估的公平公正和客观准确。

六、注意事项

（1）提醒团队在评估过程中保持客观、理性，充分收集信息，避免主观臆断和片面分析。

（2）引导团队在汇报和交流环节积极互动，尊重不同的观点和意见，营造开放、包容、积极的学习和讨论氛围。

【思考题】

1. 什么是创业机会？它有什么特征？

2. 创业者要到哪里去寻找创业机会？

6 创业资源

　　资源是创业成功的关键支撑；拥有创业资源，创业就有了保障。在竞争激烈的创业浪潮中，创业资源宛如隐藏的价值宝藏，对于创业者而言，其重要性不言而喻。创业者掌握了解锁创业资源的方法，就掌握了开启成功创业之门的钥匙。究竟什么是创业资源，它们又如何左右着创业的成败呢？

　　本章深入剖析创业资源，涵盖创业资源的定义、创业资源的类型、创业资源的获取与整合。创业者应深刻理解创业资源的重要性，善用各类创业资源，掌握获取和整合之道，以开启创业之路，在激烈的市场竞争中凭借资源之力驶向成功的彼岸。

【导读图谱】

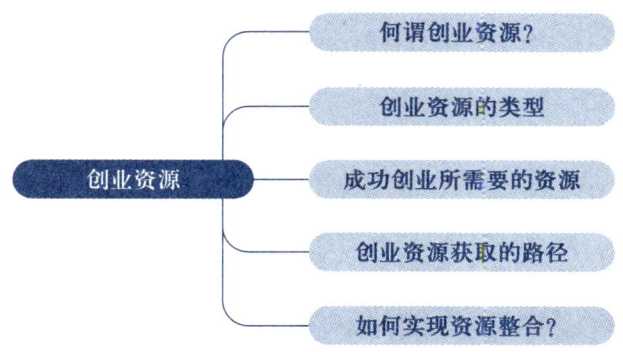

6.1 何谓创业资源？

创业资源是指新创企业在创造价值的过程中需要的特定资源，包括有形资源和无形资源。有形资源较为直观，如资金、场地、设备等。无形资源同样不可或缺，像是技术、人才、品牌、声誉以及社会关系网络等。创业资源在创业过程中为创业者提供各种支持和帮助，它们对于创业项目的启动、成长和成功至关重要。创业模式是指创业者在开展创业活动时所采用的策略和方法，它涉及创业的各个方面，例如，创业目标市场选择、用户画像描绘、产品设计思路、商业模式设计等。有效的创业模式需要创新和资源整合，强调在当前经济环境中，迅速调整战略、坚定乐观的信念以及明确产业创新意识和资源整合能力的重要性。

创业资源是企业创立和成长过程中所拥有或所能支配的有助于实现创业目标的各种要素以及要素的组合。创业资源和创业模式是相辅相成的，创业资源是创业模式的基础和支撑，创业模式则是创业资源配置与整合的路径和策略。在创业过程中，创业者需要根据自身的优势和市场环境，选择符合自身能力和市场需求的创业模式，充分利用和开发创业资源，实现创业目标。例如，电商平台创业模式就需要借助电商平台背后的资源和工具，如大数据技术、物流等，开设和运营自己的电商平台。创业者只有具备如资金、人才、技术等创业资源，创业模式才能得以实施。创业资源越丰富，创业模式的可行性和成功率就越高。

创业资源是创业成功的基石。以资金为例，充足的资金能够确保企业顺利运行，从场地租赁、设备购置到人员招聘等，每一个环节都需要资金的投入。没有足够的资金，创业计划可能就仅停留在纸面上。随着企业的发展，资源的作用越来越凸显。技术资源可以帮助企业不断改进产品或服务，提高质量和效率，满足市场的多样化需求。人才资源则为企业注入创新活力，优秀的团队能够迅速应对市场变化，开拓新的业务领域。品牌资源的积累能够提升产品的知名度和美誉度，吸引更多的客户，从而扩大市场份额，实现企业的持续增长。在创业过程中，难免会遇到各种风险和挑战，如市场波动、竞争对手冲击等。拥有丰富的资源可以让企业在面对风险时更具韧性，多元化的资金来源可以使企业在资金紧张时不至于陷入绝境，广泛的社会关系网络能够帮助企业获取更多的信息，提前做好应对风险的准备。

6.2　创业资源的类型

创业资源可以是有形的，也可以是无形的，主要包括以下10类。

1. 资金资源

包括个人储蓄、天使投资、风险投资、政府补助、银行贷款等，它们为创业项目提供必要的财务支持。

2. 人才资源

拥有具备不同技能和经验的团队成员，以及可以合作的专家和顾问，这些都是创业成功的重要人力资源。

3. 知识资源

包括创业者个人的专业知识、技能，以及通过培训、研究和学习获得的新知识。

4. 网络资源

建立的人脉关系网，包括合作伙伴、供应商、客户以及其他有影响力的联系人。

5. 技术资源

拥有的技术专利、知识产权、软件工具等，这些资源可以增强产品的竞争力。

6. 市场资源

对市场的了解、市场分析工具、销售渠道等，帮助产品更好地进入市场。

7. 物理资源

如办公空间、生产空间、生产设备、仓储设施等，为创业提供物理基础。

8. 政策资源

政府提供的创业扶持政策、税收优惠、创业培训等。

9. 品牌资源

企业的品牌形象、信誉和客户忠诚度，这些都是长期积累的宝贵资产。

10. 组织资源

组织资源是指一个组织在实现其目标和使命的过程中所依赖的各种资源的总和。

创业者需要识别和评估这些资源，了解如何有效地利用这些资源来推动创业项目的发展。有时，创业者还需要通过建立合作伙伴关系、加盟连锁、采购等方式来获取那些自身不具备的资源。正确的资源管理和利用能够显著提高创业项目的成功率。

6.3 成功创业所需要的资源

一、成功的创业计划

获得一个切实可行的创业计划，是创业活动所必需的。因此，对创业者而言，成功的创业计划也是一类创业资源。显然，若没有对于创业活动的适当策划，缺少有望成功的创业计划，就难以凝聚创业团队、吸引他人加盟，创业者自然无法走到成功的彼岸。

一份创业计划书必须回答清楚以下五个基本问题：

（1）（what）你要做什么？清楚简洁地描述你的产品或服务的名称、特点、核心优势。

（2）（for whom and at where）你的市场在哪里？论证你的产品或服务面向的顾客群及其特点、规模。同类或者相似产品或服务的市场状况以及竞争对手状况，你所拥有的差异性以及优势。

（3）（with whom）你准备和谁一起做？阐释你的团队构成、团队技能组成以及拥有的基础资源、核心资源。

（4）（how do）你准备怎么做？说明你将采用什么生产产品或者提供服务的技术，使用什么市场方法寻找你的顾客以及销售你的产品。

（5）（how）创业第一年可能的经营状况怎样？（预先）编制第一年的现金流量表、损益表，估计第一年可能会遇到的各种困难和风险。

二、创业所需要的资金

没有资金，创业者无法创建企业和推动创业起步项目。不少创业者受困于缺少创建企业和推动创业起步项目所需的资金。即便一些企业已开始起步，也常常受困于创业资金的短缺。因此。资金也是创业所需要的资源之一。

三、创业所需要的技术

创业企业是否掌握需要的"核心技术"或"根部技术"，是否拥有技术所有权，决定着创业的成本，以及新企业能否在市场中取得成功。尤其对依托高科技创业而言更是如此。

创业不仅需要持续的技术支持，还需要各种出色的创业团队。优秀的创业团队需要德行、能力、胆识三方面优秀的人才。而且投资者真正看中的往往就是创业所依赖的技术潜能以及出色的创业团队。

四、创业所需要的人力资源

人力资源不仅指创业者及其团队的特质、知识结构和激情，还包括创业者及其团队拥有的能力、经验、意识、社会关系、市场信息等。

乔布斯曾说过：“刚创业时，最先录用的10个人将决定公司的成败，而每一个人都是这家公司的十分之一。如果10个人中有3个人不是那么好，那你为什么要让你公司里30%的人不够好呢？小公司对于优秀人才的依赖要比大公司大得多。”一旦企业成立后，创业团队的经营管理能力以及经验等就至关重要。

五、技术、市场与政策等信息

技术、市场与政策等信息是创业者正确决策的信息依据，也是适时调整创业思路的基础。

在千变万化的市场经济中，如果不能及时、完备地得到这些信息，创业者必然会如“盲人摸象”，处处碰壁。

如果各种来源的信息离散度大、层次浅，难以保证技术经济信息的完整性、准确性、及时性和有效性，这无疑会影响创业企业的决策，甚至导致创业失败。

六、社会关系网络

市场经济是人与人形成契约利益关系的经济，在这一经济制度下进行创业绝对离不开人们的社会关系网络。社会关系网络可以有效降低创业的交易成本，提高效率。

七、营销网络

无论新创企业是销售别人生产的商品，还是销售自己生产的商品，都需要强大的营销网络作为营销平台。一些新创企业的成功往往与其成功借助强大的营销网络有关。因此，营销网络是重要的创业资源之一。

6.4　创业资源获取的路径

一、充分重视人力资源的获取

人力资本在创业资源中的决定性作用，要求创业者必须充分重视人力资源的获取。创业者一方面应努力增强自身的能力，另一方面应充分重视创业团队的建设。一个知己知彼、才华各异、能力互补、目标一致和彼此信任的团队是创业资源中最为重要的资源，也是创业成功必不可少的保证。因此，创业初期创业者需要花大量时间在人力资本的培养和获取上。

乔布斯曾说过："我过去常常认为一位出色的人才能顶两名平庸的员工，现在我认为能顶50名。我大约把四分之一的时间用于招募人才。"在小米公司成立的第一年，雷军也花了绝大多数时间去招募人才。

二、以能用和够用为原则

创业者在筹集资源时，应坚持能用的原则，只有满足企业需求、可以支配并使其充分发挥作用的资源，才是需要花费力气筹集的资源。此外，在筹集创业资源时应该本着够用的原则，既满足企业经营所需，又不会因为筹资过多而承担较高的成本。

三、筹集多用途资源和杠杆资源

一般来说，时间资源、人力资源是用途最多也是最具有杠杆性质的资源。创业者要善于进行时间管理，把有限的时间用在刀刃上，要善于通过授权将精力集中于关键的决策上，既有效发挥团队成员的作用，也有利于借助团队成员的能力去撬动更多其他资源。

6.5　如何实现资源整合？

一、什么是资源整合

资源整合不是对能够看到的、所掌握着的资源进行排列组合，也不是在创业计划施展过程中的简单填补与运用，而是使资源利用最大化、利益获得最大化，通过创造性地整合和运用资源获得竞争优势，促进创业成功。

许多创业者早期所能获取与利用的资源都比较紧缺，如果想要发展，资源整合是其必要的技能。任何企业家都不能掌握所有的资源，因此，创业者要明确自己的需求和目标，善于利用自己手中掌握的、可支配的资源，与他人进行资源置换。通过满足对方需求的同时获取自己想要的资源，是资源整合的关键和重要法则。

二、怎样快速整合资源？

据统计，在福布斯富豪榜中，中国前 1 000 名的富豪有80%是白手起家。很多人对于白手起家这件事表示怀疑，绝大多数人更愿意相信他们是天赋加好运气。不可否认的是，成功有运气的成分，因为好运气的背后是对商业规律的把握和运用。但是，这些商界精英都具有一个共同的特质，就是对资源的整合能力。

事实上我们做很多事情都不可能拥有所有资源，比如说做一件事情需要有八种资源能力，而自己只有两种资源能力，这个时候该怎么办？如果你去培养发展，则速度太慢、周期太长。有没有更快的方法呢？接下来我们就要思考，其他的六种资源能力在谁的手中，我们该设计什么样的交易模式去获得它；这个交易模式设计的前提是双方都要有足够的好处。下面是四种资源整合的策略。

（一）识别与评估

创业者首先要对自身拥有的资源和可获取的资源进行全面的识别和评估。明确哪些资源是核心资源，哪些是辅助资源；哪些资源具有优势，哪些资源存在不足。通过细致的分析，制订合理的资源整合计划。

（二）建立合作关系

积极与外部合作伙伴建立长期稳定的合作关系，实现资源共享与互补。例如，初创企业可以与供应商建立紧密的合作关系，确保原材料的稳定供应和价格优势；与高校、科研机构合作，获取前沿技术和创新理念。

（三）资源优化配置

根据企业的发展战略和业务需求，合理分配资源。避免资源的闲置和浪费，掌握如何把有限的资源集中投入到关键业务环节和核心竞争力的打造上。充分发挥核心资源优势，在确定企业的核心资源后，将其优势最大化。如果企业的核心资源是独特的技术，那么就应该加大在技术研发和创新方面的投入，以技术领先带动企业发展。

（四）创新资源利用方式

在资源有限的情况下，创业者要善于创新资源利用方式。例如，共享办公空间就是创业者在场地资源利用上的创新，通过共享办公设施和服务，降低创业成本。市场环境不断变化，企业要保持敏锐的洞察力，持续开发新的资源。及时关注行业动态和新技术的发展，引入新的技术和人才，为企业发展注入新动力。

创业资源是创业成功的关键要素，了解创业资源的内涵、认识其重要性并掌握有效的整合与运用方法，是创业者在创业道路上迈出坚实步伐的重要保障。只有充分挖掘和利用各种创业资源，才能在激烈的市场竞争中脱颖而出，实现创业梦想。

【案例分享】

范蠡是春秋时期一位传奇的商人，被尊为"商圣"。事实上范蠡最开始也是一穷二白，那么他是如何白手起家赚到"第一桶金"的呢？

范蠡早年很落魄，为了维持生计就做点小买卖，有一次，他发现南方的吴国和越国经常打仗，战马的需求量很大。当时北方盛产战马而且价格便宜，如果能把战马贩卖到南方，肯定可以大赚一笔。不过由于当时战局混乱，在运马的路上土匪很多，风险极大，怎么做才能破解这一难题呢？

范蠡四处打听调查，他发现在北方有一个叫姜子盾的商人，他常年贩运布匹到南方的吴国和越国，由于他早就花了很多钱买通沿路的土匪，因此他的队伍一路畅通无阻。范蠡就琢磨着如何能利用姜子盾的资源，于是他想到了一个方案，他写了一个告示贴在了姜子盾所在的城门口。上面的内容是：我范蠡，新建马队，开业酬宾，免费送货。姜子盾看到告示以后，觉得可以占便宜，于是找到范蠡要求他运送布匹。就这样范蠡带着战马和布匹一起上了路，一路上没有什么阻碍，顺利地到达了吴国和越国，卖了战马大赚一笔，收获了人生的"第一桶金"。

请思考：这个故事带给我们哪些启示?

【思考题】

1. 举例说明每种创业资源类型在实际创业项目中的具体体现。

2. 在资源有限的情况下，哪些资源是成功创业必不可少的?

3. 在当前竞争激烈的市场环境下，最有效的创业资源整合路径是什么?

4. 在资源整合过程中，如何避免不同类型创业资源之间的冲突?

5. 对于初出茅庐的创业者，最可行的创业资源获取路径是什么?

7 商业模式

创业要依靠创新，创新必然会引发新产业、新企业、新的商业形态和新就业。伴随着数字经济的快速发展，互联网对中国经济发展的影响越来越大。互联网对传统经济发展的渗透与颠覆，给企业带来了全新的商业模式。在互联网时代，创立企业和经营企业，最核心的就是要找到企业的商业模式，即企业要找到与众不同的做生意的方法。

本章首先给出商业模式的定义，接着通过案例说明商业模式的重要意义，然后通过商业模式画布来呈现商业模式，最后介绍了五种常见的商业模式。通过分小组描述优秀创业公司的商业模式画布，加深对商业模式的理解。在基于前期小组识别的创业项目的基础上，构建自身创业项目的商业模式画布，进而为后期撰写商业计划书及路演奠定基础。

【导读图谱】

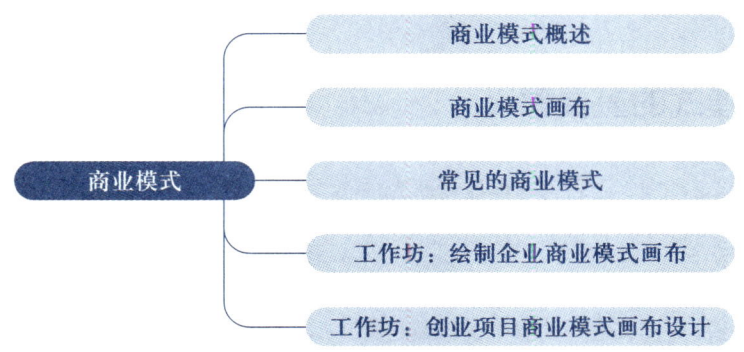

商业模式
- 商业模式概述
- 商业模式画布
- 常见的商业模式
- 工作坊：绘制企业商业模式画布
- 工作坊：创业项目商业模式画布设计

7.1 商业模式概述

一、什么是商业模式

定义1：商业模式描述一个组织创造、传递以及获得价值的基本原理。简言之，就是企业通过什么途径或方式来获取收益。其核心是三个问题：创造价值、传递价值、获取价值（图7-1）。企业要做出一种消费者愿意花钱购买的产品或服务，并找到相应方法或渠道把产品或服务源源不断地卖出去以获取收益。

定义2：商业模式是企业与企业之间、企业的部门之间乃至企业与顾客之间、企业与渠道之间都存在的各种各样的交易关系和联结方式。商业模式主要关注一类企业在市场中与客户、供应商、其他合作伙伴的关系，尤其是彼此间的物流、信息流和资金流的往来。

图7-1　商业模式的核心示意

二、商业模式的重要意义

习近平总书记指出，要着力以科技创新为核心，全方位推进产品创新、品牌创新、产业组织创新、商业模式创新，把创新驱动发展战略落实到现代化建设整个进程和各个方面。商业模式创新能够为企业创造新的竞争优势，获取新的市场资源，发现新的经济增长点。阿里巴巴、苹果等企业通过商业模式创新都取得了长足的发展。

【案例分享】

拼多多公司的商业模式创新

拼多多公司成立于2015年4月，是国内移动互联网的主流电子商务应用产品，专注于C2M拼团购物的第三方社交电商。用户通过发起和朋友、家人、邻居等的拼团，可以以更低的价格拼团购买优质商品。短短几年间，拼多多公司在竞争激烈的电商市场中迅速崛起，其独特的商业模式是成功的关键，具体分析如下。

1. 社交电商模式

拼多多区别于传统电商平台，开创了社交电商模式。借助微信庞大的社交生态，以拼团、砍价等社交互动玩法为核心，让用户在购物过程中与亲朋好友分享，通过社交关系链实现用户裂变式增长。例如，用户发起拼团购买商品，邀请好友参团成功后就能以优惠价格购买，这种方式激发了用户的分享积极性，迅速积累了大量用户。

2. 低价策略与农产品上网

拼多多以低价商品吸引价格敏感型消费者，主打"性价比"。平台与众多中小商家合作，省去中间环节，直接从厂家拿货，降低成本，为消费者提供价格实惠的商品。同时，大力扶持农产品上网，深入农村与农户、农业合作社合作，帮助农产品拓宽销售渠道，让优质农产品以较低的价格走进城市消费者家中，既助力农民增收，又满足城市消费者对新鲜、实惠农产品的需求。

3. 大数据驱动的精准营销

拼多多运用大数据技术分析用户行为、消费偏好和购买历史等数据，实现精准营销。为用户精准推送符合其兴趣的商品，提高用户发现心仪商品的概率，增加购买转化率。例如，平台根据用户浏览和购买记录，推测其可能感兴趣的商品品类，在首页为用户推荐相关商品，提升用户购物体验。

（1）收入模式：拼多多的收入来源较为多元，主要包括商家入驻平台的保证金、交易手续费，以及广告收入。商家入驻拼多多需缴纳一定的保证金，平台会根据不同品类和店铺类型收取费用。在交易过程中，拼多多会从商家交易中按一定比例收取手续费。此外，平台为商家提供广告推广服务，商家通过购买广告位，提高店铺和商品的曝光度，这也成为拼多多重要的收入来源。

（2）品质管控与信任保障：随着业务发展，拼多多意识到品质管控的重要性，建立了一系列品质管控措施和信任保障机制。加强对商家的审核，对商品质量进行抽检，对违规商家进行处罚。推出"假一赔十""品质保障"等服务承诺，让消费者购物更放心，提升消费者对平台的信任度。

（3）营销推广策略。除了依靠社交裂变进行推广外，拼多多还通过冠名热门综艺、投放大量线上或线下广告等方式提升品牌知名度。冠名热门综艺吸引了大量年轻观众群体的关注，线上或线下广告则覆盖更广泛的消费人群，进一步扩大了平台的影响力。

在互联网时代，商业模式是企业运营的核心，关乎企业的价值创造、传递与获取，对企业的生存和发展起着决定性作用。拼多多的商业模式凭借其创新的理念、对市场需求的精准把握以及有效的运营策略取得了巨大成功。这充分彰显了商业模式在企业发展中的核心地位，一个优秀的商业模式能够整合资源、创造独特价值、构建竞争优势，为企业的高质量发展提供坚实的保障。希望同学们通过分析学习案例，能深入理解商业模式的内涵和价值，在未来的创业实践中设计出具有竞争力的商业模式。

德鲁克谈商业模式

> 当今企业之间的竞争，
>
> 不是产品之间的竞争，
>
> 而是**商业模式**之间的竞争！
>
> ——**德鲁克**

三、先进的商业模式

先进的商业模式有以下四个特点。

1. 独特价值

针对用户的一个强需求，将用户体验做到极致。滴滴出行精准定位了移动互联网时代的出行需求，通过提供便捷、高效的打车服务，解决了传统出租车行业中的信息不对称、打车难等问题。它利用移动互联网技术，将乘客与司机快速、准确地连接起来，极大地提高了打车出行效率。滴滴出行、拼多多、抖音……为什么会如此成功，可以看到它们都有共同的特点，即产品满足用户的强需求，提供了独特价值。

2. 重复消费

先进的商业模式会使用户重复消费，而用户不能重复消费的商业模式则具有很大的风险。好的商业模式都只需要一次创意，凡是需要不断创意作支撑的都是极其困难的。

3. 多维增值

拥有特定用户，能够多维度开发用户价值，让用户不断延展消费。虽然微信和 QQ 都是免费的，但是靠着它们，腾讯抓住了流量入口，也带动了其他业务的发展。

4. 构筑壁垒

没有壁垒或壁垒很低的商业模式容易引发恶性竞争。巴菲特认为："一家伟大的公司必须有持久的护城河来保护自己。在他们的经济城堡周围形成一条护城河，永久地充当那些试图袭击城堡敌人的屏障。"先进的商业模式需要构筑壁垒。

7.2 商业模式画布

一、商业模式画布的定义

商业模式画布是一种用来描述商业模式、可视化商业模式、评估商业模式以及改变商业模式的通用语言。它是由亚历山大·奥斯特瓦德和尹夫·皮尼厄与超过470位参与者共同开发的，一个简单易用的商业模式设计工具。

商业模式画布由九大模块组成，分别是：客户细分（CS）、价值主张（VP）、渠道通路（CH）、客户关系（CR）、收入来源（RS）、核心资源（KR）、关键业务（KA）、重要合作（KP）和成本结构（CS）。按照以上模块对商业模式进行解读，可以全面展示企业创造价值的商业逻辑。商业模式画布的九大模块能够帮助创业者催生创意、降低成本，确保他们找准目标用户，合理解决问题。

商业模式画布的九大模块就是企业发展的九大策略。客户细分是战略目标，对其有清楚完整的认识是商业成功的基础。价值主张是战略核心，企业创造新产品或新服务的目的是创造价值，价值主张越强大，驱动企业发展的动能就越强劲。渠道通路是企业发展的关键，把商业渠道分析清楚，并构建好发展道路，确保商业发展畅通，对于企业发展至关重要。客户关系是商业成功的催化剂，构建良好的客户关系为企业发展创造发展环境。收入来源是企业发展的驱动力，收入来源越多，商业价值越大，驱动企业发展越快。核心资源是企业发展的稳定器，只要掌握了核心资源，企业就能经受住市场风险的考验。关键业务是企业发展的"压舱石"，无论市场如何瞬息万变，只要关键业务掌握在手，企业发展就能行稳致远。重要合作是企业成功的加速器，当今世界是一个互联互通的世界，企业只有寻求建立更大、更广泛的合作，才能获得更快、更好的发展。良好的成本结构是企业发展的动能，分析清楚并控制好成本结构，创造更大的利润是企业发展的根本价值所在。

商业模式画布的九大模块见图7-2。

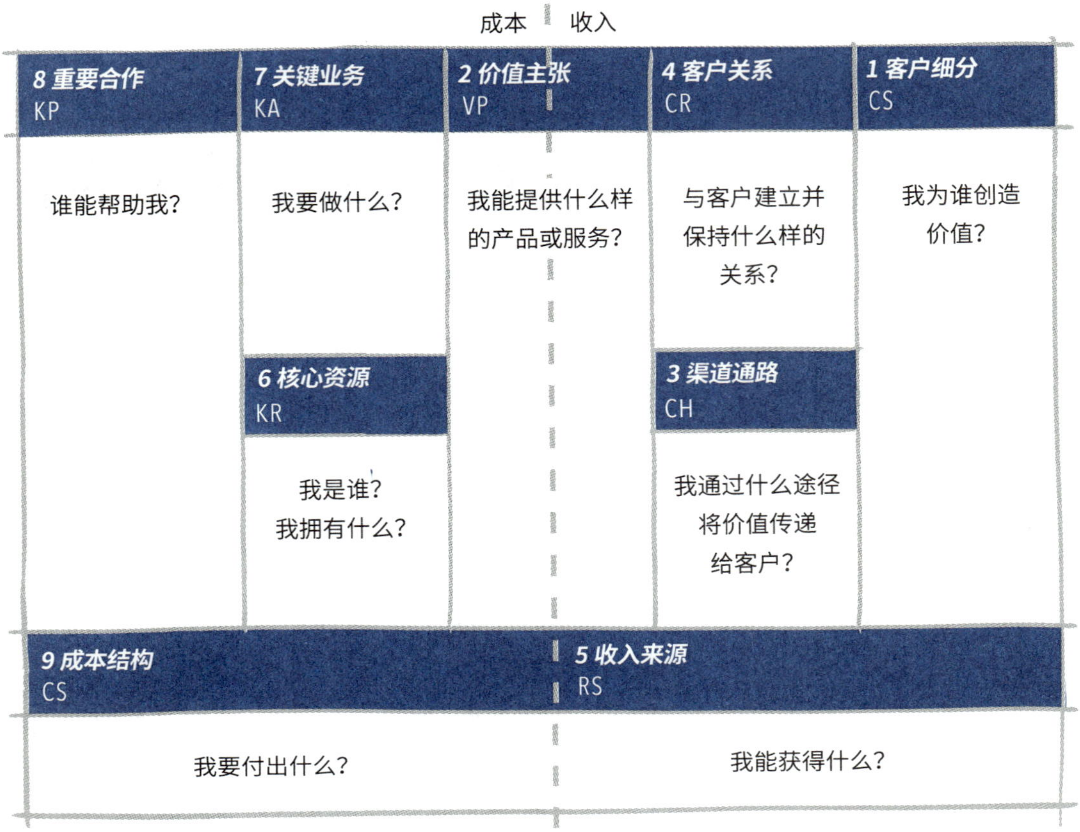

成本 　 收入

8 重要合作 KP	7 关键业务 KA	2 价值主张 VP	4 客户关系 CR	1 客户细分 CS
谁能帮助我？	我要做什么？	我能提供什么样的产品或服务？	与客户建立并保持什么样的关系？	我为谁创造价值？
	6 核心资源 KR		3 渠道通路 CH	
	我是谁？ 我拥有什么？		我通过什么途径将价值传递给客户？	

9 成本结构 CS	5 收入来源 RS
我要付出什么？	我能获得什么？

图7-2　商业模式画布的九大模块

构建商业模式画布需要遵循一定的规律和顺序：首先要了解目标用户群，再确定他们的需求，想好如何接触到他们，怎么盈利，凭借什么筹码实现盈利，能向你伸出援手的人，以及根据综合成本定价。好的商业模式画布具有以下特征：

1. 完整性

虽然商业模式画布只有一页纸大小，但它基本可以确定一款产品的商业模式的方方面面，能够一目了然地呈现该产品的商业模式是否完整或者存在疏漏。

2. 一致性

可以通过商业模式画布判断商业模式的各方面是否一致。例如，合作伙伴的假设与渠道通路的假设是否一致。

3. 清晰度

可以通过商业模式画布清楚地看到你的同事是否明白你正在做什么、为什么要这样做。如果要求他们独立画出商业模式画布，他们的结果是否一致？商业模式画布可以帮助我们更全面地看清公司的全貌，在全体业务参与的情形下，大家对于信息的同步、各自的职责有一个更加清晰的认识。

二、商业模式画布九大模块分析

商业模式画布涵盖了商业的四个方面：客户、提供物（产品/服务）、基础设施、财务生存能力。如图7-3所示，是对商业模式画布九大模块的具体分析。

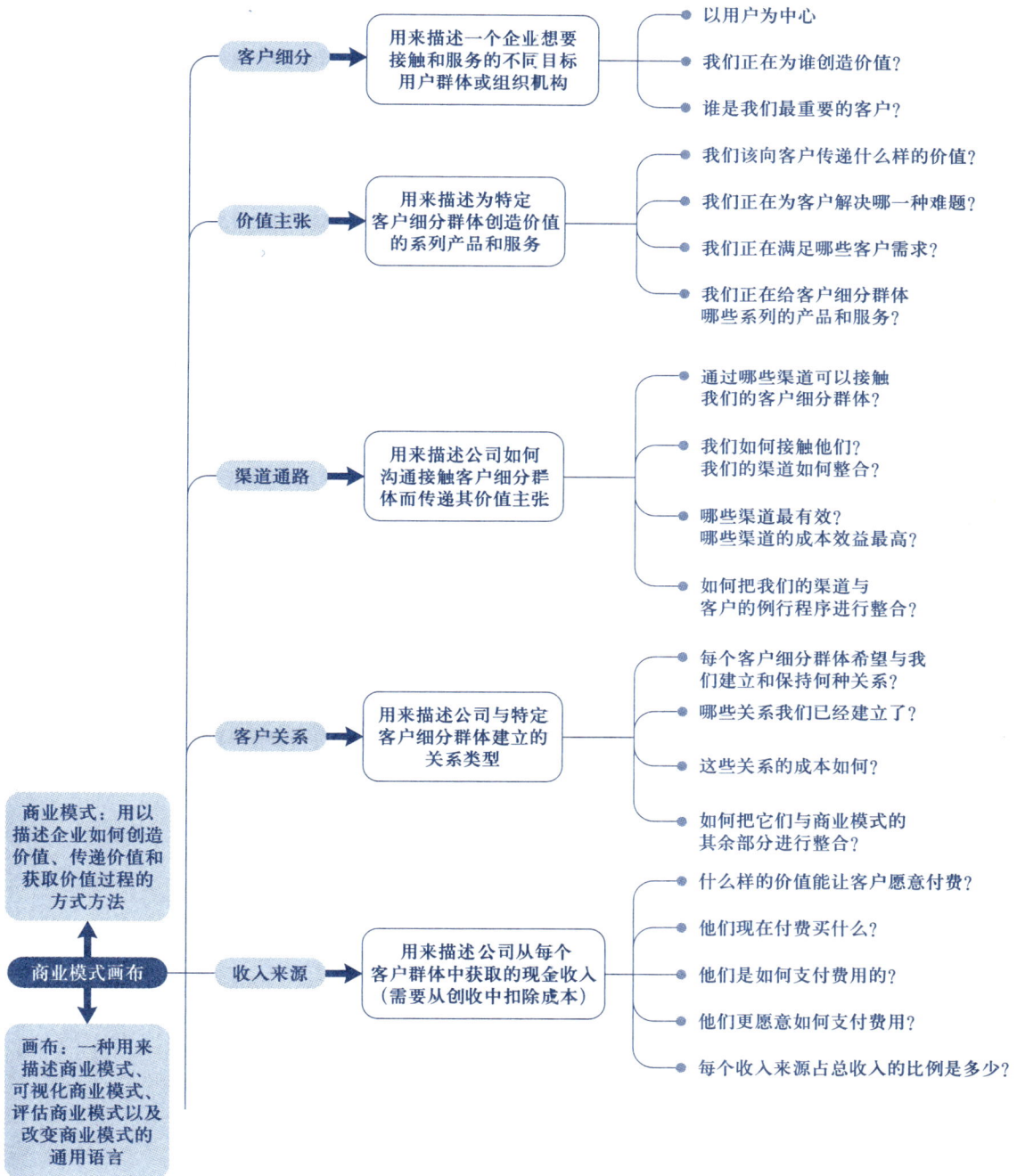

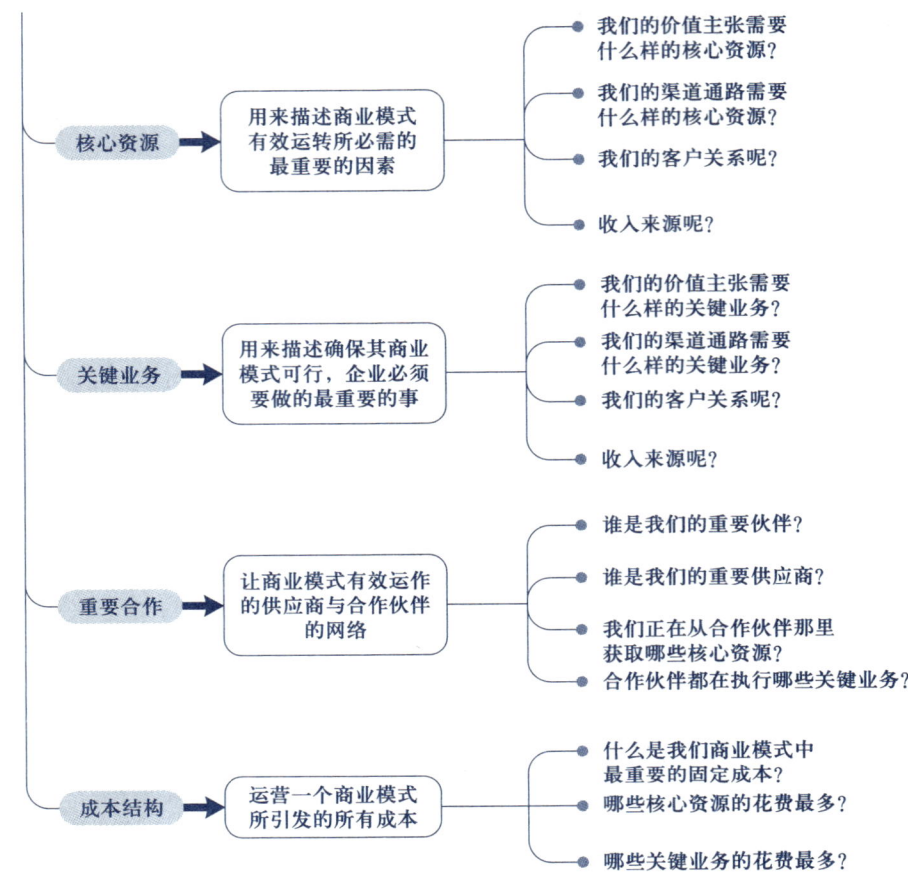

图7-3 商业模式画布模块内容

（一）客户细分

客户细分就是描述一家企业想要获得和期望服务的不同的目标群体或组织机构。客户细分必须要非常清楚地界定企业客户的一些重要特征，包括他们的年龄段、性别、需求、购物的决定方式等。客户是商业模式的基础。

（二）价值主张

价值主张描述的是为某一客户群体提供能为其创造价值的产品或服务。即你的产品或服务究竟是什么？对于价值主张，在实际操作中体现为客户在选择产品或服务时的11项关键性指标。如果客户在采购大型设备时主要关注的是质量、售后服务、价格、品牌等方面，那么客户在选择供应时也将从这几个方面进行考察。

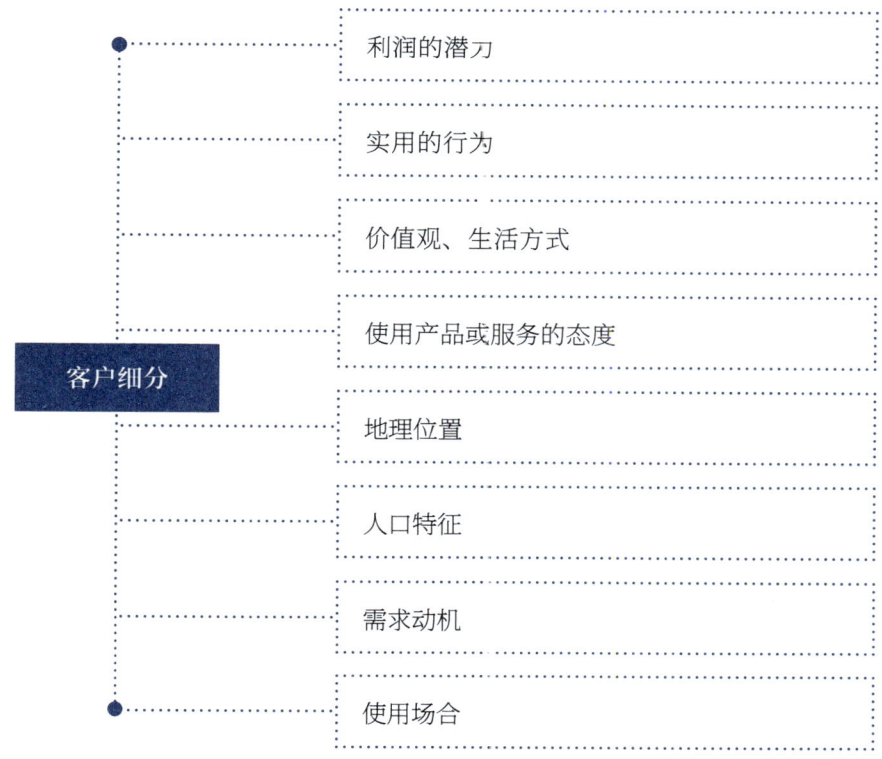

客户细分

- 利润的潜刀
- 实用的行为
- 价值观、生活方式
- 使用产品或服务的态度
- 地理位置
- 人口特征
- 需求动机
- 使用场合

2 利基市场
价值主张、渠道通路和客户关系都针对某一利基市场的特定需求定制。这种商业模式通常可在供应商—采购商的关系中找到。

1 大众市场
价值主张、渠道通路和客户关系全都聚集于一个大范围的客户群组，客户具有大致相同的需求和问题。

3 区隔化市场
客户需求不同，细分群体之间的市场区隔就有所不同，所提供的价值主张也略有不同。

客户细分群体类型

5 多边平台或多边市场
服务于两个或更多的相互依存的客户细分群体。

4 多元化市场
经营业务多样化，以完全不同的价值主张迎合完全不同需求的客户细分群体。

图7-4　客户细分群体类型

创新	产品或服务满足客户需求或改善客户体验
性能	改善产品或服务性能（传统而普遍的创造价值方式）
定制	以满足个别客户或客户细分群体的特定需求来创造价值
把事情做好	可通过帮助客户把某些事情做好而简单地创造价值
设计	产品因优秀的设计脱颖而出
品牌／地位	客户可以通过使用和显示某一特定品牌而发现价值
价格	以更低的价格提供同质化的价值，满足价格敏感型客户细分群体
成本	帮助客户削减成本是创造价值的重要方法
风险抑制	帮助客户抑制风险可以创造客户价值
可达性	把产品或服务提供给以前接触不到的客户
便利性／可用性	使产品更方便或易于使用，从而创造可观的价值

（价值主张）

（三）渠道通路

渠道通路描述的是一家企业如何同它的客户群体达成沟通并建立联系，以向对方传递自身的价值主张。与客户的交流、分销和销售渠道构成了一个企业的客户交互体系。

根据分销阶段的不同，可将渠道划分为五个相互独立的阶段，不同渠道覆盖其中的几个阶段或全部五个阶段。根据与客户的接触方式，可将渠道划分为直接渠道和间接渠道，也可划分为自有渠道和合作方渠道，如表7-1所示。

表7-1 渠道类型与渠道阶段

渠道类型			渠道阶段				
自有渠道	直接渠道	销售队伍	1. 认知	2. 评估	3. 购买	4. 传递	5. 售后
		在线销售	我们如何让客户提升对公司产品或服务的认知	我们如何帮助客户评估公司的价值主张	我们如何协助客户购买特定的产品或服务	我们如何把价值主张传递给客户	我们如何提供售后支持
		自有店铺					
合作方渠道	间接渠道	合作方店铺					
		批发商					

对企业来说，今天的渠道是多元的，有传统渠道、创新渠道、直接渠道、间接渠道……哪个渠道最有效，哪个渠道最节约成本，哪两个渠道结合最能发挥效益，这些都是需要考虑的。因此，商业模式画布中的渠道通路是非常重要的。

（四）客户关系

客户关系是描述一家企业针对某一客户群体所建立的关系的类型。客户关系的管理过程可以简化为：建立关系—维系关系—增进关系。这一过程与企业自身如何对待客户相对应：吸引客户—留住客户—升级客户。建立客户关系的主要动机是开发新的客户，留住原有客户，增加销售量或提高产品价格。客户关系可分为六种类型，这些类型可能同时存在于企业与某个客户群体的客户关系中，如图7-5所示。

（五）收入来源

收入来源是企业从每一个客户群体中获得的收益。一个商业模式可能包含的收入来源分为两种：交易收入，由客户一次性支付产生；持续收入，因向客户传递了新的价值主张或提供了售后支持而带来的客户持续支付。创造收入来源的方式主要有以下七种。

- 资产销售：出售企业产品或其他资产获取收益，基本上是一次性的收入来源。
- 使用费：指企业让渡资产使用权获得的收入，包括让渡现金、专利权等无形资产使用权，出租固定资产等，比如手机的流量与话费。
- 会员费：比如健身房会员费。
- 租赁费：将特定资产供他人使用，收取费用。
- 许可使用费：比如连锁加盟的商标费、品牌使用费、专利使用费。
- 经纪人佣金：很多行业都有中介机构，他们以获得经纪人佣金作为收入来源。
- 广告费：广告费是企业的一项重要收入来源，如很多互联网公司的平台本身是供用户免费使用的，它们的多数收益是依靠巨额的广告费而获得的。

图7-5　客户关系类型

上面简述了七种收入来源的方式，不同的企业可以依照自身实际选择不同的收入来源进行组合。当前企业的商业模式基本都在规避或者说跳出原来一次性卖掉商品的收入来源，也就是前面讲的资产销售，更多的是想变成持续收入。

（六）核心资源

核心资源描述的是企业保证一个商业模式顺利运行所需的最重要的资源。例如，微芯片制造商的核心资源是资本密集型生产设备；微芯片设计公司的核心资源是人力资源。企业的核心资源主要有以下四种。

- 生产资源／实物资源：企业需要有自己的生产设备，需要有自己的厂房，需要有自己的办公场所，等等。
- 金融资源：现金、信用额度以及吸引关键雇员的股票期权。
- 知识性资源：包含商标权、专利权和品牌等。也就是说，企业是否拥有强大的品牌，是否拥有专利商标体系。
- 人力资源／人才资源：对知识密集型企业和创新企业来说，人力资源尤为重要。如任正非所说，华为至少有700多位数学家，800多位物理学家，120多位化学家，还有6 000多位做基础研究的专家，以及6万多名工程师。

（七）关键业务

关键业务是一个企业的商业模式能够顺利运行下去的、主要的、核心的业务。 如微软公司的关键业务是软件开发；戴尔公司的关键业务是供应链管理；麦肯锡公司的关键业务是提供解决方案。

企业的关键业务可以分为以下三类。

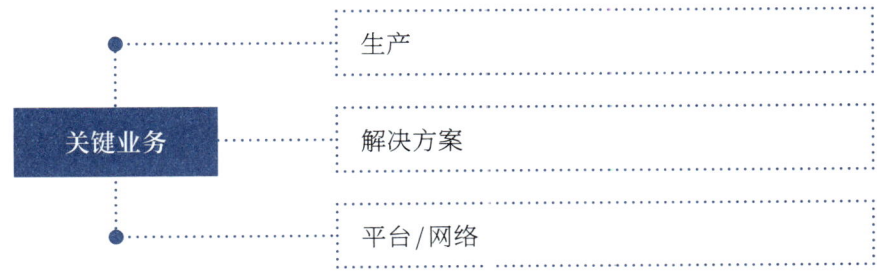

- 生产：一些生产产品的企业，生产环节属于其关键业务。
- 解决方案：咨询公司、银行和一些专门做客户的服务型公司。

● 平台／网络：在互联网时代，企业都很依赖平台或者某种网络模式获得发展，其中的关键业务就是如何构建平台／网络。

除了生产、解决方案、平台／网络外，企业还有很多其他的关键业务，比如分销渠道、供应链等。

（八）重要合作

重要合作是保证一个企业的商业模式顺利运行所需的供应商和合作伙伴网络。企业通过建立联盟来优化自身的商业模式、降低风险或获取资源。重要合作可分为以下五种类型。

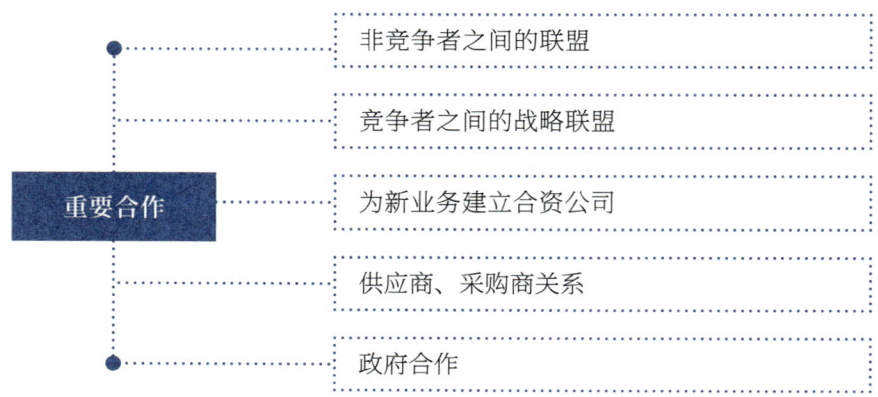

● 非竞争者之间的联盟：任何一个企业都要和跟自己产业链相关的上下游公司进行合作，即非竞争者之间进行某种合作或者建立合作联盟。

● 竞争者之间的战略联盟：指的是竞争者之间为了共同的利益而结成暂时性联盟，以协调立场、缓解竞争、提高议价能力。比如买大白菜，原来每家可能要 10 万斤，现在联合起来可能要 800 万斤，规模大就会把成本压低，就有了议价的权利。

● 为新业务建立合资公司：如大众汽车公司与滴滴出行公司共同在中国建立上海桔众汽车科技有限公司，旨在打造一个庞大的新能源共享出行车队。

● 供应商、采购商关系：为保证可靠的供应而建立的供应商、采购商关系。

● 政府合作：企业如果有政府的订单或者合作，则说明企业的整体竞争力与产品的品质是得到政府认可的，这会赢得很好的社会口碑和社会效益。

（九）成本结构

成本结构描述的是企业运营一个商业模式所发生的全部成本。成本最小化、价值最大化是每个企业的最终目标。

企业的成本结构有以下四种类型。

- 固定成本：包括员工的工资、企业的房租费用、生产设备等。
- 可变成本：指支付给企业各种变动生产要素的费用，如购买原材料及电力消耗费用和营销费用。
- 规模成本：随着规模越来越大，企业单位产品的成本可以大大降低。
- 范围成本：指的是企业同时生产两种产品的费用低于分别生产两种产品时所需成本的总和。随着企业经营范围的扩大，可以有效地降低企业的成本。

三、抖音公司的商业模式画布绘制

商业模式画布的核心就是九大模块。因此，在绘制商业模式画布时，我们只要按照顺序依次填充九大模块即可，就像填充画布一样。但是要注意，九大模块的填充不是随机的，而是要遵循一定的顺序。下面以抖音公司为例说明如何绘制商业模式画布。

（一）确定客户细分群体

抖音公司将其客户群体细分为三类：视频观看者、视频创作者和广告主。

（二）确定价值主张

抖音公司为三类不同的客户细分群体分别提供不同的价值主张：

（1）视频观看者的价值主张：提供丰富且好看的视频。

（2）视频创作者的价值主张：提供视频分发的路径，通过积累粉丝流量来获取收入。

（3）广告主的价值主张：提供广告投放渠道，实现广告曝光和转化。

（三）确定渠道通路

抖音公司接触视频观看者和视频创作者的渠道通路是抖音APP；接触广告主的渠道通路是营销推广服务平台——巨量引擎。

（四）确定客户关系

抖音公司采用不同的方式维护客户关系。

（1）针对视频观看者，通过 APP 自动化维护。

（2）针对视频创作者，采用 APP 自动化维护和网红运营团队维护两种方式，取决于创作者的等级和粉丝量。

（3）针对广告主，采用营销平台自动化维护和销售团队维护两种方式，取决于广告主的投放金额。

（五）确定收入来源

抖音公司对视频观看者和视频创作者免费，从广告主那里获取广告收入。

（六）确定核心资源

抖音公司的核心资源是海量的用户、丰富的内容、高质量的广告主、高效的算法技术（高效的内容分发、精准的广告推荐技术）。

（七）确定关键业务

为了保证正常运转，抖音公司的关键业务就是维持平台功能的稳定，通过平台算法和技术升级提升分发效率和精准推荐能力，包括视频观看者和视频创作者的获取及运营、广告主的关系维护。

（八）确定重要合作伙伴

抖音公司为了维护平台的稳定，需要与运营商进行深度合作，获取网络和带宽资源。为了更好地吸引和管理创作者，抖音公司需要与 MCN 机构进行深度合作。为了开发和管理广告主，抖音公司需要与广告代理公司进行深度合作。为了吸引更多的视频观看者，抖音公司需要与各渠道媒体进行深度合作。

（九）确定发生的成本结构

为了达成关键业务和维护重要合作伙伴关系，抖音公司的成本结构包括软件和硬件服务器成本、获客成本、内容成本（鼓励创作者和 MCN 机构生产内容）、广告代理商分成、员工工资等。

按照以上顺序填充九大模块，当填充完成后，公司的商业模式也就跃然纸上、水到渠成。最终绘制完成的抖音公司的商业模式画布可扫码观看。

在绘制商业模式画布时，不同的客户群体用不同的颜色填充，每个颜色传递一个客户群体的完整价值链，讲述一个完整的故事。每类客户群体的价值主张、渠道通路、客户关系、收入来源、核心资源、关键业务、重要合作和成本结构可以完整地串联起来，组成一个故事链条。在抖音公司的商业模式画布中，蓝绿色代表视频观看者的故事，红色代表视频创作者的故事，紫色代表广告主的故事，绿色代表抖音平台和技术的故事。以紫色标注的广告主群体为例，讲述的故事线是：抖音公司对广告主的价值主张为提升广告曝光和转化，通过巨量引擎将广告价值传递给广告主，通过APP自动化和销售团队维护与广告主的关系，从广告主处获取广告收入。抖音公司的核心资源之一是广告主群体，围绕着他们的关键业务是广告主维护，因此与广告代理商开展深度合作，支付给广告代理商提成或者服务费。

抖音公司的商业模式画布

7.3 常见的商业模式

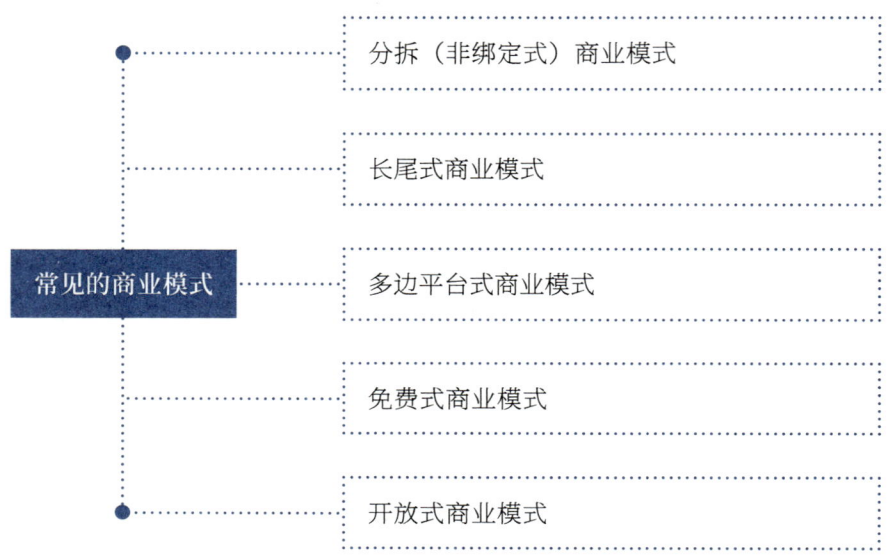

一、分拆（非绑定式）商业模式

（一）分拆前三种商业类型共存于企业

分拆（非绑定式）商业模式将企业的经营活动分为客户关系管理、新产品开发和基础设施管理三种不同类型，每种类型对应着不同的经济规则、竞争规则和文化规则，但共存于同一家企业中。在理想情况下，它们各自存在于相互独立的实体中以避免冲突或不必要的消长。"非绑定式公司"的提出者约翰·哈格尔和马克·辛格认为，企业应该选择并专注于以下三种价值信条中的一条：运营卓越、产品领先、亲近顾客。企业应当将三种活动完全分开并最终聚焦于其中一种，因为每种类型的活动都是由不同的因素驱动的，它们之间存在着冲突。

1. 客户关系管理：找到和赢得客户，并产生黏性

【经济规则】高昂的客户开发成本要求从每个客户手中获取高份额：范围经济是关键。

【竞争规则】范围之争：少量的大玩家主导市场。

【文化规则】高度服务导向：以客户为中心。

2. 新产品开发：开发新的、有吸引力的产品或服务

【经济规则】早期市场进入获得高溢价和大量份额：速度是关键。

【竞争规则】能力之争：进入门槛低；大量的小玩家争奇斗艳。

【文化规则】鼓励创新：领先对手半步。

3. 基础设施管理：建立并管理可处理大量的、重复任务的平台

【经济规则】高固定成本使得高产量成为获得低单位成本的关键：规模经济是关键。

【竞争规则】规模之争：迅速固化的市场，少量玩家主导市场。

【文化规则】聚焦成本：强调标准化、可预期性和生产效率。

（二）拆分后的三个独立的商业模式类型

1. 客户关系管理——聚焦客户

这一模式（图7-6）的目的在于以宽范围的产品创造利润，产品以客户信任为前提，目标是从客户手中获取大量的份额，包括品牌管理和市场营销费用在内的客户开发与维护活动构成的成本主体。产品、服务创新和基础设施由第三方提供。基础客户以及逐渐加入的新用户是核心资产和核心资源。

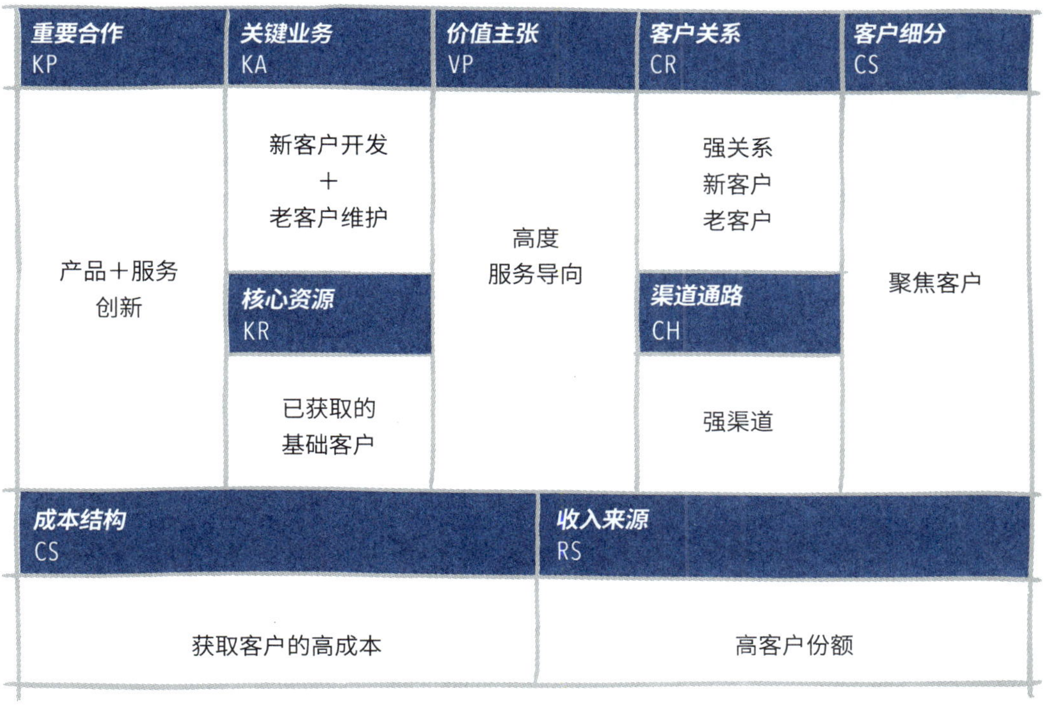

重要合作 KP	关键业务 KA	价值主张 VP	客户关系 CR	客户细分 CS
产品＋服务 创新	新客户开发 ＋ 老客户维护	高度 服务导向	强关系 新客户 老客户	聚焦客户
	核心资源 KR		**渠道通路 CH**	
	已获取的 基础客户		强渠道	

成本结构 CS	收入来源 RS
获取客户的高成本	高客户份额

图7-6 客户关系管理商业模式画布

2. 新产品开发——聚焦产品和服务创新

这一模式（图7-7）的一切都以客户需求为中心，建立强有力的客户关系。企业聚焦研发与创新，以推出新的产品或服务到市场上。产品或服务也可以直接推向市场，但通常是借助聚焦客户关系的B2C等平台。创新人才是核心资源，对于这些人才的争夺使得成本居高不下。由于创新元素的投入，较高的利润成为常态。

重要合作 KP	关键业务 KA	价值主张 VP	客户关系 CR	客户细分 CS
	研发管理 吸引人才			
	核心资源 KR	产品或 服务创新	渠道通路 CH	B2C 客户
	强大的人力 资源池			

成本结构 CS	收入来源 RS
高雇佣成本	高溢价

图7-7 新产品开发商业模式画布

3. 基础设施管理——聚焦服务

在这一模式（图7-8）下，企业的业务及产出专注于提供基础设施服务。服务对象通常是商业客户。平台的特征是高固定成本，以规模和产量来摊薄单位成本。利润基于薄利多销。

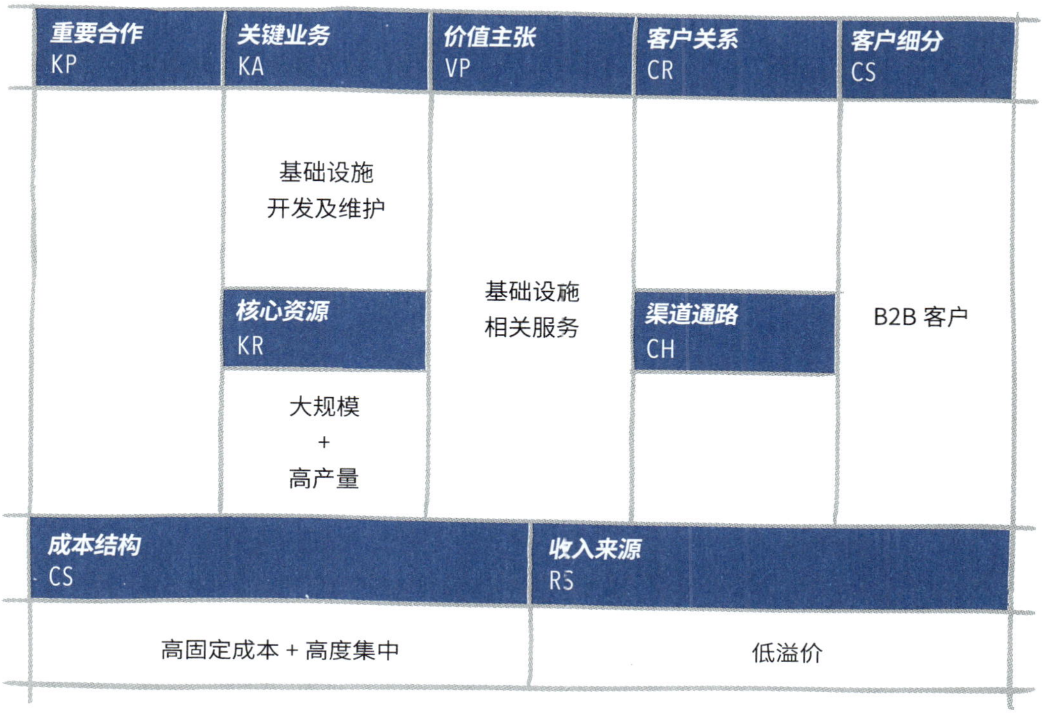

重要合作 KP	关键业务 KA	价值主张 VP	客户关系 CR	客户细分 CS
	基础设施 开发及维护			
	核心资源 **KR**	基础设施 相关服务	**渠道通路** **CH**	B2B 客户
	大规模 + 高产量			

成本结构 CS	收入来源 RS
高固定成本 + 高度集中	低溢价

图7-8 基础设施管理商业模式画布

（三）分拆前后商业模式比较

表7-2 分拆前后商业模式比较

分拆前	分拆后
企业包含客户关系管理、新产品开发和基础设施管理于一体	给企业解绑，分成三块独立但互相支持的业务
成本过高，三块相互冲突的组织文化共存于同一实体中，产生不良的相互消长	信息技术和管理工具的改善，使得不同企业虽然彼此独立，但相互协作，从而获得更低的运营成本，消除不良的增长

【案例分享】

移动通信企业的业务分拆

移动通信企业已经为自己的商业模式"松绑"。以前，传统的移动通信企业针对网络质量展开竞争，而现在它们与竞争对手达成网络共享协议或者将网络运营业务外包给设备厂家。这是为什么呢？因为他们意识到其核心资产已经不再是网络本身，而是品牌和客户关系。详见图7-9。

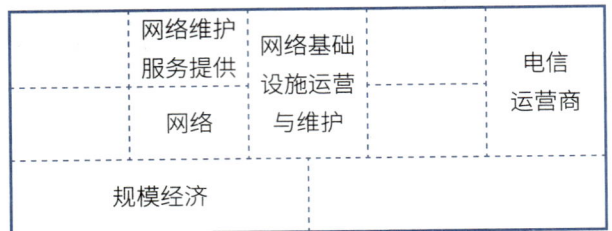

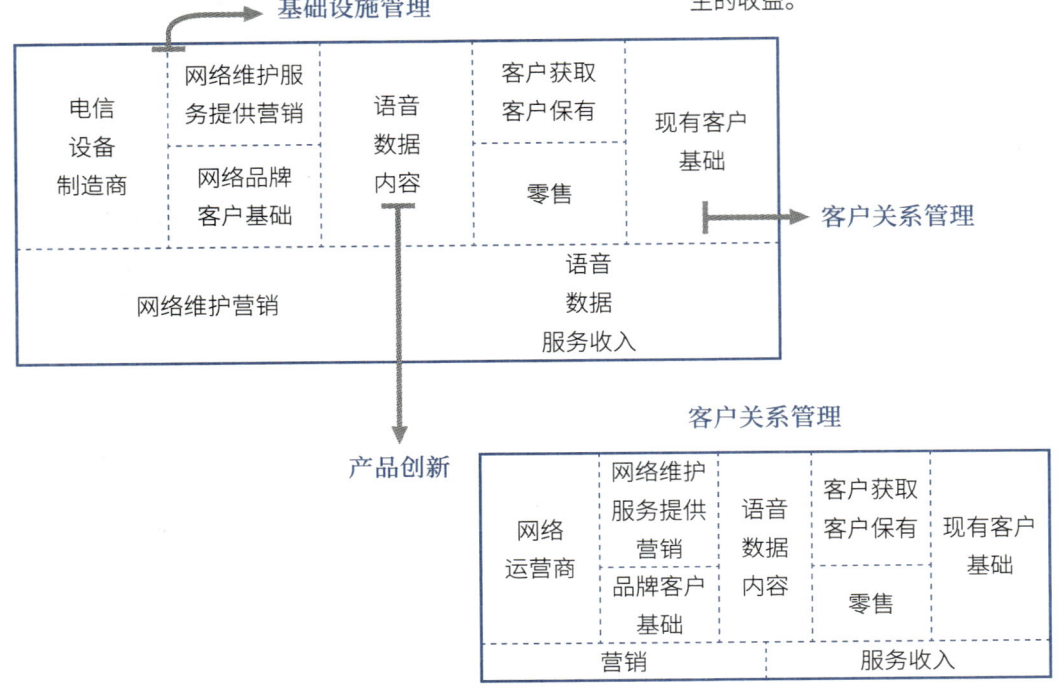

设备生产商： 中国电信、中国移动等通信企业已将它们的部分网络运营及维护业务外包给华为、中兴等设备生产商。设备生产商可以做到以更低的成本运行网络，因为它们可以同时为多个运营商提供服务，从而享受规模经济产生的收益。

减负后的运营商： 将基础设施管理业务减掉后，运营商得以更专心地聚焦品牌管理以及客户细分群体和服务。客户关系管理包括它的关键业务资产和核心业务。运营商专注于客户并增加现有客户的购买量，利用多年来的投资获取和维系客户。

内容提供商： 对于减负后聚焦产品或服务创新的运营商而言，它们可以转向更小的创新型企业。产品开发需要创新型人才，对吸引这类人才而言，规模小且有活力的组织通常做得更好。运营商与多个第三方合作的运营模式保证了不断有新的技术、服务和媒体内容补充进来，如地图、游戏、视频和音乐。

图 7-9 移动通信企业的业务分拆

二、长尾式商业模式

长尾式商业模式（图7-10）致力于提供相当多种类的小众产品，其中，每个种类的销售量相对较少，但将这些小众产品的销售收入汇总，所得收入可以像传统商业模式的销售收入一样可观。它不同于传统商业模式，不是以销售少数的明星产品而负担起绝大部分的收益。长尾式商业模式要求企业用低库存成本和强大的平台以保证小众商品能够及时被感兴趣的消费者获得。

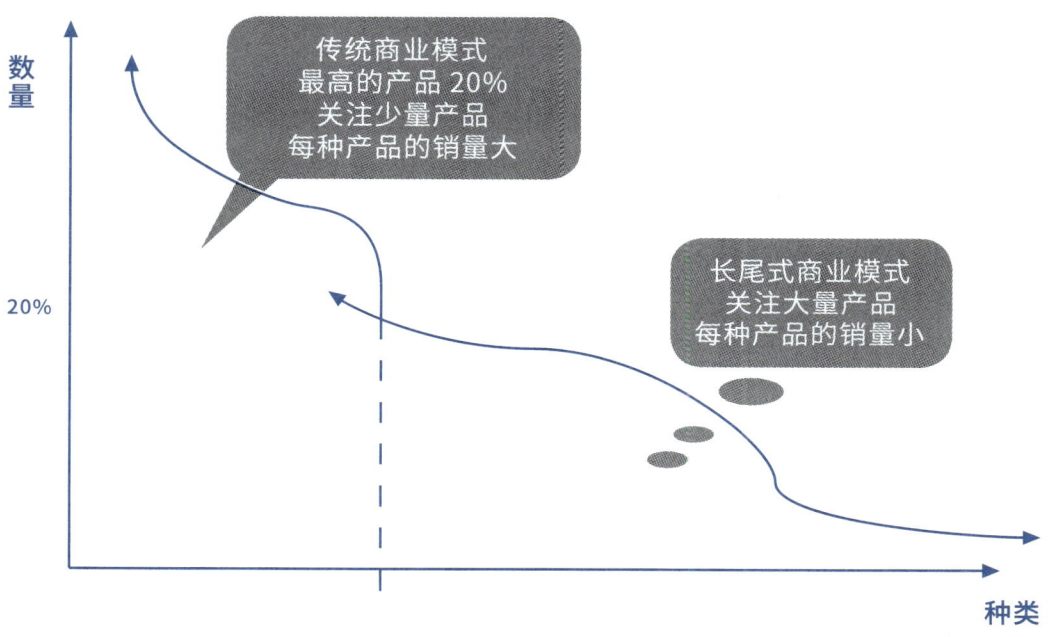

图7-10　长尾式商业模式

长尾式商业模式的核心：多样少量。

长尾式商业模式的存在条件：使得小众需求的买家易于获得产品，产品的库存成本较低并有强大的商品平台。

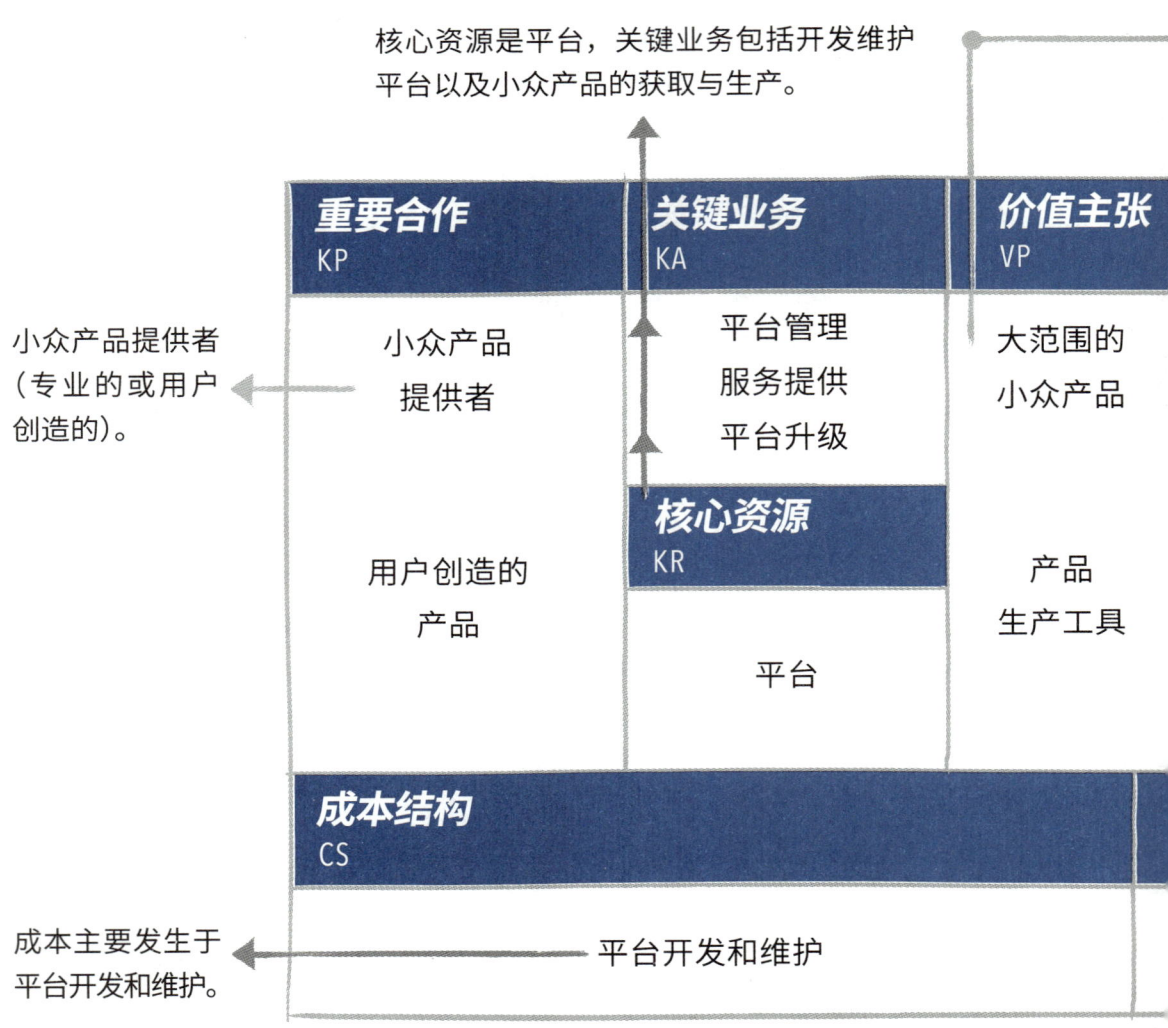

核心资源是平台，关键业务包括开发维护
平台以及小众产品的获取与生产。

小众产品提供者
（专业的或用户
创造的）。

成本主要发生于
平台开发和维护。

图7-11　长尾式商业模式画布

特点是提供宽范围的非热销品，这些产品可以与
热销品共存。长尾式商业模式可能也会建立在用
户创造产品上，同时促进这些产品的开发。

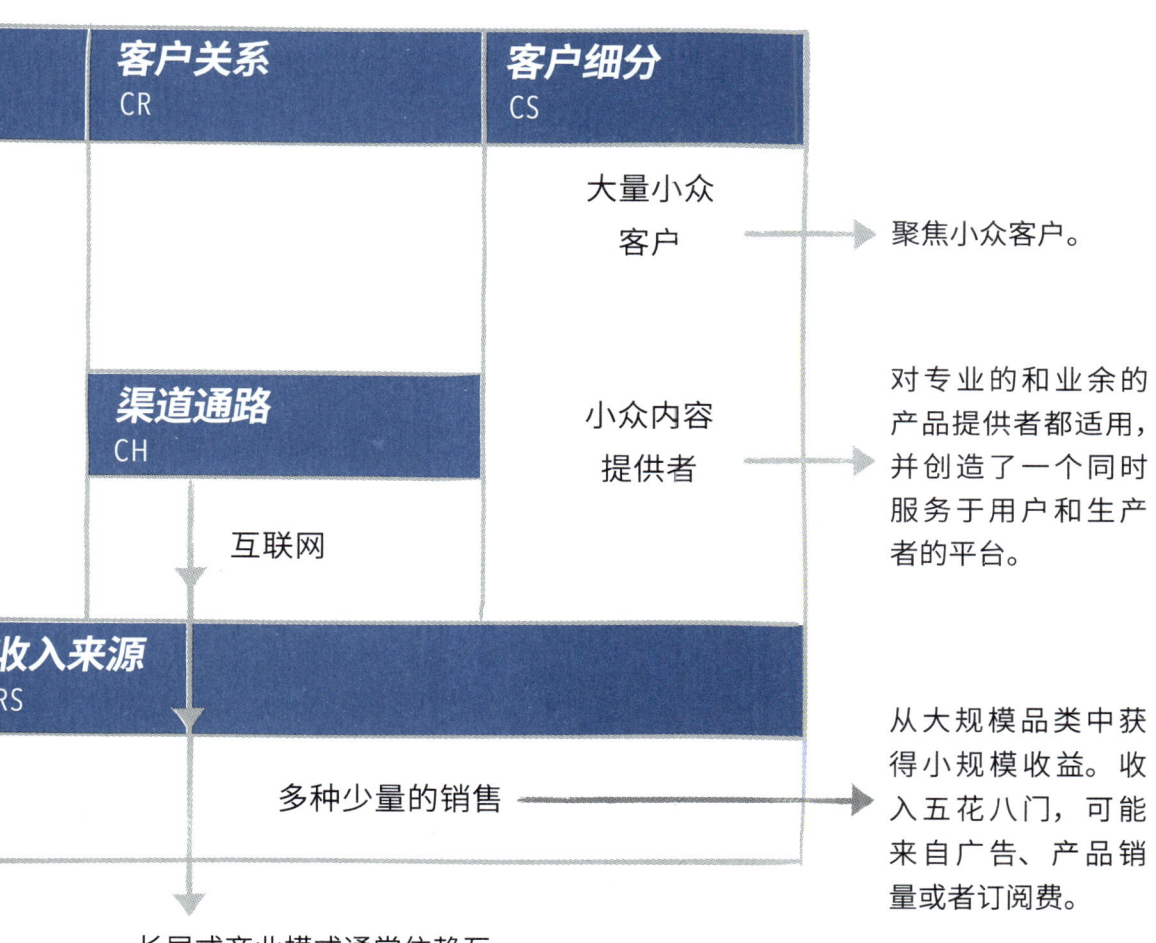

聚焦小众客户。

对专业的和业余的
产品提供者都适用，
并创造了一个同时
服务于用户和生产
者的平台。

从大规模品类中获
得小规模收益。收
入五花八门，可能
来自广告、产品销
量或者订阅费。

长尾式商业模式通常依赖互
联网维护客户关系或作为渠
道通路。

【案例分享】

【案例1】乐高工厂的商业模式画布

丹麦玩具公司乐高自1949年开始生产拼接积木，如今已蜚誉全球。该公司已陪伴了几代儿童的成长，并围绕太空站、海盗和中世纪等主题发布了数千套积木组合。2005年，乐高公司开始尝试用户定制套装，推出"乐高工厂"（图7-12），用户可以根据自己的创意对乐高套装进行组合并完成在线订购。用户通过使用"LEGO数字设计"软件，用积木创造并设计自己的车辆、建筑和人物，有数以千计的元件可供选择，乐高将被动的用户变成了乐高设计体验的主动参与者。除了帮助用户设计他们自己的乐高套装外，"乐高工厂"也在线销售来自用户设计的套装。

乐高＋乐高用户可以自己设计并完成在线订购＝乐高工厂；乐高工厂＋乐高允许用户在线发布并销售自己设计的套装＝乐高用户目录。

重要合作 KP	关键业务 KA	价值主张 VP	客户关系 CR	客户细分 CS
设计全新乐高产品并把它们发布到网上的用户，成为（乐高）产生内容和价值的关键伙伴	乐高需要提供和管理平台及物流（服务），允许可以包装和交付客户定制的乐高（积木）套装 **核心资源 KR** 乐高还没有完全调整它的资源和业务，这些主要是为大众市场做优化的	乐高通过将用户引入设计过程，拓展自己的产品线	乐高工厂为用户建立了一个长尾社区，这些用户都对利基内容真正感兴趣并想（通过自己的设计）超越成品零售（玩具）套装 **渠道通路 CH** 乐高工厂的存在很大程度上依赖网络渠道	成千上万个新的用户设计的（玩具）套装成为乐高标准积木套装的完美补充。乐高工厂把用户连接在一起，创作着用户化的设计。乐高工厂成为一个用户间匹配的平台，同时也提高了收入

成本结构 CS	收入来源 RS
乐高工厂利用了在传统零售模式中已经引发了的生产和物流成本	乐高工厂的目标是从大量用户设计的（玩具）套装中产生一些小收入，这是对传统大批量零售收入的重要补充

图7-12 乐高工厂的商业模式画布

【案例2】宝洁公司多品牌战略

单一品牌延伸策略有利于企业形象的统一，资金、技术的集中，减少营销成本，易于被顾客所接受，但单一品牌不利于产品的延伸和扩大，且单一品牌一荣俱荣、一损俱损。而多品牌虽然运营成本高、风险大，但是灵活，也有利于市场细分。

宝洁公司没有任何一种固定产品和商标，而是根据市场细分将产品分为洗发、护肤、口腔护理等几大类，每个产品线各自以品牌为中心进行运作。在中国市场上，香皂品牌用的是"舒肤佳"、牙膏品牌用的是"佳洁士"，卫生巾品牌用的是"护舒宝"，洗发水品牌有"飘柔""潘婷""海飞丝"等，洗衣粉品牌有"汰渍""碧浪"等。多个品牌的频频出击，使宝洁公司在顾客心目中树立起实力雄厚的形象。

三、多边平台式商业模式

多边平台式商业模式（图7-13）将两个或两个以上的独立但相互依存的客户群体连接在一起。在这样的商业模式下，平台中某一群体的价值在于平台中其他客户群体的存在，平台通过促进不同群体间的互动而创造价值。一个多边平台的价值提升在于它所吸引的用户数量的增加，这种现象被称为网络效应。

重要合作 KP	关键业务 KA	价值主张 VP	客户关系 CR	客户细分 CS
	平台管理、服务提供和平台推广	1. 吸引用户群组，即客户细分群体；2. 作为客户细分群体间的媒介；3. 在平台上通过渠道化的交易降低成本		拥有两个或两个以上的客户细分群体，每个客户细分群体有其自己的价值主张和收入来源，并且每个客户细分群体之间都是相互依存的
	核心资源 KR		**渠道通路 CH**	
	平台			

成本结构 CS	收入来源 RS
客户细分群体的获取、平台的开发和维护	每个客户群体都产生不同的收入来源，某类客户群体可通过其他客户群体的收入补贴来降低价格，选择哪个客户群体来补贴是定价决策的关键

图7-13 多边平台式商业模式画布

【案例分享】

苹果公司的多边平台式商业模式

苹果公司的商业模式（图7-14）创新颠覆了整个行业，苹果公司成功的秘密在于它致力将最好的软件装在最好的硬件里。从价值主张来看，苹果公司善于将先进的技术、合适的成本和出众的营销技巧相结合，在合适的时机将合适的技术以最适合消费者体验的方式设计出来，从而取得了成功。从收入来源来看，苹果公司依靠硬件产品销售来获得一次性的高额利润，同时依靠内容销售来获得用户重复性购买的持续性利润，两种盈利方式相互加强，形成良性循环。在牢牢掌控核心资源和能力后，其对内开放，对外封闭，使苹果公司自成一体，进攻性和防御性都很强。从核心资源来看，苹果公司拥有一大批业界领先、执着创新、要求完美主义的产品设计和开发人员，还曾拥有属于这个时代的、出类拔萃的，集技术、艺术和战略才华于一身的 CEO 乔布斯。从关键流程来看，鼓励创新的公司制度、企业文化和研发管理工作确保苹果公司的产品创新具有可复制性和扩展性，使得苹果公司能够不断地开辟新的产业领域，并将自己的创新商业模式复制到这些领域。

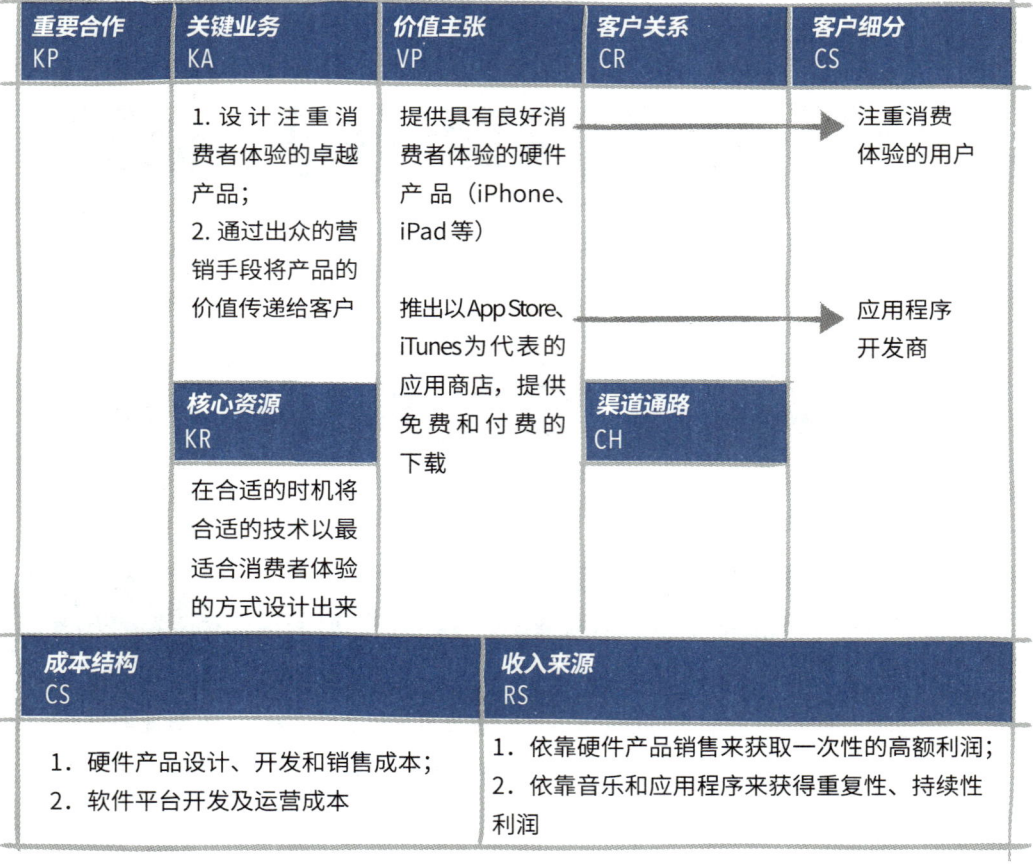

图7-14　苹果公司的商业模式画布

多边平台式商业模式的精髓在于打造一个完善的、成长潜能强大的生态圈，它拥有独树一帜的精密规范和机制系统，能有效激励多方群体之间的互动，达成平台企业的愿景。平台生态圈里的一方群体，一旦因为需求增长而壮大，另一方群体的需求也会随之增长。如此一来，一个良性循环机制便建立了。通过此平台交流的各方也会促进对方企业的壮大和增长，从而达到战略目的。

四、免费式商业模式

在免费式商业模式（图7-15）中，至少有一个关键的客户群体可以持续免费地享受服务。新的商业模式使得免费提供服务成为可能，不付费的客户所得到的财务支持来自免费式商业模式中的另一个客户群体。

重要合作 KP	关键业务 KA	价值主张 VP	客户关系 CR	客户细分 CS
	平台管理 免费提供基础服务	免费的基础服务 增值服务	必须实现自动化处理 能处理大量免费客户	大量免费客户
	核心资源 KR 平台		**渠道通路 CH**	

成本结构 CS	收入来源 RS
平台开发和维护的固定成本 免费客户的边际成本 增值服务成本	免费客户转化为增值服务客户的收入

图7-15 免费式商业模式画布

【案例分享】

奇虎360公司的商业模式

奇虎360公司（图7-16）创立于2005年，是中国排名领先的网络安全品牌，致力提供高品质的网络免费安全服务，旗下拥有360安全卫士、360杀毒、360安全浏览器、360保险箱、360手机卫士等一系列深受用户好评的产品。奇虎360公司的商业模式可分为四层：第一层为核心免费产品服务层，第二层为奇虎360两大基础平台——浏览器平台与360应用开放平台，第三层为奇虎细分服务层，第四层为最终盈利变现层。那么，奇虎360公司如何实现盈利呢？奇虎360公司从创立至今，先后开发出四大收入来源，它们分别是：捆绑第三方杀毒软件分成收入、软件管家的第三方软件下载佣金收入、安全浏览器的网址导航收入、游戏浏览器的第三方游戏分成收入。其中，前两项是奇虎360公司创业早期的主要收入来源，但是自奇虎360公司于2009年推出免费杀毒功能以后，其第三方杀毒软件分成收入目前基本萎缩，而软件管家的下载佣金收入由于市场规模本身就不大，在奇虎360公司收入结构中的占比也日益缩小。目前在奇虎360公司的四大收入来源中，绝大部分由后两项贡献，即网址导航和游戏分成收入。

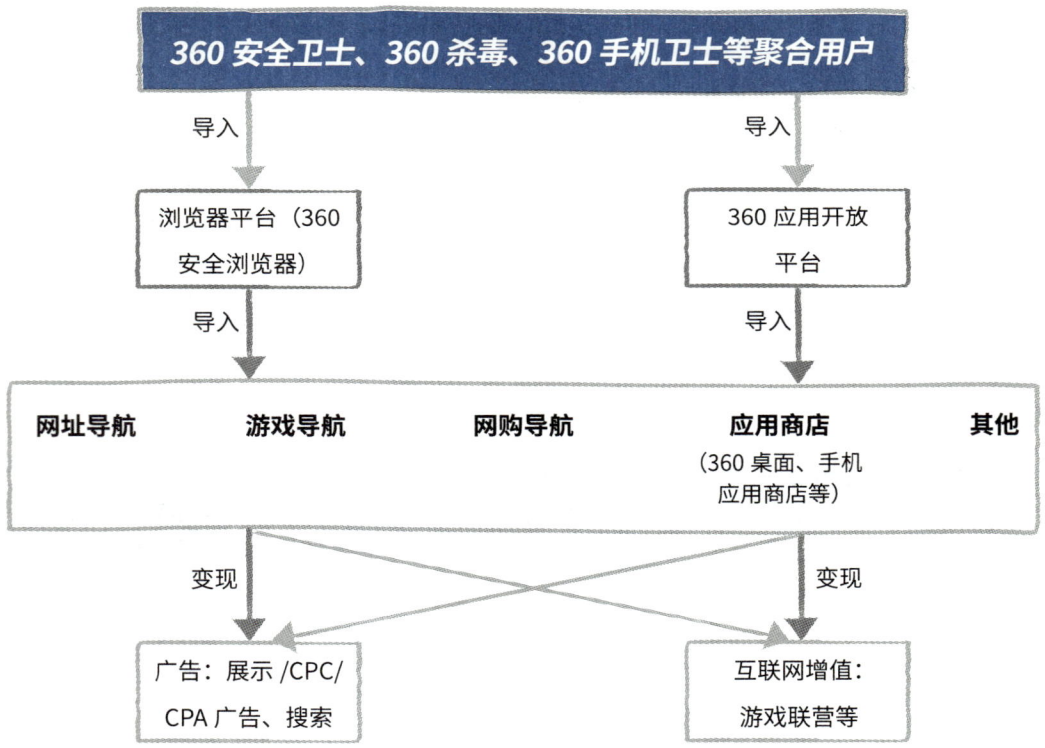

图7-16　奇虎360公司的商业模式画布

五、开放式商业模式

开放式商业模式可以用于那些通过与外部伙伴系统性合作来创造和捕捉价值的企业。开放式商业模式可以是"由外到内",即将外部的创意引入企业内部;也可以是"由内到外",即将企业内部闲置的创意和资产提供给外部伙伴。

【案例分享】

诺基亚公司(图7-17)的手机业务虽然大不如前,但仍然掌握着大量的手机核心专利。利用这些专利,诺基亚公司每年至少可以从苹果、三星、微软等公司获得5亿多欧元的专利费。2018年,诺基亚公司获取的专利费达6亿欧元。

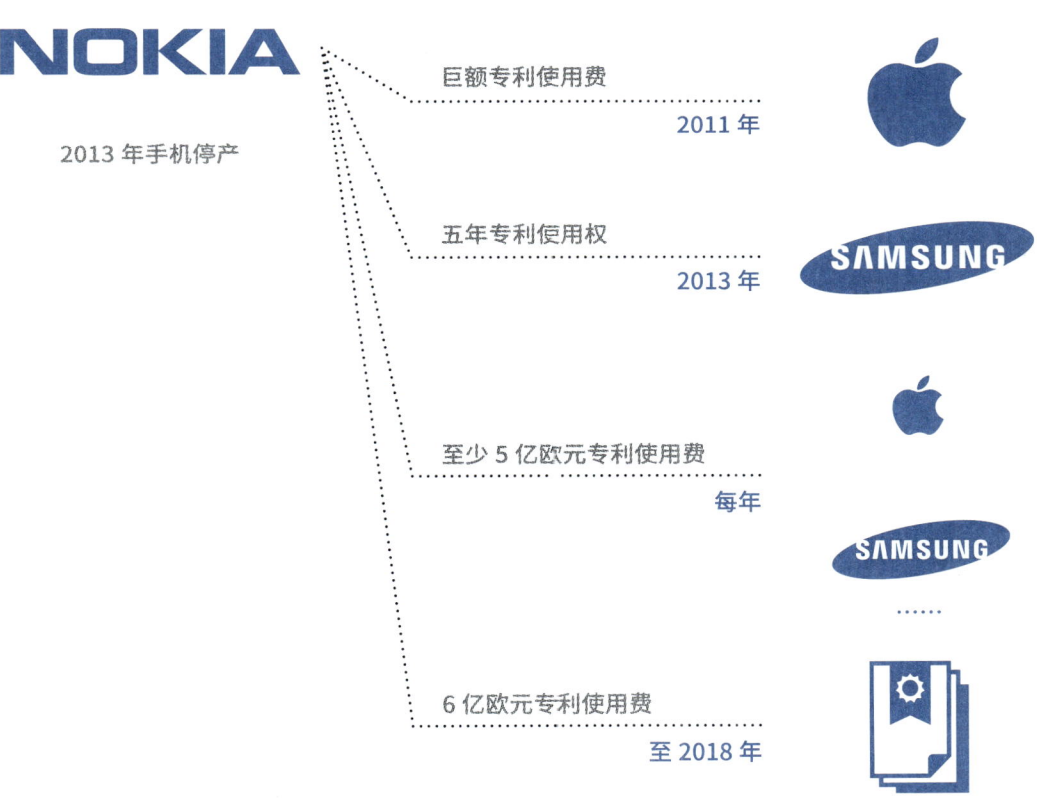

图7-17 诺基亚公司的商业模式画布

借助外部知识，需要将外部实体和内
部业务流程及研发团队联系在一起的
专门的业务活动。

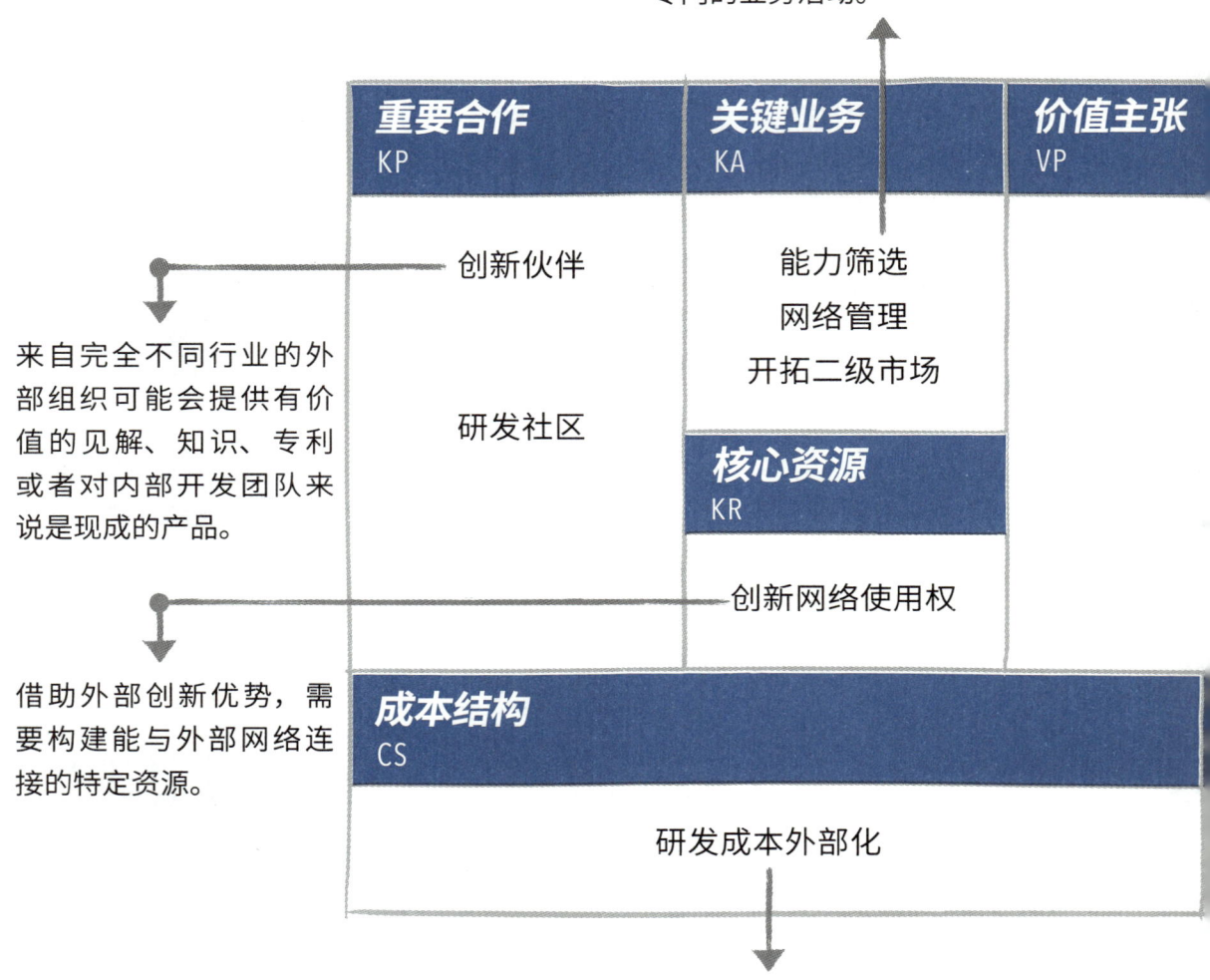

重要合作 KP	关键业务 KA	价值主张 VP
创新伙伴	能力筛选 网络管理 开拓二级市场	
研发社区	**核心资源** KR	
	创新网络使用权	

来自完全不同行业的外
部组织可能会提供有价
值的见解、知识、专利
或者对内部开发团队来
说是现成的产品。

借助外部创新优势，需
要构建能与外部网络连
接的特定资源。

成本结构 CS

研发成本外部化

从外部资源获取来的创新花费成本，通过基于外
部已创建的知识和高级研究项目基础上的研发，
企业可以缩短产品上市的时间，并提高内部研发
的效率。

图 7-18　由外到内的开放式商业模式画布

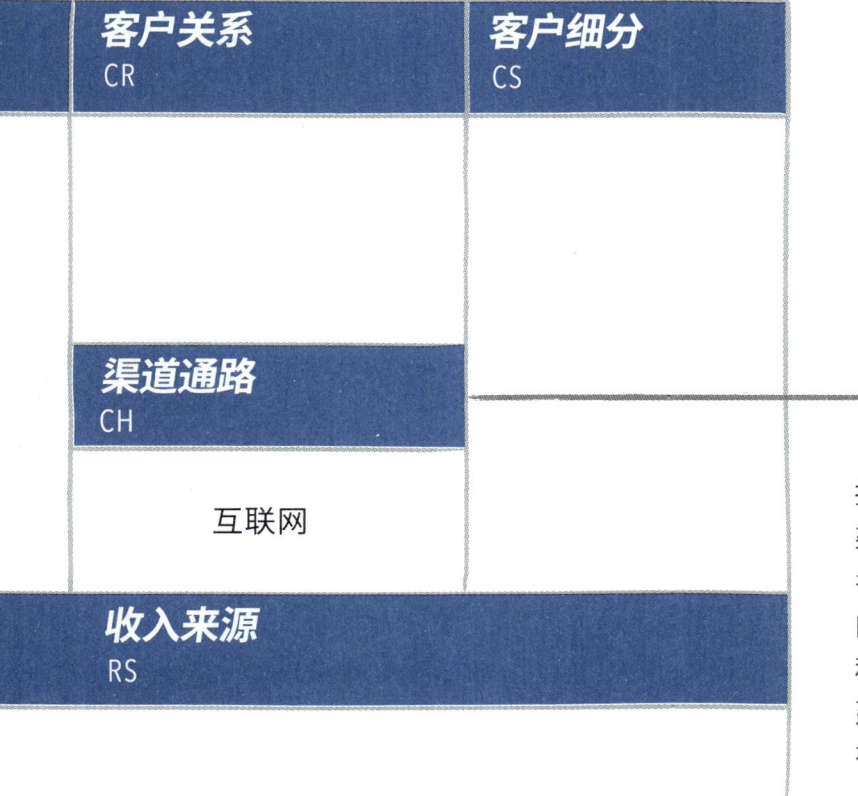

拥有强势品牌、强大分销渠道和良好客户关系的知名公司，非常适合由外到内的开放式商业模式。这种方式可以让它们通过构建外部资源创新来挖掘现有客户关系的价值。

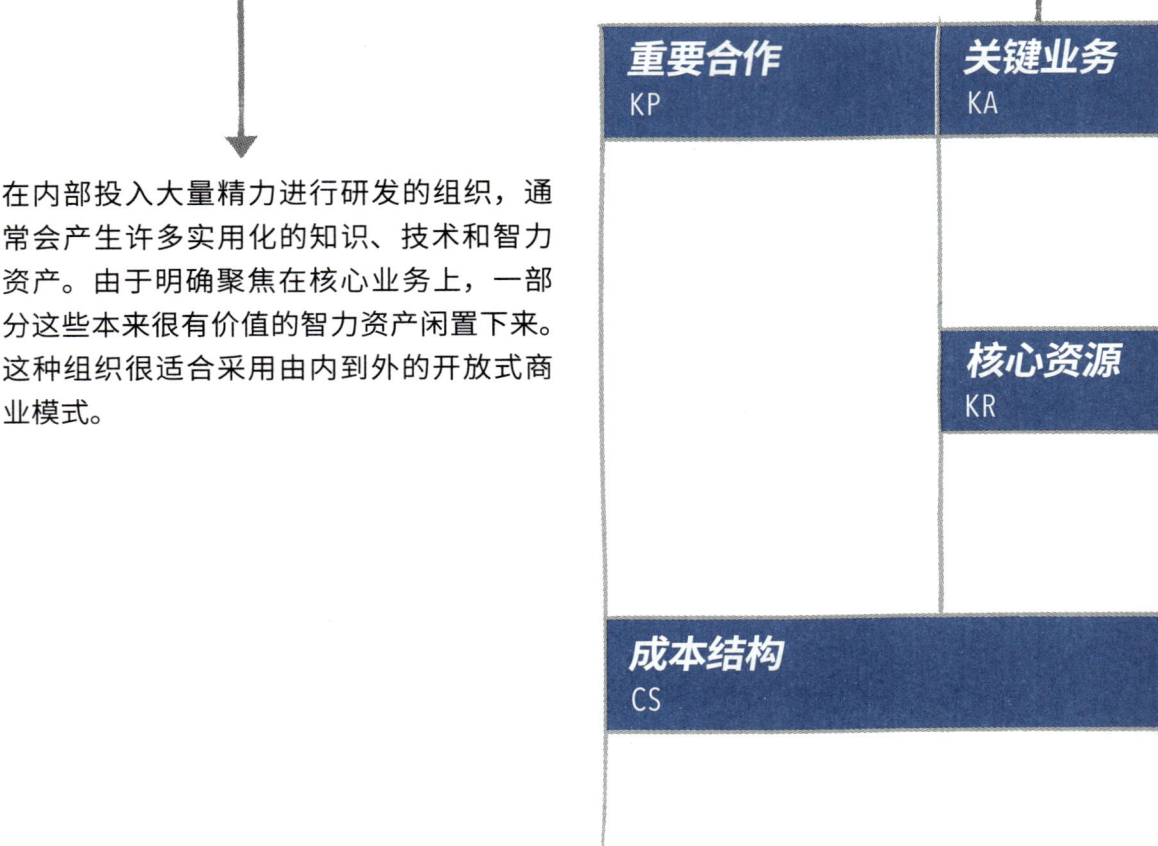

在内部投入大量精力进行研发的组织，通常会产生许多实用化的知识、技术和智力资产。由于明确聚焦在核心业务上，一部分这些本来很有价值的智力资产闲置下来。这种组织很适合采用由内到外的开放式商业模式。

图7-19　由内到外的开放式商业模式画布

允许其他公司利用本公司闲置的
内部创意，企业可以轻松增加额
外的收入来源。

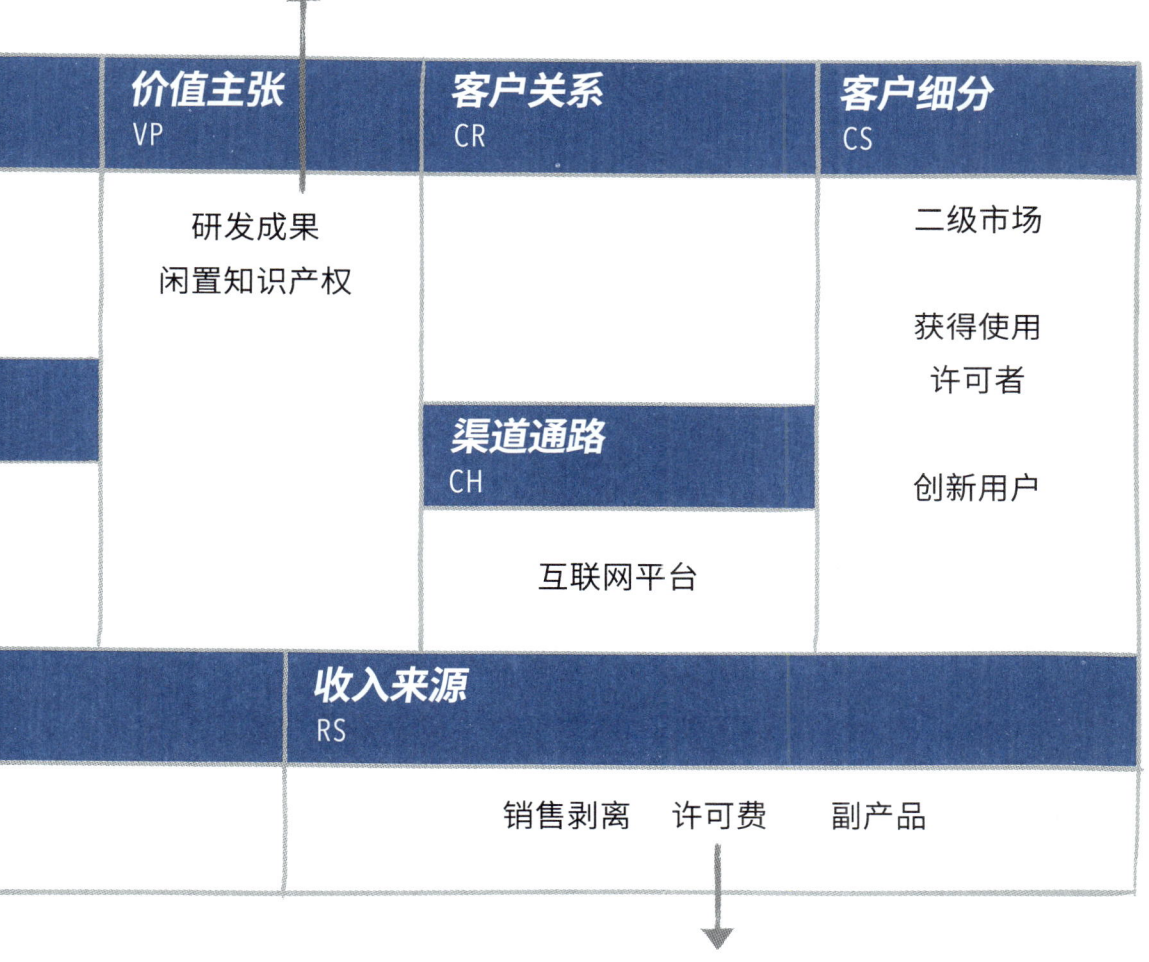

价值主张
VP

研发成果

闲置知识产权

客户关系
CR

渠道通路
CH

互联网平台

客户细分
CS

二级市场

获得使用
许可者

创新用户

收入来源
RS

销售剥离　许可费　副产品

有些研发成果因为战略或运营层面的原
因而变得没有价值，但对于外部行业的
组织可能有巨大价值。

表7-3　商业模式画布小结

种类	背景	挑战	解决方案	理论依据	案例
分拆（非绑定式）商业模式	包含客户关系管理、新产品开发以及基础设施关系管理于一体的模式	成本过高，若干相互冲突的组织文化共存于同一实体中，产生不良的消长	将企业解绑，分为三个独立但互补的模式： • 客户关系管理 • 新产品开发 • 基础设施管理	信息技术以及管理工具的改善，使得不同企业独立但相互协作的商业模式获得更低的运营成本，从而消除了不良的增长	移动通信企业
长尾式商业模式	价值主体只针对最能产生利润的客户	针对利润较小的群体设置不同的价值主张，成本过高	这种新的或者附加的价值针对的是之前看来利润较小的大部分群体，小众客户群体总体而言是盈利的	信息技术以及运营管理方法的改善使得定制化的价值主张得以面向大量的新客户，并且能够以低成本实现	乐高工厂宝洁公司
多边平台式商业模式	一个价值主张只针对一个客户群体	企业无法获得潜在的客户，这些新客户对公司既有的客户群体十分感兴趣（例如，游戏开发商希望能够得到游戏机玩家客户群）	提出新的价值主张，使得一家企业的既有客户群体让人"够得到"（例如，游戏机生产商为自己的软件开发提供与游戏机用户的沟通渠道）	作为媒介以平台方式沟通两个或多个客户群体，为原有的商业模式增加收益来源	苹果公司
免费式商业模式	高价值、高成本的价值主张，只面向付费客户提供	高价格让客户望而却步	面向产生不同收益流的客户群体，提供不同的价值主张，其中一种是免费模式（或低成本模式）	用付费客户群体来补贴免费客户群体，从而吸引最大数量的客户	奇虎360公司
开放式商业模式	研发资源和关键活动都聚焦企业内部 • 理念全部来自"内部" • 成果全部用于"内部"	研发活动成本高且效率降低	内部研发资源和活动因得到外部合作者的使用而被激活，内部研发成果转化为价值主张并提供给感兴趣的客户群体	从外部渠道获得研发成果可能成本更低，并缩短产品上市的时间。将能利用的创新成果向外部销售，从而可能带来更多的收益	诺基亚公司

7.4 工作坊：绘制企业商业模式画布

一、工作坊目标

（1）助力参与者透彻理解商业模式的概念与构成要素，熟练掌握商业模式画布的绘制方法。

（2）借由对不同企业商业模式的钻研剖析，培育参与者的商业洞察力与逻辑思维能力。

（3）推动小组协作交流，提升团队合作及沟通能力，强化参与者的商业项目分析与实践能力。

二、工作坊时长

45分钟。

三、材料准备

大白纸、马克笔，每组一套（用于绘制草图）。

四、教学流程

（一）开场介绍与小组分配（5分钟）

教师介绍工作坊目的、流程和规则，着重讲解商业模式画布的九大模块。随后进行小组分配，每两个小组为一组，分别负责研究并绘制一家企业的商业模式画布，如第1、2组绘制VIPKID公司的商业模式画布，第3、4组绘制快看漫画公司的商业模式画布，第5、6组绘制世纪佳缘公司的商业模式画布，其余小组可从阿里巴巴、腾讯等企业中选择绘制其商业模式画布。

（二）企业研究与绘制商业模式画布（20分钟）

各小组借助官方网站、新闻网站、文献资料，深入研究企业的商业逻辑，总结商业模式画布的模块内容。先在大白纸上绘制草图，充分讨论完善后，再填写到正式的商业模式画布上（图7-20）。

（三）展示与点评（每组4分钟，共20分钟）

各小组推选一名代表上台，阐述对应企业的商业模式，要求模块完整、内容客观、讲述流畅。展示完毕后，其他小组提问，汇报小组作答。教师依据展示内容、回答问题情况进行点评总结；按照展示的完整性、准确性、逻辑性以及回答问题的质量等标准打分。

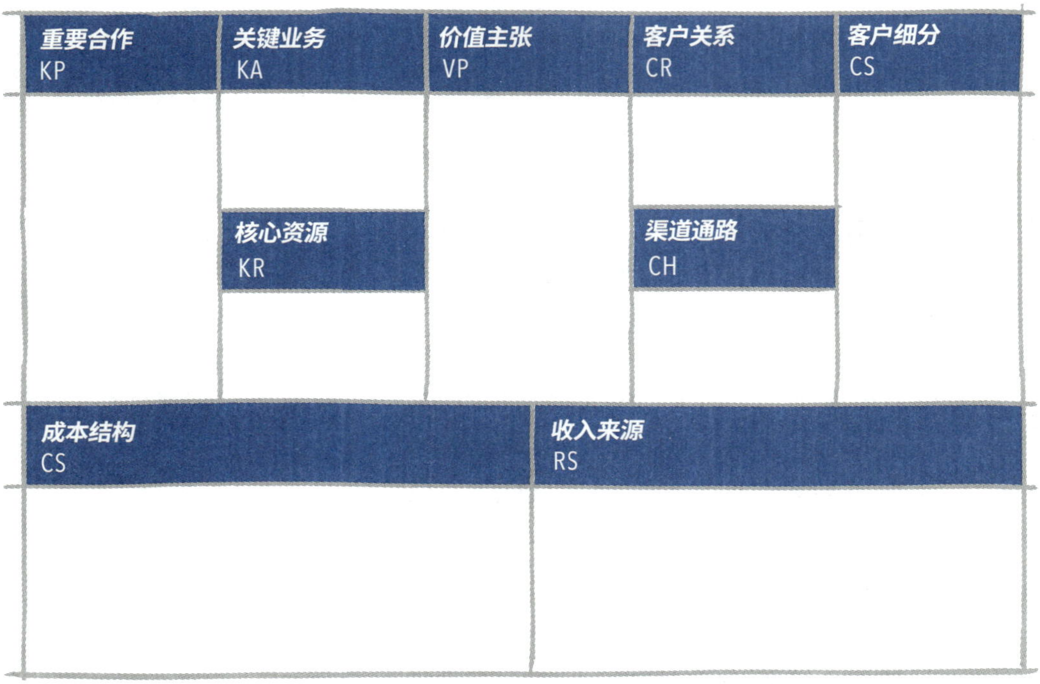

重要合作 KP	关键业务 KA	价值主张 VP	客户关系 CR	客户细分 CS
	核心资源 KR		渠道通路 CH	
成本结构 CS		收入来源 RS		

图7-20　商业模式画布

五、考核方式

（1）教师依据展示表现、回答问题情况以及商业模式画布内容的完整性和准确性进行综合评分。

（2）重点评估小组展示时对商业模式画布各模块的阐述是否清晰准确，小组对问题回答是否合理全面，以及商业模式画布是否精准反映企业的商业逻辑。

六、注意事项

（1）提醒参与者查阅资料时留意信息的真实性和可靠性。

（2）引导小组在讨论和展示环节积极互动，尊重不同的观点和意见。

7.5 工作坊：创业项目商业模式画布设计

一、工作坊目标

（1）引导团队基于已有商业项目，运用理论方法设计创新且可行的商业模式，掌握商业模式画布的绘制技巧。

（2）通过展示与交流，提升团队表达、问题解决及应变能力，培养商业思维与竞争意识。

（3）促进团队间的交流学习，深化对商业模式的理解与实践，为未来创业项目奠定基础。

二、工作坊时长

50分钟。

三、材料准备

大白纸、马克笔，每组一套（用于绘制草图）。

四、教学流程

（一）开场介绍（5分钟）

教师介绍工作坊目的、流程和规则，快速回顾商业模式画布的九大模块及理论方法，强调设计要点和创新思路。

（二）设计并绘制商业模式画布（20分钟）

各团队基于商业项目，运用理论设计并绘制商业模式画布。先在大白纸上绘制草图，讨论优化，确保具备商业闭环与盈利能力，有独特价值、契合客户需求，解决痛点。将结果填到商业模式画布上（图7-21），准备答辩。

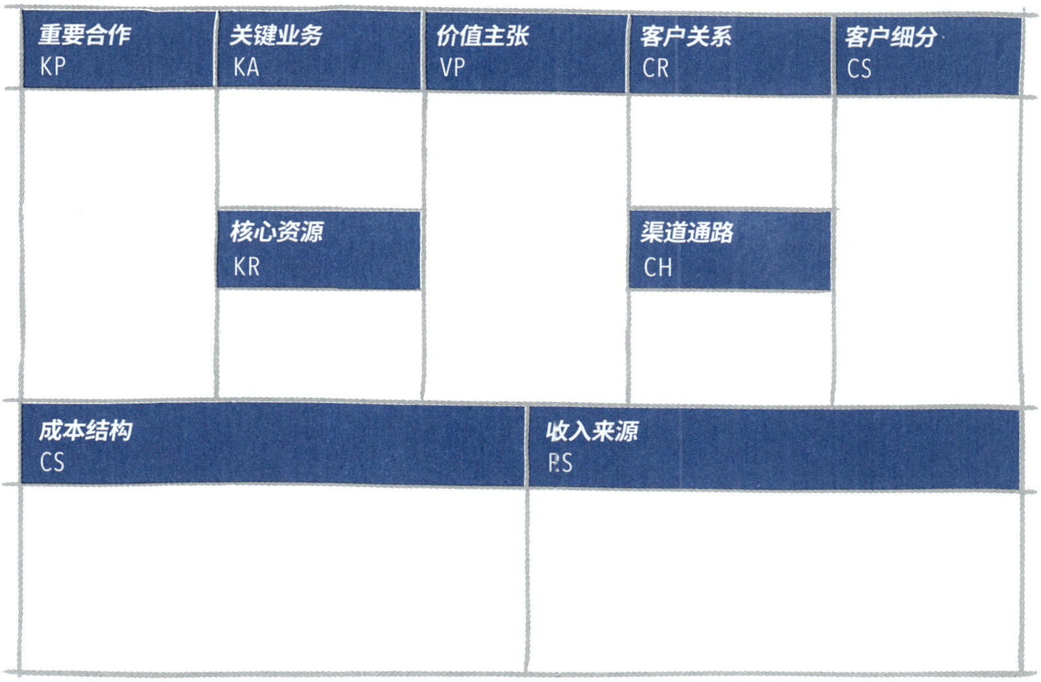

重要合作 KP	关键业务 KA	价值主张 VP	客户关系 CR	客户细分 CS
	核心资源 KR		渠道通路 CH	

成本结构 CS	收入来源 R.S

图7-21　商业模式画布

（三）路演展示与交流（20分钟）

团队依次展示商业模式画布，推选代表陈述，清晰描述项目，突出关键模块。展示后师生提问，团队回答。教师依据商业闭环与盈利能力（30%）、独特价值与创新性（30%）、陈述与回答问题（40%）的指标评分（表7-4）。

表7-4　商业模式评价指标

项目	商业闭环与盈利能力	独特价值与创新性	陈述与回答问题	汇总
标准	具有可行性且能够赚钱	有创新，契合客户需求，解决客户痛点	描述项目清晰易懂，回答问题流畅	
权重	30%	30%	40%	100%
评分				

（四）总结与点评（5分钟）

教师总结各团队表现，分析商业模式的优缺点，强调成功要素和常见问题。鼓励团队持续优化，表扬优秀团队，给存在问题的团队提出改进建议。

五、考核方式

（1）教师根据商业模式画布内容、展示陈述及回答问题情况进行综合评分。

（2）严格按照评价指标权重打分，保证公平客观。

六、注意事项

（1）提醒团队设计时发挥创新思维，结合市场和自身优势，避免跟风抄袭。

（2）引导团队展示和答辩时积极互动，尊重不同观点，营造良好氛围。

【思考题】

1. 什么是商业模式？商业模式的作用是什么？

2. 商业模式画布由哪几个模块构成？

3. 常见的商业模式有哪几种？

4. 什么是商业模式画布？如何绘制一个创业项目的商业模式画布？

8 商业计划书

《礼记·中庸》中说："凡事预则立，不预则废。"做任何事情，如果事前有好的准备就可能成功，没有准备就可能失败。创业作为一项最具挑战性的事情，更应提前规划，形成具体的方案——商业计划书。

商业计划书作为一种重要的创业工具，对于那些致力创业的创业者或者已经在经营企业的企业家具有重要意义。一方面，商业计划书可以帮助企业设计一份蓝图，供执行战略和规划方案时使用，让团队站在更宏观的高度去思考企业的发展。另一方面，商业计划书是企业内部向外推荐企业的一种最好的方式，有利于帮助企业获取创业资源。

本章首先给出了商业计划书的定义，接着分析了为什么要写商业计划书以及如何撰写商业计划书，如何制作项目展示视频，并对路演与答辩的注意事项进行了阐述。

【导读图谱】

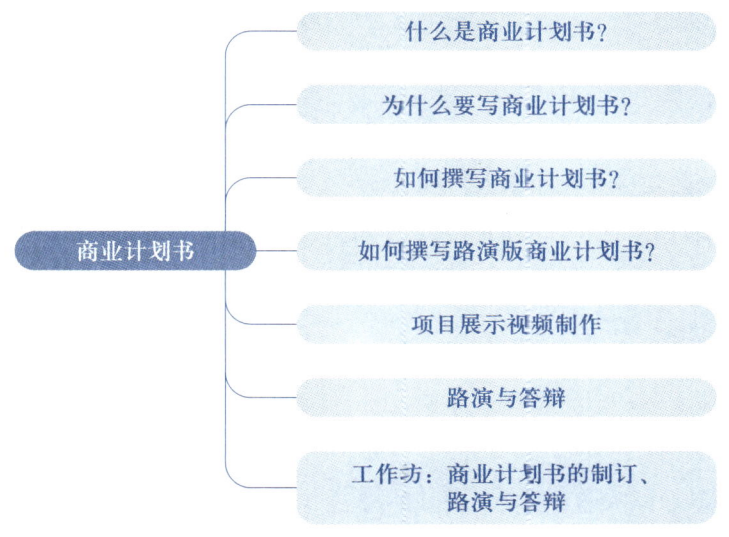

商业计划书
- 什么是商业计划书？
- 为什么要写商业计划书？
- 如何撰写商业计划书？
- 如何撰写路演版商业计划书？
- 项目展示视频制作
- 路演与答辩
- 工作方：商业计划书的制订、路演与答辩

8.1　什么是商业计划书?

商业计划书（business plan，BP），是企业或创业项目为了达到招商融资、寻求战略伙伴、投资决策和其他发展目标，根据一定的格式和内容要求而撰写、整理的一份向受众全面展示公司和项目的目前状况、投资与回报、未来发展潜力的书面材料。

一般的商业计划书是以投资人或相关利益方为目标阅读者，从而说服他们对项目进行投资或合作。商业计划书是一份全方位描述创业项目发展的文件，是创业企业经营者素质和能力的体现，也是企业能否拥有良好融资能力、实现跨越式发展的重要条件之一。一份完备的商业计划书，不仅是企业成功融资的关键因素，而且是企业一切经营活动的蓝图与指南，是企业的行动纲领和执行方案。

任何一份商业计划书都必须仔细审视并分析描述企业目标，所处的产业和市场，能够提供的产品或服务等，可能遇到的竞争对手的管理和其他资源，如何满足顾客的要求，长期优势以及企业的基本财务状况和财务预测。商业计划书没有绝对固定的格式模板，需要根据项目的具体特点或者具体用途进行梳理。

【案例分享】

1996 年，张朝阳凭借自己的执着和对国外互联网公司的透彻研究，以一份商业计划书成功融资 18.5 万美元，走上了创业成功之路。

2000 年，马化腾拿着一份改了 6 个版本、20 多页的商业计划书，凭借早期 QQ 的 400 万用户数量，从美国国际数据集团和盈科数码公司拿到了 220 万美元的风险投资。

8.2 为什么要写商业计划书?

一、厘清项目逻辑，明确创业思路，构建高效管理团队

商业计划书是创业者商业发展思路的集中体现，其中包含了创业者的商业逻辑，展现了一个企业的需求、市场、行业、产品、团队、未来规划等信息，能够帮助创业者提炼和梳理创业思路。撰写商业计划书，会迫使创业者把想法落到实处，检查自己的创业项目构思是否可行；帮助创业者改正不切实际的想法，降低试错的成本；能够让创业者加深对商业核心节点的记忆，如市场竞争、解决方案等。

商业计划书描绘企业蓝图，反映创业者的理想，激发创业团队对未来的信心，明确自己的角色和应履行的职责，吸引人才，有利于创业者凝聚团队成员，提升创业管理效率。

二、促进创业项目推广，吸引客户青睐

对创业项目本身而言，创业者撰写商业计划书的过程，实际上也是对其进行全面包装与宣传的过程。一份精心策划的商业计划书，能够清晰、生动地展现项目的核心价值、独特卖点以及市场定位，从而有效吸引潜在客户的注意。它不仅详细阐述了产品或服务如何满足市场需求、解决客户痛点，还通过市场分析、与竞争对手对比等内容，增强了项目的可信度和吸引力。

此外，商业计划书还可以作为项目推广的重要工具，在各类展会、路演、论坛等场合中向目标客户、合作伙伴及行业专家展示项目亮点，促进合作意向的达成。通过精准的目标市场定位和有效的营销策略，商业计划书能够助力项目快速打开市场，赢得客户的青睐与信任。

三、分析投资潜力，赢得行业资源

对创业者而言，商业计划书的主要目的之一是获得投资资金，创业者把公司和项目的优势、潜力、运营思路、商业模式等完美地展现给投资者，从而获得风险投资商的青睐。风险投资商通过股权、债权的方式投入资金，最终退出企业资本体系，获得高额回报。一份完备的商

业计划书是企业融资过程中不可或缺的文件。作为资金的"敲门砖"，商业计划书是企业成功融资的关键因素。

投资，不仅是投入资金，更是投入资源。如果商业计划书能够获得有关人士青睐，就可以架起与风险投资人之间的桥梁，起到实现创业者与投资人预沟通的作用；投资人通过商业计划书能充分了解创业项目的相关信息，便于作出投资决策。如果投资人对创业项目有兴趣，双方可以面谈，投资人就可以对创业项目进行更加有针对性地提问；如果投资人认为创业项目有不合适之处，也可以更好地给出理由，比如团队力量不强、产品研发不足、投资方向不匹配等。

8.3 如何撰写商业计划书？

商业计划书一般包括十个模块，如图8-1所示。

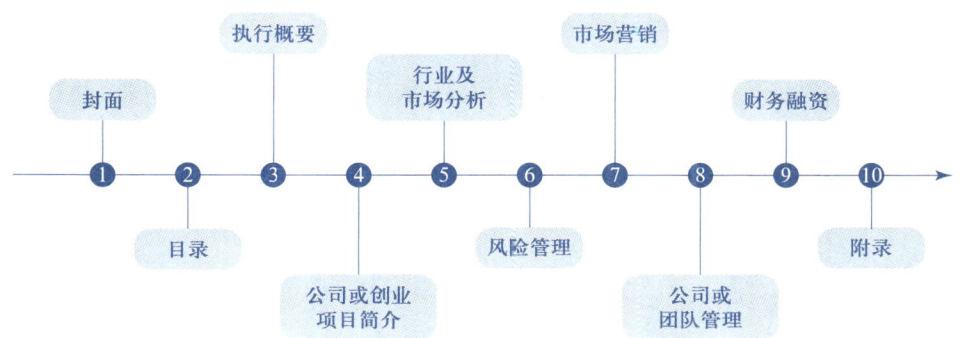

图8-1 商业计划书的内容框架

一、封面

封面是商业计划书的门面，项目团队要精心设计，同时兼顾内容的准确表述，做到"内外兼修"。封面主要包括项目名称及标志，如果是参赛项目，还应包括学校名称及校徽、参赛项目名称及标志、项目类别、项目组别、公司名称、联系方式、日期等内容。

二、目录

目录可以帮助读者或投资人了解商业计划书的所有内容。与封面一样，目录既要兼顾内容准确无误，又要适当美化。

三、执行概要

执行概要是对整个商业计划书的高度凝练，涵盖商业计划书的全部要点，主要包括创业项目背景、产品服务、市场营销、财务融资等内容。

写作建议：站在读者的角度撰写，要求逻辑清晰、内容简洁、视觉美观，一般控制在 1～2 页。

四、公司或创业项目简介

公司或创业项目简介主要阐述整个公司或创业项目的情况，包括公司或创业项目发展历程、文化、机构、优势、社会认可、产品或服务的内容、核心竞争力、技术壁垒等内容。

写作建议：简洁明了，尽量使用图示，避免大段的文字叙述。

五、行业及市场分析

行业及市场分析是对公司或创业项目运营环境的整体分析，主要包括市场环境分析、市场需求分析、市场竞争分析、市场前景分析等内容。

写作建议：需要明确行业和市场的边界，内容要聚焦，与公司或创业项目本身息息相关，竞争分析要客观选取对比指标。

六、风险管理

风险管理是对整个公司或创业项目运营过程可能遇到的风险进行分析，并提出相应对策。

写作建议：直接写明存在什么风险和具体对策。

七、市场营销

市场营销主要阐述如何将产品或服务提供给消费者，是商业计划书的重要部分，主要包括目标市场、目标客户、盈利模式、营销策略、运营现状等内容。

写作建议：精准定位目标客户，区分目标用户与目标客户，确定公司或创业项目的业务构成及盈利模式，找到适合自己项目的营销策略，多角度阐述运营现状。

八、公司或团队管理

公司或团队管理主要包括团队建设（核心成员、专家顾问等）、人力资源管理（员工招聘、培训、薪酬、合同等）、发展规划等内容。

写作建议：分条介绍核心成员，突出核心优势，分阶段阐述公司发展规划。

九、财务融资

　　财务融资部分是对创业项目未来的财务与融资情况进行预测与规划，主要包括融资需求及用途、资金应用、财务预测、财务报表、财务指标等内容。

　　写作建议：写出未来1年的融资情况即可，不需要写出未来3—5年的规划。融资用途及要达到的目标一定要具体，财务预测写出未来3年即可。

十、附录

　　附录主要是针对商业计划书中提及的一些关键问题提供必要的说明或佐证材料，包括营业执照、融资证明、合同、检测报告、知识产权、获奖、媒体报道等相关证明。

商业计划书示例

8.4 如何撰写路演版商业计划书?

以下给出了一个标准路演版（PPT）商业计划书的内容框架，一共包括八个模块（见图8-2）。可以结合具体案例，对路演版商业计划书有更清晰的了解。

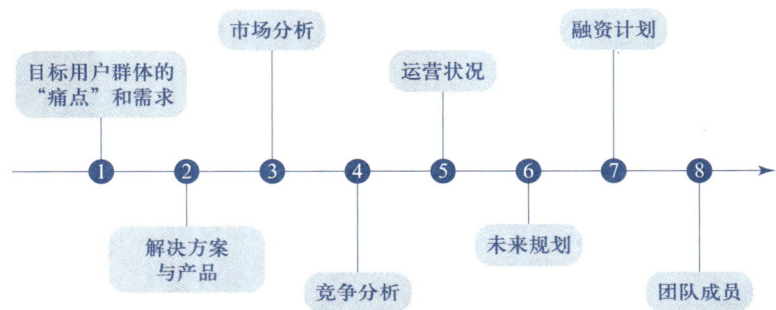

图8-2 路演版商业计划书的内容框架

一、目标用户群体的"痛点"和需求

创业一定要有"用户思维"，创业的过程就是解决用户问题的过程。商业计划书一开始就要展示在试图解决什么问题，看到了一个什么样的好机会。列出用户最重要的"痛点"并用关键词表示，表明该用户群体有此类需求（需求合理且强烈）。本部分如果用PPT呈现，内容通常为1页。

例如，如果要开一家奶茶店，那么在写商业计划书的时候就需要把这个奶茶店的用户群体及其有哪些未被满足的需求写出来。例如，用户群体对于口味的多样化需求或者价格偏好等。

二、解决方案与产品

针对目标用户群体的"痛点"和需求，怎样去解决问题？在解决方案与产品这一部分就要呈现出产品或者盈利模式是怎样的，以及项目的核心价值是什么。可以用图形矩阵的方式展示产品或者业务模式，让投资人有直观的感受。本部分宜用1～2页PPT展示。

例如，许多青年人喜欢的喜茶品牌，其核心价值就是"网红模式"。它利用"网红模式"，通过"网络＋口碑＋人们购买心理"等因素进入公众视野，相信你也会经常看到有人购买网红奶茶后再在朋友圈分享，这些都可能成为用户想要排队两个小时去购买喜茶的动力。当大家对喜茶有足够的认可和期待之后，喜茶又增加了外卖功能，进一步打开了销售渠道，迅速占领大众市场。

三、市场分析

市场分析，即项目所处的市场规模到底有多大、行业前景如何。这部分要展示出行业的现有规模以及未来的增长趋势。只有具备相当的行业规模和增长的市场，才会引起投资人的关注。市场分析需要用数据和预测来呈现，可以利用一些市场分析工具，如SWOT分析、PESTEL分析等收集各种数据信息，将市场分析因素罗列出来。本部分宜用1页PPT展示。

例如，延续之前喜茶的例子，此部分要分析展示茶饮料的市场规模和增长趋势。

四、竞争分析

竞争分析主要是为了突出产品的优势和差异化。在这个环节中，可以列出竞品ABC，并分析它们各自的优势、劣势和差异。要注意的是，这里需要呈现的不只是竞争对手的基本情况，而是要凸显出与竞争对手相比，自己的项目有哪些优势，这是投资人更关注的。本部分内容仅需1页PPT。

例如，与喜茶相似的茶饮品牌被热捧的理由，关注差异化商品。

五、运营状况

运营状况主要描述到目前为止项目的进展阶段，如产品、用户数、销售额等，要用数据来呈现。这部分内容可以向投资人传递的信息是项目的运营效率。运营状况需要1～2页PPT展示。

六、未来规划

未来规划主要展现企业对未来的规划，包括在一个时间周期内对用户数增长的预期，对销售收入的预期，以及对产品版本迭代的规划，可能还包括企业组织或者创业团队的未来发展情况。这部分的规划同时也引出了对融资的需要，可用1页PPT展示。

七、融资计划

融资计划主要呈现的是基于对未来的规划，要达到这个目标所需要的资金情况。在融资计划中，不仅需要说明企业希望融资多少，更重要的是这些资金会用在哪些方面，以及企业愿意稀释的比例大概是多少。企业要做到的不是单纯的融资，还要清晰地告诉投资人这些资金接下来会用在什么地方。本部分宜用1页PPT展示。

八、团队成员

团队成员主要介绍的是整个创业团队的核心人员，包括企业创始人或者联合创始人以及项目高管。这里需要表达两个重点：（1）创业团队的专业背景很强，并与项目相关；（2）团队成员互补契合，没有短板。只有优秀的团队，才会让投资人更加信赖。本部分宜用1页PPT展示。

通过完成上面八个模块的内容，一个路演版商业计划书就可以清晰地展示出来了。对投资人来说，基于这八个模块可以了解整个项目的概况，并作出投资决策。这八个模块有其先后逻辑顺序，且一个都不能少。有些模块如果创始人觉得是亮点，则可以放到前面，使其更加突出，如团队成员或运营状况。同时在形式方面也要注意，例如，篇幅不要太长，不超过20页，避免大段文字叙述，尽可能用图表和图形的方式来呈现。路演版商业计划书要客观，避免夸大或不切实际。

路演版商业计划书示例

【案例分享】

周鸿祎：教你打造十页完美商业计划书

第一，用几句话清楚说明你发现目前市场中存在一个什么空白点，或者存在一个什么问题，以及这个问题有多严重。例如，现在网游市场里盗号严重，你有一个产品能解决这个问题。只需要一句话说清楚就可以。

第二，你有什么样的解决方案，或者什么样的产品能够解决这个问题。你的方案或者产品是什么，提供了怎样的功能？

第三，你的产品将面对的用户群体是哪些？一定要有一个用户群体的划分。

第四，说明你的竞争力。为什么这件事情你能做，而别人不能做？例如，是你有更多的免费带宽，还是可以免费存储？这只是个比方。否则，如果这件事谁都能干，为什么要投资给你？你有什么特别的核心竞争力？有什么与众不同的地方？因此，创业的关键不在于所干事情的大小，而在于你能比别人干得好，和别人干得不一样。

第五，论证市场有多大。你认为这个市场的未来是怎样的。

第六，说明你将如何盈利。如果真的不知道如何盈利，也可以不说，或者可以老老实实地说："我不知道怎么盈利，但是中国有一亿用户会用，我觉得肯定有它的价值。"想不清楚如何挣钱没有关系，投资人比你有经验，告诉他你的产品多有价值就行。

第七，再用简单的几句话告诉投资人，这个市场里有没有其他人在做，具体情况是怎样的。不要说"我这个想法前无古人，后无来者"这样的话，投资人一听就要打个问号。有其他人在做同样的事情不可怕，重要的是你能不能对这个行业有一个基本了解和客观认识。要说实话、干实事，可以进行一些简单的优劣分析。

第八，突出自己的亮点。只要有一点比对方突出就行。刚出来的产品肯定有很多问题，因此，只要说明自己的优点在哪里。

第九，倒数第二张纸做财务分析，可以简单一些。财务分析的重点是把当下的盈利说清楚，不要预测未来数年的盈利，没有人会相信。说说未来1年或者6个月需要多少成本，以及用这些资金计划干什么。

第十，最后如果别人还愿意听下去，介绍一下自己的团队和团队成员的优秀之处，以及自己的相关经历。

8.5　项目展示视频制作

一、什么是项目展示视频

项目展示视频主要通过视频将创业项目的重点及核心内容进行罗列展示。相比文字及图片描述，视频更容易吸引评委或投资人的注意，做好项目展示视频是一个重要的加分项。

二、项目展示视频的特征

优秀的项目展示视频应该与PPT互补。例如，在视频中介绍项目背景时引入新闻联播的画面，体现项目的真实性；将复杂的技术原理制作成浅显易懂的动画；剪辑项目受到媒体报道的视频素材和专家的推荐视频等。

项目展示视频示例

- 背景干净。
- 精简凝练（时间控制在60～90秒）。
- 脚本逻辑清晰。
- 突出项目第一优势。
- 表述通俗易懂。
- 不要拍摄路演视频，不要进行PPT轮播。

三、如何制作视频脚本

制作项目展示视频的第一步就是制作视频脚本。脚本相当于电影拍摄中的剧本，它将项目思路、产品研发过程等信息记录于纸上，可以方便视频拍摄人员了解视频制作的思路，制作出合适的视频。脚本的大致内容包括项目的总体描述、项目展示的逻辑结构、每个重要节点的内容预览、文字内容清单、声音说明清单、动画描述清单、图像内容描述、视频内容描述等。

制作视频脚本一定要目标明确，让制作人明确项目思路和产品，即无需太多提示就能够根据脚本拍摄出合适的视频。因此，在视频脚本中需要明确规定视频中的文字、图形、动画、声音等内容要求，并且需要明确它们之间的关系和出现顺序等。

四、如何制作视频

制作视频有两种方式：一种是请专业视频公司制作，优点是拥有专业人员和设备，能够将项目的优点更好地具象化展示；缺点则是成本高、打磨时间较长。另一种是自己制作，优点是对项目有更好地把握，能更快地将项目优点提炼出来；缺点是如果没有一定相关的专业背景，就很容易做出比较"粗糙"的视频。这样不仅不能为创业项目加分，还有可能影响评委对创业项目的印象。值得一提的是，好的配音能够让视频如虎添翼，建议寻求专业团队制作项目展示视频。

8.6 路演与答辩

一、什么是路演

路演是指通过现场演示的方法，引起目标人群对创业项目的关注，使他们产生兴趣，从而演说或演示产品、推介理念，向他们推广自己的公司、团体、产品、想法的一种方式。

路演分为线上项目路演和线下项目路演。线上项目路演主要通过 QQ 群、微信群，或者在线视频等互联网方式对项目进行讲解；线下项目路演主要通过活动专场对投资人进行面对面的演讲和交流。

二、路演的作用

路演可以让评委或投资人在安静的环境里，在创业者声情并茂的展示下，真正深入了解创业项目，从而作出更为准确的判断。对一些技术性强的项目，更能减少出现投资人看不懂和不理解项目的弊端。创业者可以通过自己的精辟讲解和投资人之间的交流，快速对接自己的项目，减少走融资的弯路。

三、如何做好路演

创业团队如何在有限的时间内让评委或投资人理解创业项目，提升对创业项目的兴趣度，从而为路演效果加分呢？正所谓"台上一分钟，台下十年功"，以下从路演思路设计、路演词编写、路演训练和如何做好答辩四个方面谈谈如何优化路演。

（一）路演思路设计

路演思路是指需要一条清晰的主线把项目讲清楚，让评委或投资人在有限的几分钟内能够了解项目。应根据项目特点个性化地设计路演思路，而不是生搬硬套、千篇一律，否则就难以脱颖而出。

（二）路演词编写

路演一定要定好逐字稿，一旦每页PPT的主题内容确定，就能据此大致撰写出一份路演词初稿。路演人在编写时应注意路演的切入方式，PPT各页之间选用合适的连接词，要有温度、有血有肉。在最后，可以使用一句精妙的广告语实现画龙点睛的效果。

路演稿示例

（三）路演训练

路演效果在很大程度上取决于路演人的表现，因此，对路演人的要求相对较高。确定好路演PPT和路演词后，路演人需要进行反复训练来达到最佳路演效果。路演训练内容主要包括路演词的熟悉度、路演的表达、仪表与姿态训练等。

（四）如何做好答辩

如何做好答辩，可以从以下六方面着手：

（1）认真准备，尤其做好路演资料的准备，如PPT、视频与商业计划书等，确保内容能够准确、清晰地呈现。所有的问题都是基于路演材料提出的，团队可以根据评委或投资人可能会提出的问题以及如何回答，提前准备好问题库，团队成员之间相互提问，最终确保所有成员都熟悉问题库中的问题及其对应的答案。

问题库示例

（2）合理分工。团队负责人应作为答辩主要负责人，对能够准确回答的问题，直接由团队负责人回答。如果团队负责人在某些方面不专业，可以请具体负责的团队成员回答。

（3）听清问题。在现场，团队成员很可能会紧张，或者出现自以为听清问题但实际上没有听清重点的情况。在这种情况下，团队成员要平复心情，一定要向评委或投资人确认问题的真正含义后再进行针对性作答。

（4）回答精准。回答应简洁准确，能够用一句话说清楚的就不用两句话，避免在答辩过程中提及与问题相关性不强的内容。

（5）自信、自然。对评委或投资人所提出的问题，要自信地回答，即使有些问题是团队确实没有答案的，也要表达出对评委或投资人的感谢，同时说明这个问题是团队一直在思考的方面，但目前还没有好的答案。避免过于形式化的回答。

（6）感恩、好学。在创新驱动发展时代，每个团队都要感恩生长在这个伟大的时代，有机会亲历中华民族伟大复兴，亲身参与中国社会经济发展伟大进程，要将参与"双创"的激情与经验带入学习与生活中，在日常的学习与生活以及未来的工作中践行创新精神，展现"双创"思维。

8.7 工作坊：商业计划书的制订、路演与答辩

一、基于商业模式画布，撰写商业计划书

各小组已经有了项目、团队，评估了风险，认证了资源，设计了商业模式。接下来请各小组根据商业模式画布撰写商业计划书。

二、基于创业计划，拟定路演策略，做好路演准备

各小组认真思考并讨论创业计划的路演策略，确保自己已经掌握了创业项目的所有信息，然后凝练出创业计划的各个要点，以此来做路演训练。

三、路演评价

为更好地评价各小组的创业项目，可以以班级为单位或联合2～3个班级举办项目路演，可以邀请创业者、企业家、相关教师等担任评委，各小组推荐主讲人陈述项目并回答评委提问。评价标准如表8-1所示。

表8-1 《×××商业计划书》项目路演评价标准

项目	商业闭环与盈利能力	独特价值与创新性	陈述与回答问题	汇总
标准	具有可行性且能够盈利	有创新，契合客户需求，解决客户"痛点"	描述项目清晰易懂，回答问题流畅	—
权重	30%	30%	40%	100%
评分				

四、讨论与反思

针对每个路演，讨论以下五个问题：

（1）该项目的产品或服务究竟是什么？如何发挥作用？

（2）细分客户究竟是谁？能解决他们的什么"痛点"？

（3）该产品或服务究竟有何独特之处？与现有竞争产品有何不同？

（4）该项目如何盈利？

（5）团队成员的技能、资源和经验与项目是否匹配？

五、路演评委

路演评委由嘉宾、教师、各小组推荐一名评委组成评委团。

六、路演流程

（1）路演开始前，大家准备好商业计划书。

（2）参与路演的项目小组按照抽签次序，依次进行现场路演。（课代表负责主持抽签环节）

（3）每个项目提供10分钟，建议用5分钟自我展示，5分钟进行评委提问、点评及评审打分，教师适当穿插点评。自我展示若超时或有多余的时间，都将累积到互动问答环节。自我展示与互动问答两个环节累计用时为10分钟。（在自我展示环节的最后1分钟进行提醒，提供各小组一张答辩现场照片，文件命名如"第1组……"）

（4）每个项目路演完成后，由评委打分，可以参照表8-1中的评价标准。每名评委给出一个综合分，课代表统计总分并当场公布。

（5）路演结束后，举行颁奖仪式和总结点评。

【思考题】

1. 在商业计划书的市场分析中，如何找到准确的市场？

2. 路演和答辩两者有什么关系，应该如何兼备？

9 数字时代的创新创业

　　这是一个充满数字浪潮和人工智能风暴的伟大时代，世界正处在一场前所未有的人工智能科技革命的转折点上，数字时代的创新创业浪潮正如同星辰大海中的巨浪扑面而来，等待着我们去征服。当人工智能之光与创意火花碰撞，会擦出怎样璀璨的光芒？当大数据的洪流与敏锐洞察相遇会掀起怎样的创新创业狂澜，当区块链与创新思维交织会构建出怎样的创造蓝图？数字时代将使人类不再受地域、时间、空间的限制，甚至是想象力的制约，你可以是一个专注的软件工程师，在深夜的灯光下，用代码编织出改变世界的程序；你也可以是一个仁爱的教育工作者，应用云计算和人工智能技术，让知识的种子飘向遥远世界的角落；你还可以是一个心怀天下的变革者，用物联网和大数据技术让偏远的山村不再寂寞，使城市更加人性智慧，让生活更加舒适美好。

　　本章从什么是数字经济和人工智能技术改变世界谈起，主要呈现数字时代创新创业的新特征、新生态、新范式等内容，让我们穿上数字战甲，拿起人工智能技术之剑，在这个伟大的创新创业时代乘风破浪，驶向那片充满无限可能的数字海洋。

【导读图谱】

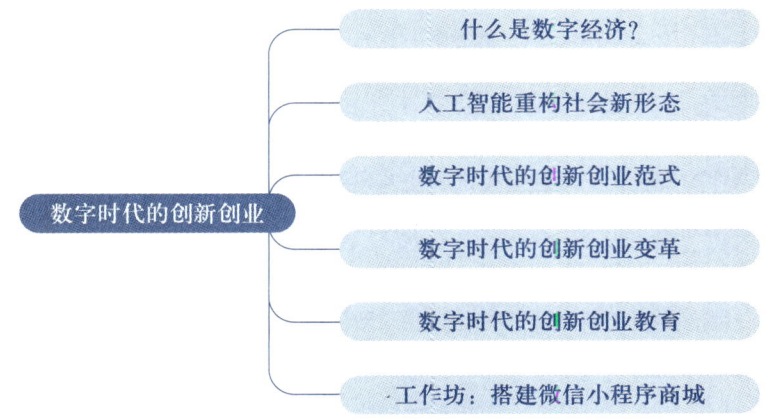

9.1 什么是数字经济?

以互联网、物联网、大数据、区块链、云计算和人工智能等为代表的数字技术正在深刻影响和改变着世界的经济发展模式、人类社会形态和生活方式，世界正在进入数字时代。数字经济是继农业经济、工业经济之后发展起来的基于数字信息技术的一种新经济形态，是以数据资源和数据技术为关键要素，以现代信息网络为主要载体，以人工智能技术融合应用为路径、以经济发展和社会生活数字化转型为推动力，促进虚拟与现实、时间与空间、共性与个性、公平与效率更加统一的新经济形态。数字经济正在成为未来主要的经济形态，成为推动全球经济要素资源重组、改变全球竞争格局的关键力量，成为引领世界经济转型和增长的核心动力。数字经济必然引爆数字时代的创新创业，数字时代的创新创业是以数字技术为基础的创新创业，数字时代的创新创业有工业经济时代的内涵，但更具有其自身的特点。数字时代的创新创业已成为数字经济增长的新引擎，成为一个国家赢得全球经济竞争的关键因素。进入 21 世纪以来，中国已走在数字经济发展的前列，数字经济已经占据中国经济的重要位置。数字经济发展速度快、辐射范围广、影响程度深，正在推动生产方式、生活方式和治理方式的深刻变革，这种变革必然带来更多创新创业的需求和机会。

一、数字经济的定义

数字经济是一个内涵宽泛的经济学概念，凡是基于数字信息技术，直接或间接地利用数据资源和人工智能技术，推动社会生产力发展的经济形态都可以归为数字经济的范畴。数字经济能极大地优化生产过程、减少人力劳动、降低社会生产和交易成本、优化资源配置效率，提高产品、企业和产业附加值，推动社会生产力快速发展。数字经济为工业化后发展国家的经济发展变道超越提供了可能。数字经济包括产业数字化和数字产业化两个重要方面。在技术层面，包括物联网、大数据、区块链、云计算、5G通信、人工智能等新兴技术。在应用层面，主要包括"新智力""新服务""新制造""新应用""新模式""新零售"等新型经济方式。

产业数字化是指在新一代数字技术的支撑和引领下，以数据资源为关键要素，以人工智能大模型为支撑，以价值释放为核心，以数据赋能为主线，对产业链上下游的全要素进行数字化升级、转型和再造的过程。产业数字化是数字技术向生产、商品与服务等传统产业进行多方向、多层面与多链条的融合过程。产业数字化使得原来需要大量劳动力的传统产业实现了智能化和价值再造：一是用智能机器代替了人工；二是生产全流程再造，提高生产效率和产品质量；三是产品由大规模标准化生产转向个性多样化生产；四是产品从生产、流通、使用到消失的全过程跟踪。

餐饮品牌老乡鸡利用数字技术统一数据集中管理，实现门店快速扩展。一是运用信息技术手段提升管理水平和效率，使老乡鸡实现连锁店的快速复制。二是建立稳定、安全、便捷的底层数据库，搭建了统一的数据管理平台和数据发布平台，从而明确数据管控流程，规范数据管理规则。三是借助数字化平台，整合和优化集团供应链资源，结合批次管理和质量管理建立食品追溯体制，从种植到存储运输，再到烹饪加工，实现从农场到餐桌的全程可追溯。四是为了更好地获得客户，老乡鸡基于数据管理平台，配合会员管理系统，针对客量、所点菜品、口味偏好等，进行更加精准化的分析，最终反馈到研发端，为更好地了解消费者的喜好提供数据保障。五是建立业务财务一体化平台，实现财务流、业务流、信息流在系统中的匹配，实时准确地采集和处理物料移动的财务账信息、财务核算信息、费用管控信息。六是从饲养、屠宰、处理到烹饪加工实现全程智能化，保证质量标准和个性需求的统一。正是借助数字技术，使得传统的餐饮业形成了自己独特的竞争优势，在众多餐饮企业中脱颖而出，这是传统产业数字发展的典型事例。

数字产业化是指数据要素的产业化、商业化和市场化，就是把通信技术、信息技术、信息资源等实现产业化，如信息通信业、电子信息制造业、软件服务业、互联网云服务、算力服务等，均为数字技术出现后才诞生的产业。例如，人们现在用的所有APP、网约打车、用餐外卖、网络购物等。

腾讯科技是数字经济的集大成者，拥有数字政府、智慧金融、智慧交通、智慧出行、智慧医疗、智慧教育、智慧零售、微信、QQ、应用生态、数字文创、信息流、人工智能及量子技术等腾讯数字产品，是典型的数字产业化案例，构成了腾讯数字生态，成为庞大的数字产业。

二、数字经济的特征

数字经济发展有三大定律：一是梅特卡夫法则，网络的价值等于其节点数的平方，即 $V=N^2$（V表示网络的价值，N表示用户数）。网络的用户数越多，价值增值越大，其增值方式是指数级增长。假如一个网络中有N个人，那么网络对于每个人的价值与网络中其他人的数量成正比，即网络对于所有人的总价值与 $N \times (N-1)$ 成正比。例如，一个网络对网络中每个人的价值是1，假如网络规模增长10倍，那么网络总价值就是100；网络规模增长100倍，那么网络的总价值就是10 000。二是摩尔定律，计算机硅芯片的处理能力每18个月就翻一倍，而价格以减半数下降，它反映的既是信息处理能力和速度的快速增长，同时也是信息技术硬件生产成本的快速下降，而信息数据资源却极速增长，直接反映数字经济的高价值增长。三是达维多定律，进入市场的第一代产品能够自动获得50%的市场份额，一家企业如果要在市场中占据主导地位，就必须第一个开发出新一代产品，而且必须第一个迭代自己的产品，不断更新自己的产品，只有这样才能一直占据市场的主要份额。以上三大定律决定了数字经济具有以下基本特征：

（一）极快速度

互联网突破了时空界限，整个地球成为一个网络连接的村落，世界任何地方、组织和人们的信息传输、经济往来等可以在极短的时间和空间跨度上实现快速互联互通。数字经济可以突破时空的限制，实现了以接近于实时的速度收集、处理和应用信息。

（二）高渗透性

迅速发展的信息技术、网络技术和数字技术，具有极高的渗透性和融合性，使得人工智能技术和信息服务业迅速地向第一产业、第二产业扩张，使三大产业之间的界限模糊，出现了第一产业、第二产业和第三产业相互融合的趋势。

（三）自我膨胀性

数字经济的价值等于网络节点数的平方，这说明网络产生和带来的效益将随着网络用户数的增加而呈指数级增长，会出现"强者更强，弱者更弱"的垄断局面。

（四）边际效益递增性

一方面，数字经济的边际成本递减；另一方面，数字经济具有累积增值性。数字技术使硬件生产成本在不断降低，而数据信息资源却在快速增长。

（五）协同效应性

每个用户从使用某产品中得到的效用与用户的总数量相关联。用户人数越多，每个用户得到的效用就越高，这种效用既可以是正效应，也可以是负效应。因此，数字经济较容易实现共赢或出现共损的局面。

（六）发展可持续性

数字经济依赖的是数字技术、数字算力和数据资源，而不是传统工业经济所依赖的工程技术和自然资源，数字技术的绿色化和数据资源的海量无形，在很大程度上能有效回避传统工业生产对有形资源高能耗的依赖，有效控制环境污染和生态恶化，实现经济社会的可持续性和绿色发展。

（七）联系可直接性

网络的发展使经济组织结构扁平化，处于网络两端的生产者与消费者可通过移动网络直接联系，加上快捷的现代物流，双方没有必要再经过传统的中间商层次进行交易。这种方式既可以更好地满足消费者的个性化需求，又可以显著降低交易成本；既提高经济效益，又提高社会满意度。

9.2 人工智能重构社会新形态

一、什么是人工智能

人工智能（artificial intelligence，AI）是研究、开发用于模拟、延伸和扩展人类智能的理论、方法、技术及应用的新科学技术。AI技术是通过数据、算法、模型来计算和构建能够表现出人类智能的系统，这些系统具有人类智能的特征，可以识别语音、理解事物、预测事件、解决复杂问题等。AI技术是由人类创造出来的，具有思考能力的、能够模拟人类行为的一种数据信息处理技术。

AI技术的发展可以追溯到20世纪50年代。1950年，阿兰·图灵提出图灵测试，首次提出了"人工智能"的概念。1956年，达特茅斯会议标志着人工智能作为独立学科诞生，这一时期取得了如机器定理证明等成果，随后开发出了诸如语言识别、机器翻译等技术。但是由于当时运算能力不足、计算复杂度较高以及推理实现难度较大等，AI技术研究在70年代陷入了低谷，直到90年代，随着计算机处理能力的提高和神经网络模型研究取得的成果，AI技术才重新焕发活力，并逐渐从理论探索向实际应用过渡。进入21世纪，得益于计算能力的显著提升、大数据的广泛应用以及深度学习等新兴技术的突破，AI技术迎来了飞速发展。当下，AI技术已经融入社会的各个领域和人们的日常生活。AI技术具有以下四个显著特点：

（1）学习能力。AI技术具有类似人类的学习能力，能够从大量的数据中自动学习模式、规律和知识。通过机器学习算法，AI技术可以对数据进行分析和理解，不断提升自身的性能和能力。

（2）智能表现。AI技术可以展现出类似人类智能的某些功能，比如感知、认知、决策、推理等。例如，文字、图像、语音的识别，自然语言处理和环境变化感知等，都是AI技术智能表现的具体体现。

（3）自适应性。AI技术能根据不同的环境和任务进行调整和适应，可以在新的情境中运用已学到的知识和技能更好地完成任务。

（4）自主性。AI技术可在一定程度上自主进行操作和决策，无需持续的人类干预。

二、AI技术的应用场景

AI技术已经广泛应用于各个领域，将深刻改变人类的生产生活方式，以下是其主要应用场景。

（一）智能方案

目前AI技术应用最为广泛的是应用人工智能系统，如ChatGPT、DeepSeek等创造性生成包括会议、办公、管理、研究、生产、商务等方面的各种文案，大大减少了人工写作的工作量和工作时间，提高了工作效率。

（二）智能家居

通过智能语音助手，用户可以轻松控制家中的灯光、温度、烹饪、安防设备等。智能人形机器人可以完成各种家务，陪你聊天，照顾你的起居，AI技术让智能家居系统从科幻电影情节变成了现实。

（三）医疗健康

AI技术在医疗健康领域的应用已经取得了令人瞩目的成果。通过AI算法分析海量的医疗数据，可以实现早期疾病筛查、精准诊断和个性化治疗，极大地提升了医疗服务的效率和准确性。

（四）智能交通

AI技术在交通领域的应用正在使出行方式发生革命性变化。智能交通系统可以通过对交通流量数据的实时分析，随时优化交通信号灯的配时，从而减少拥堵，提高出行效率。同时，自动驾驶技术的不断成熟，也为无人驾驶汽车从概念走向现实提供了可能，未来交通工具里的人们不是在驾驶汽车，而是在车里办公、开会和娱乐等。

（五）智能生产

未来的生产车间将完全实现无人操作和值守，都是由智能生产线和智能机器人来完成，AI技术将极大地解放人类的劳动，给予其更大的自由空闲时间。

（六）教育领域

AI技术正在为教育注入新的活力。通过智能学习平台，AI技术可以根据学生的学习习惯和知识掌握情况，提供个性化的学习内容和辅导，帮助学生更有效率地学习。AI技术赋能教育，将带来教育和学习的革命。

（七）管理决策

AI技术正在成为管理决策提升效率和决策能力的重要工具。通过大数据分析和智能化的管理系统，人们可以实时监控各种管理业务运营情况，优化资源配置，提升工作效率。同时，AI技术还可以通过预测分析，为管理提供科学的决策支持。

随着AI技术的不断发展，它将对世界产生深远的影响。AI系统将具备更高的自主性和适应性，能够在复杂多变的环境中独立运作。未来的自动驾驶汽车、智能交通管理系统以及智能家居等都将广泛应用自主智能系统。人工通用智能是指具有人类智能水平的AI系统，它能够理解、学习和执行广泛任务。人工通用智能一旦实现，就将具有革命性的潜力，能够在多个领域超越人类能力。AI技术与量子计算的结合将推动AI算法的优化和新模型的开发，解决当前计算能力无法处理的复杂问题。AI技术将推动全球经济增长模式的变革，提升产业的竞争力和创新能力。AI作为一门新技术科学，在算法、计算和数据等驱动力的推动下不断取得突破和进展。与此同时，尽管AI技术能给人类带来全新的感受，但也带来了数据隐私、伦理道德以及法律监管等方面的挑战。在推动AI技术发展的同时，需要关注其社会影响和挑战，并采取相应的措施来加以应对和解决。我们相信通过人类的通力合作，一定能构建起人类与AI共生互助、和谐发展的美好智能时代。

9.3　数字时代的创新创业范式

在计算机进入量子时代，运算速度不断提高，已经突破585万亿次浮点运算，GPT-4参数量已达到1.8万亿，全球数字经济规模已突破50万亿美元的今天，这场由数字技术驱动的生产力革命，正在重塑人类创新创业的基本范式。当数据成为新经济发展的血液、算法成为新型工业的控制线、数字孪生成为人类创新的新试验场时，传统的经济发展理论与方法已无法解释数字时代涌现的创业奇迹。面对这样一个变革时代，我们应思考如何穿透技术表象，揭示数字时代创新创业的底层逻辑，构建创新创业的新模式。

一、数字时代的创业新情境

数字创业是一种运用互联网、数据技术、信息和通信技术等技术方法和数字资源而产生的创业现象。一般来说，任何把数字技术应用传统产业改造，或任何将资源、资产、服务或生产生活要素转换为数字创业活动，都可以视为数字创业。针对数字时代的特征，数字化创新创业要素的判断，不再是从宏观环境出发，而是由微观事物开始集聚，进而影响宏观变化，以微观决定宏观，其创业情境呈现以下新特征。

（一）依靠数字技术和数据资源

数字时代的创新创业已超越单纯的技术层面，成为基于数字世界基本法则的创造活动。现代社会领域人类的所有生产生活过程和场景等都可以应用数字技术进行数据化，这种数字化和数据化的过程和应用就是一种新创造。区块链技术构建的信任机制、人工智能创造的认知革命、物联网形成的万物互联，共同构成了数字时代的"元创新"（meta-innovation）。创新创业不再停留于产品服务层面，而是通过数据、算力和算法等要素的重构，创造新的经济空间。传统工业生产更多依赖资金、设备、场地等资产，而数字企业更多的是应用数据、算力和算法实现数据的资产化，数据不仅是传统意义上的计算符号，更是能产生价值的资产。算力成为推动发展的关键作用，算力的获得越来越便利和廉价。算法不仅是技术，而且成为一种可交易的商品，Hugging Face模型市场月交易量突破50万次，形成全球算法流通网络市场。这种转化创造成为商业经济，即数字创业；服务于人类的生产生活，就产生了数字经济。

（二）数字创业快速迭代升级

价值创造的维度扩展和快速迭代是数字化创新创业的典型特征。传统创业聚焦物理世界的效率提升，数字时代的创业则开创了"物理－数字－智能"三维价值空间。字节跳动的算法将消费内容转化为数据资产积累，每天处理1.2EB数据，用户停留时长较传统门户提升600%。平安智慧城市的数字孪生系统，使城市的应急响应速度提升至2.3秒。通过梅特卡夫定律与里德定律的叠加效应，数字企业价值公式已从$V=K \times N^2$（网络节点平方）进化为群体智能指数。这种虚实融合的价值创造机制，使企业能够快速突破物理世界边际成本递增的束缚，实现指数级价值增长。这意味着每个人、每件事物的生存空间都在快速变化调整中，如过去每天早上起来赶到菜市场或超市购买一天的食物，而现在可以躺在床上通过购物平台采购，30分钟即送到家的变化，这些快速迭代升级既是创业的急剧加快，也意味着创业机会的急剧增多。

（三）所有生产生活都能转换成数据

人类活动产生数据，再从数据到信息，把信息转换成知识和智慧，这是一个递进的过程，在数字经济活动中，数据是创造的起点。例如，传统服装产业，首先是设备和材料，接着是服装设计，然后是生产，最后是销售品牌。数字时代的核心变成了你拥有多少客户数据和服装版型数据库，把客户数据与服装版型数据库匹配起来，就可以为一个人定制，并可以承诺最短送达时间，把数据资源作为创造关键，改变整个行业的基础逻辑。希音公司正是通过数字技术使传统服装产业生产发展成为世界时装的个性化快速生产和消费模式。数据驱动创新，数据的指数级增长催生了"数据炼金术"。拼多多通过农产品消费数据反向改造供应链，通过8.7亿多用户农产品消费数据，反向定制将生鲜损耗率从30%降至0.4%。希音公司凭借实时销售数据实现每日6 000多款新品迭代，每天处理600万条用户行为数据，从设计到上架平均7天，爆款率达到62%。当数据流动速度远远超越传统决策周期时，创新创业不再是计划产物，而是数据流中自然涌现的数字商业。有些创业可以不一定是全新的东西，只是把现存的事物重新组合或是数据整合，关键是你能否改变司空见惯的思维方式。"时间是商业竞争的秘密武器，因为反应时间导致的优势将带动其他各种竞争优势。在最短的时间内以最低的成本创造最大的价值，是企业成功的最新模式。"这是斯托克和霍特在《与时间赛跑：速度经济开启新商业时代》一书中对竞争战略的解释。

（四）数字孪生技术和深度学习的融合

数字产品的可复制性带来生产的革命性变化，数字孪生技术构建出"平行世界"创新机制。当创新成果的扩散成本趋近于零时，商业世界的"创新扩散曲线"就会被彻底重构。宝马集团使用英伟达 Omniverse 平台，在虚拟工厂中完成生产线优化，使得新车量产准备时间缩短30%。这种"数字先行"的创新模式，将试错成本转移至虚拟空间，极大地提升了创新效率。

波音777X虚拟装配设计减少了50%物理原型，节省了23亿美元研发费用。国货美妆品牌相宜本草将数字化进程上升到公司战略层面，通过企业微信平台把组织的OA系统、营销费用系统、BI系统进行整合打通，不断实现服务和品牌价值的提升。

（五）协同成为创业生态

区块链的底层技术逻辑是以协同为主，分享的逻辑是基于协作，通过区块链技术可以实现整个网络的交易，使大规模的合作与协同成为可能。今天人类的生产生活过程不断被细分和个性化，其背后是大规模的合作协同。数字化的创业生态极大地促进了合作协同，安卓系统连接着30亿设备和2 000多万开发者，形成"平台—开发者—用户"的协同进化网络。这种去中心化的创新网络，使得单个节点的创新能通过平台协作协同效应实现全局赋能，创造出远超线性叠加的生态价值。2023年，微信小程序交易额突破4.5万亿，带动就业机会4 200多万个。运用复杂适应系统理论，平台生态已形成"创新涌现—价值捕获—生态反哺"的正反馈循环。

（六）连接比拥有更重要

今天的创业者一定要特别注意，你拥有什么并不重要，重要的是你可以和多少人连接在一起，因为所有的机会都源自连接。连接既有物理空间的连接，但更多的是虚拟空间的连接，连接点越多，意味着拥有更多的客户资源。连接越多，边际成本就下降得越多。例如，Stable Diffusion的开源模型让AI绘画技术在半年内普及全球，开源模型使AI绘画工具的开发成本从千万美元级降至万美元级，数字产品的创新发展速度呈现洛伦茨吸引子特征。

（七）所有可量化、可衡量、可程序化的工作都可能被取代

智能机器人真的来了，而且比我们想象得快。数据资源化或生产数字化成为企业安身立命的核心命题，如何快速响应、持续创新、打造扩城河优势，并能够看穿不确定性，捕捉机会，跑赢未来，成为数字化管理领域公认的硬核能力。

掌握更多数据资源和实现快速迭代是数字时代创新创业克敌制胜的关键，甚至决定创业企业的生死。掌握数据意味着拥有资本，缩短从客户提出需求到完成诉求的时间，意味着能降低成本，创造更多附加值。可以看到，通过数据和对数字化平台的灵活应用，企业可实现即时通信、快速沟通。企业打破传统办公模式的时间、空间、距离等的限制，由静态转向动态，高效运转，提升企业信息流转效率，为客户提供更新、更多、更便宜的产品或服务。

二、数字时代的创新创业思维变革

站在人工智能与量子计算的临界点，回望元宇宙的入口处，数字时代的创新创业已演变

为人类文明形态进化的新机制。那些能够驾驭数据洪流、激活生态智慧、实现人机共生的创新主体，正在书写新的商业文明。那些掌握"数据炼金术"、构建数字生态、驾驭指数曲线的组织，已率先进入"数字创新第二曲线"。在这场变革中，唯有建立"数字韧性"的个体与企业组织，才能在熵增的数字宇宙中持续创造负熵价值，这不仅是商业模式的变革，更是人类认知革命的开始。

（一）数字时代创新的三大模式

1. 分布式自治组织模式

GitHub 平台是 5 500 万开发者组成的开源社区，维基百科是由全球志愿者构建的知识体系，它们展现了去中心化创新的巨大能量。分布式自治组织模式通过智能合约实现价值分配，以 Token 经济激励协同创造，正在重塑传统组织模式。2022 年，分布式自治组织生态系统管理资产已突破 200 亿美元。

2. 生产场景耦合与重组创新模式

数字技术重构了产业场景，创造出新的组合可能。抖音将视频拍摄、算法推荐、广告系统耦合重组，形成短视频商业新物种；平安医疗生态将问诊、保险、健康管理场景进行数字化重构，打造出 HMO 管理式医疗新模式。这种"数字乐高"式的创新，正在各个领域催生跨界融合的新业态。抖音将视频生产拆解为 17 个标准化模块，用户创作效率提升 80%。平安医疗 HMO 模式整合 3 000 多家医疗机构数据，实现诊疗费用下降 35%。盒马鲜生通过 RFID 技术与 AI 视觉实现数字重组，将生鲜损耗率控制在 1.5%（行业平均为 15%）。

3. 人工智能原生创新模式

GPT-4、DeepMind、DeepSeek 等生成式人工智能大模型的出现，标志着创新进入人机协同新纪元。Stability AI 公司开发的开源模型社区，让普通开发者也能训练数十亿参数的 AI 模型。这种"智力众包"模式正在打破专业技术壁垒，形成全民参与的民主化创新浪潮。摩根士丹利用 GPT-4 分析 7 万份研报，顾问效率提升 500%。DeepMind 的 AlphaFold2 破解 2 亿多个蛋白质结构，相当于 140 万年的科研工作量。Insilico Medicine 用生成式人工智能发现新药靶点，研发周期从 4.5 年缩短至 18 个月。

（二）创新创业思维范式的变革

1. 从线性思维到指数思维

传统创新遵循"投入—研发—产出"的线性逻辑，数字创新则呈现指数增长。OpenAI 通过大规模训练模型，使 AI 性能呈现"算力—数据—参数"的指数增长关系。这种思维转变要求企业家必须具备驾驭非线性发展的认知能力。OpenAI 的算力模型参数量从 GPT-3 的 1 750 亿到 GPT-4 的 1.8 万亿，它的性能呈现超线性增长。引入库兹韦尔加速回报定律创新理论，带来创新速度指数级提升。从封闭式创新到开源生态，Linux 基金会管理的开源项目市值超过1万亿美元，Apache软件基金会的项目支撑着全球80%的互联网流量，Gitcoin平台累计分配6 300万美元，资助3.4万个开源项目。数字时代的创新范式已从专利围墙转向开源共建，形成"集体智慧"驱动的创新飞轮，这种转变正在重构知识产权的价值逻辑。

2. 从组织创新到协议创新

智能合约代码正在替代公司规章制度。Uniswap通过500行代码管理的去中心化交易所，日交易量突破10亿美元。当商业规则被编码成为可自动执行的协议时，组织形态就会发生根本性蜕变，形成"代码即法律"的新型治理体系。

3. 用概率思维看待不确定性

不确定性原理最初是由物理学家海森堡提出，今天学界把充满变数、不确定性、"黑天鹅"事件频发的时代，称为乌卡时代。面对不确定性越来越高的外部环境，"黑天鹅"之父——纳西姆·尼古拉斯·塔勒布认为，最成功的企业就是懂得接受事物的内在不可预测性并利用它的企业，这些企业懂得确保企业与持续变化的环境一起进化。企业微信通过加载移动办公应用，通过对数字资源的深度分析和挖掘，让管理者快速获得反馈和决策依据，提高企业资源配置和动态适应的准确性、预见性、时效性和有效性，帮助企业不断拓展连接能力，构建移动生态圈体系，支持企业在不确定性环境中走得更远。

对于数字创业者来说，不能用传统固定的思维来看创业问题，传统的创业总是要在找到创业的可行性和确定性，而数字时代的创业则是在考虑创业的概率性，不确定性肯定存在，问题是有多大，而且这种不确定性是不是在可预料的范围内。数字时代的创业者要有认识不确定性存在下的概率性思维，只要确定成功是属于大概率性的，就应该值得去做。

4. 洞悉数字时代的商业逻辑

数字经济与工业经济间并非连续的，工业经济发展得很好，并不意味着数字经济一定能发展好。中国数字经济走在许多工业发达国家的前面，引领着世界数字经济的发展就是最明显的例子。工业时代与数字时代之间是没有连续性，也就是说，如果你在工业时代做得很好，并不意味着在数字时代也做得很好，工业时代的基础未必是数字时代创业的优势条件。现在和未来之间可能存在巨大鸿沟，不同的商业范式之间存在断点、突变和不连续性，不能习惯性地用原来的逻辑来看待数字时代的问题。数字时代与工业时代发展逻辑最大的不同是，它会对传统行业重新进行定义。比如零售与新零售，传统零售的核心价值点是人、货、场，就是一定要有客流、货品要多、要有卖场。传统零售业的人都很清楚，最核心的一件事情就是要选一个货品进出便利、客流量大的卖场。而新零售打破了传统零售的惯例，打开了行业的断点。新零售先是应用线上线下技术解决货品问题，使得货品比传统零售多，然后是支付与配送服务，给消费者带来更多便捷；新零售不强调卖场，而是强调快捷和顾客体验。

数字化意味着一切都可能被重新定义，包括所有行业和人类活动。如何重新定义呢？通过价值创造和获取方式发生本质变化来重新定义。新零售就是在获取方式上重新定义了零售，原来买东西必须去卖场，新零售是把货送到家里，这样获取方式被改变了。知识付费为什么很快地冲击了知识内容行业？原因就在于把知识的获取方式改变了。特斯拉为什么能够冲击庞大的汽车行业？它让汽车不再只是汽车，把价值创造的方式改变了。

数字时代与工业时代的对比，存在哪些不同？从产品看，工业时代会关心价格（交易价值），通常判断的是成本、规模与利润三者的关系。消费者的购买逻辑也是一样的，如果觉得划算就购买，反之就拒绝购买。但在数字时代，人们关注的核心是使用价值，回归到最本质的需求上来，不再为其他东西支付。数字经济带来的一种现象就是人们的生活方式会变得更加简洁，这实际上是一种生活方式的回归。工业时代大家看到的是大众市场，而数字时代是个性发展的时代，就是围绕一个人做到极致，看到的是细分市场。数字时代的产品、市场、客户、行业的价值理解都发生了完全不同的改变。今天迭代和改变行业的不一定是大企业，而更多的是小企业。大企业往往倾向守住自己原有的优势、不愿重新定义；是小企业在重新定义新的行业。因此，企业规模变得不再重要，因为一旦这个行业被重新定义，边界被突破、行业规则被打破，大企业就会很快遭遇巨大的挑战，小企业反而涨势很猛。战略逻辑的思考起点，就是在行业中理解价值如何构成，数字经济时代的行业会被重新定义，重新定义的方式就是打开行业的断点。数字时代的创业不一定非要做很大的企业或者公司，反而可能是小公司有更多的机会和更多的变化，不能用传统固定的创业思维来看待创办公司。传统的创业首先是要有市场、资金、场地和人员等，而数字时代的创业也许就你一个人，首先是你自己的一种体验，然后是客户，这个行业就是由你来定义的。

5. 找到持续发展的战略空间

在工业时代，企业的生存空间源自"比较优势"和"满足需求"。在数字时代，要找到企业持续发展的战略空间，就要从"满足需求"到"创造需求"。比如餐饮行业，如果餐饮品牌要获得大规模发展，则一定要有能力做好堂食的同时，还有能力离开堂食提供产品，提供数字化和个性化的线上餐饮，这就是战略空间。工业时代的创业更多的是满足需求，而数字时代的创业更多的是创造需求，即把本来没有的需求创造出来，有了这种需求，就有了市场，有了市场就可以开展商业活动，这就是创业的开始。世界上本来没有路，走的人多了就成了路，这种需求本来只是你自己想象出来的、是个性化的，但你把这种个性化的想象让更多人知道了，最后成为大众化的个性需求，这样市场就创造出来了。

以电脑生产为例，我们知道最早是苹果公司把电脑定位在专业应用领域且不能兼容，应用空间界定得非常窄。接下来有公司想让它变得兼容，也就是 IBM 公司。把这个需求满足了，市场变大了，后来又有人说既然工作都要用到电脑，那么为了方便工作，把电脑应变成个人用品，这就是康柏电脑。之后又有人说电脑不仅是个人用品，还应该是个性化定制产品，更好地满足用户的个性化需求，这就有了戴尔电脑。后来又有公司冒出来，把电脑做成大众消费品，让人人都买得起，这就是联想。这个不断迭代的过程，就是不断满足人们需求的过程，创造诞生了一个又一个电脑品牌。

数字时代的战略空间中，创造需求的空间比满足需求的空间更大。如今企业间的竞争很难找到着力点，很大原因就是你并不知道对手是谁，其根本在于对手不需要满足需求和预测需求，而是直接创造需求。所以苹果公司决定直接开始做移动终端产品，它重新定义电脑的价值，改变从 iPad 开始。iPad 产品一经面世，其功能定位是一部便携式触屏电脑，并受到了全美甚至全世界的疯狂抢购。当这个需求被创造出来的时候，战略空间就改变了。一旦把机会转向创造需求的空间时，战略思考的起点就要从行业转移到顾客。行业如果不能够回答顾客价值的问题，行业也就不存在了。机会源自你所依赖的行业，但是行业的存在与发展，取决于行业对于顾客价值创造的贡献。

从竞争到共生成为企业发展的新逻辑。数字时代战略最大的变化就是要从竞争逻辑转变为共生逻辑。在工业时代，因为要满足客户需求，所以企业间必然是竞争的。但到了数字时代，企业追求的不仅是满足客户需求，而是创造客户需求，实现客户价值。当企业经营的宗旨转变为创造客户需求和实现客户价值的时候，起决定作用的已经不是比较优势，而是你必须和更多的人合作，只有这样更多的价值空间才能被创造出来。

在数字时代，企业应按照长期主义和价值共生的底层逻辑去经营。新希望六和公司的底层逻辑就是如此，它旗下有 15 万个养殖户，服务对象分布在 20 个国家，其整合全球资源，打造安全健康的大食品产业链，帮助广大产业伙伴共同富裕。在全球制造业的数字化转型过程中，被公认为走出了一条数字化转型之路的海尔公司深入全球 160 个国家和地区，服务全球超过 10 亿用户家庭，它的共生模式是员工价值和客户价值完全融合在一起的模式。海尔公司的每个员工都要求直接面对客户，创造客户价值，通过为客户创造价值而实现自己的价值分享。员工不从属于岗位，而是因客户而存在。

9.4 数字时代的创新创业变革

一、数字时代创新创业的特征

（一）创业成本急剧下降

根据摩尔定律，数字技术的成本在极大降低，而由数字技术产生的海量数据资源却在呈几何级增加。由此可以想象，一方面是创业的数据资源在增加，而收集、分析和应用数据资源的计算成本却在极大地降低，这意味着数字时代的创业成本在快速降低。计算成本的降低带来了普及性，犹如工业时代手机的价格极高，只能少数人拥有，但在数字时代，手机的价格极大降低，使得人人都可以拥有智能手机。

（二）基础设施完备成本低

从电缆光缆网络到4G、5G甚至未来的6G，全球运营商利用信息网络技术提供了巨大的带宽，实现了全球网络的快捷联通，而且使用价格低廉。这种基础设施现在已经存在，而且是很容易获得的，不像传统创业还要求投资基础设施建设。数字时代的技术基础设施应有尽有，只要有好的创业项目、好的运营思维，有好的商业模式，就会有好的创业。

（三）软硬件设备成本降低

在过去几十年里，设计一台个人计算机可能要几千万元的成本以及花上很长的时间，开发一个应用软件同样要投入大量的人力和物力，实现一个复杂的计算需要大型计算机。但在今天的互联网数字时代，云计算、开源软件等使创业需要的软硬件设备成本极大降低，从而使创业成本达到历史最低。只要有好的创业点子，你可以组织3～5个创业者，开发一个APP程序，实现免费下载；如果产品足够好，就可以实现全网销售，而你的创业成本也就几万元到几十万元不等。只要创业者愿意把时间和精力放进去，又有好的创业思路，创业成功就是可以预见的。

（四）产品传播手段快捷广泛

借助互联网思维推动公司快速成长是数字时代创业的最大特征。小米手机的销售量从几百万台到几千万台，就是依靠互联网进行销售和提供服务的典型案例。传统的传播受到空间、手段、速度和广度的限制，但移动互联网打破了时空和速度的制约。

（五）创业资金来源广泛

有创新思维的人提供的是创业项目、创业资源和人脉。还有部分人虽然不擅长发现创业项目，但他有资金，有识别创业项目价值的能力，他们就是投资人。只要你的项目有足够的价值和吸引力，投资人不仅给你投资，还帮助你完善创业计划、提供资源，这个时候作为创业者的你就真的如虎添翼了。投资人希望自己是聪明的，希望能依靠知识、人脉和资源帮助你把公司快速做大，希望能尽快看到投资回报，因此，创业者和投资人的价值目标是一致的。

（六）创新思维更重要

数字时代选择创业项目很重要，好的创业项目往往来自赋有创新思维的人。他们的创业项目有时可以颠覆行业，如果大部分赋有创新思维的人都进入某领域开展创业，这个领域的未来将不可限量。数字时代确实需要更多赋有创新思绪的人，当越来越多人投身创业时，社会财富的增长和人类文明的进步将会出现翻天覆地的变亿。

二、数字时代创新创业的新模式

（一）创造新需求新消费

数字化作为一种新的生产和生活方式，改变了制造者和消费者的需求内容、需求结构和需求方式，创业者通过反映社会生产和生活变化的新闻、事件等数据分析，找到新的需求机会。比如，数字文化产业是一个巨大平台与小微企业相互依存、共同发展的产业。从产品创意创作方来看，无论何时何地，人们进行文化创意的意愿涉及各类人群，虽然大部分创作的出发点是非商业化的，可能只是为了自己娱乐或是自我实现，或是加入社群维系某种关系等。但它们汇聚起来，就成为文化产业发展的巨大价值。创意文化平台能够汇聚巨大的创作能量，海量内容以令人惊叹的速度生产出来，各种具有个性、独特性并搭载各类情怀、想象力的个性化文化产品不受地域的限制，向全世界消费者提供服务。

（二）增强机会的识别和把握

数字化作为一种新的资源和新的能力，为企业发现价值、创造价值、解决问题提供了新的基础和路径，数字经济时代以数字平台、数字基础设施和数字网络为内核的数字技术，大大降低了创业门槛并引发创业活动的产生。未来20年，人工智能、智能机器人、自动驾驶汽车等技术的进步，将使中国就业净增长12%。技术进步也显著降低了创业门槛和创业成本，减少从发明到市场的障碍。不仅如此，数字技术有利于消除时空障碍，为创业者提供全球市场。数字时代各行各业都在发生重大突破，新商业模式的出现，传统商业模式被颠覆，生产、消费、运输与交付体系被重新定义。新产业革命的数字化、网络化、智能化和个性化，将催生就业创业的新业态和新模式。

（三）提升项目的技术创新及预测能力

数字化作为一种产业新技术，创业者可以通过专利信息和实验数据扫描、专业技术研讨会、研发等网络数据，对创业机会进行识别和判断。数字时代为创业者带来更多机会，提供更多可能。数字时代使许多职业消失，同时也创造出许多新的职业。世界经济论坛《2020 未来就业报告》预计，到 2025 年，新技术的引进和人机之间劳动分工的变化将导致 8 500 万个工作岗位消失，同时将创造 9 700 万个新的工作岗位。

（四）创业决策由事实驱动向数据驱动

数字化作为一种创新思维，创业者基于这种思维实现对传统资源、市场、价值的重构，对创业边界、结构、关系进行重新定义，推动新的商业模式、营销策略、发展战略的产生和进化。有机农产品本是传统的产品资源，但若赋予其数字化思维，就可以实现传统有机农产品国际化市场的快速发展。

全球互联网用户数在快速增长，统计数据显示，截至 2020 年 12 月，仅我国移动互联网用户数就达到了 11.58 亿人，全网用户人均单日使用网络时长为 6.4 小时。如此庞大的用户数据资源都是潜在客户，使得数字产品和服务的创业内容极为丰富，通过网络极容易获得低成本的快速扩散，而且网络消费时间在消费者时间的占比在快速增长。

（五）数字时代的创业新范式

数字技术正在重塑全球创业格局，传统创业模式面临前所未有的挑战，创业范式正在发生根本性转变，这场变革不仅改变了创业方式，更深刻地影响着价值创造和传递的整个过程。数字技术不再是简单的工具，而是成为重构商业逻辑的核心要素。创业者需要突破传统思维，寻找新的增长模式。工业时代的创业模式建立在规模化生产和线性增长的基础之上，创业者通过扩大生产规模、优化运营效率来实现增长，这种模式在相对稳定的市场环境中表现出色。但在数字时代，这种线性增长模式已经难以适应快速变化的市场需求。传统创业模式面临的最大挑战是市场变化的加速和不确定性。数字技术带来的颠覆性创新，使得行业边界日益模糊，竞争格局瞬息万变。数字时代创业与传统创业的区别主要体现在六个方面：

在创业要素方面，一般传统创业需要创业机会、创业团队、创业资源三种关键要素，但数字创业突破了蒂蒙斯的创业管理模型，数字创业企业需要数字技术、数字创业能力、数字创业机会、数字创业资源、数字商业模式五种要素。数字创业更多集中在创新思维和数字技术上。

在创业团队方面，传统创业主体是相对单一且明确的创业个体或团队组织，但数字创业主体呈现多层次、多样化和可持续演化的特征，创业团队具有不确定性和无预定义性，数字时代的创业团队可以跨越时空、地域、人群等方面的限制，数字技术可以赋能加速创业团队的构建和成长。

在创业机会方面，传统创业机会主要来自创业者的个体经验或创业团队对某一市场机会的深挖，但数字时代创业机会具有碎片化和创业机会识别过程的动态化特征，数字化加速了以市场和用户为导向的创业机会识别及评估过程。数字时代的创业机会有很多是创造出来的，是由创业者自己创造出来的，只要你敢于实践，机遇就是你自己的行动。

在创业资源方面，传统创业资源相对有限，资源结构和组成明确，沟通成本和资源聚集成本较高，但数字创业资源相对广泛，可获得性、可替代性和个性化更强，资源获取门槛和成本较低，海量资源对数字创业企业的资源编排能力提出更高的要求。传统创业资源是有形的、可见的和现实存在的，而数字创业的资源很多是无形的、看不见的和虚拟的，需要创业者去挖掘和创造。

在创业过程和结果方面，在传统创业过程中，产品或服务具有清晰稳定的边界，创业产出具有确定性，但数字创业过程具有开放性、无边界性和动态迭代，创业产出具有自生长性。

在理论基础方面，传统创业涉及的理论包括创新理论、资源基础、创业理论和不确定性理论等。而数字创业涉及诸如数字技术、平台理论、数据资源、数字创新等理论。

基于以上显著的区别，数字时代的创业范式主要包括：

数据驱动创业决策成为核心内容。创业者必须通过大量的数据分析来实时把握市场动态和客户需求变化，快速调整战略方向。数据不再是辅助工具，而是企业最重要的战略资产。

平台化的运营正在重塑行业格局。通过构建数字化平台，创业者可以快速整合资源，实现价值倍增。数字化平台打破了传统产业链的线性结构，创造了全新的价值网络。

持续创新机制是企业的关键能力。创业者需要建立快速试错、持续迭代的创新体系，以应对不确定性的市场环境。这种创新机制要求组织具有高度的灵活性和适应性。建立组织持续的学习能力和适应能力，在持续变革中保持竞争优势。

价值指数级增长是数字企业的常态。创业者要善于把控和应用网络效应、数据智能等数字技术特性，突破传统增长的限制。价值指数级增长不是简单的规模扩张，而是价值增长方式的根本转变。

三、数字时代创新创业者的要求

数字经济时代对于创业者和创业团队来说不仅是一种挑战，更提供了空前的创业机会，前提是自己比竞争对手准备得更充分，有更强大的领导力。一流的创业者从不把环境的变化当成消极的因素，而是把适应快速变化的环境作为新常态，主动打造自身能力，提高竞争力。

（一）学习速度大于环境变化的速度

在数字时代，事物瞬息万变，过去成功的经验，积累的知识、能力和素质并不能保证新时代的成功。在这种情况下，唯有快速学习和适应变化，才能引领创新，这种快速学习和适应变化的能力称为学习的敏锐度，只有快速识变、应变，才能在新的商业环境中获得成功；只有快速学习的创业者，才有知识技能思维的超前储备去应对变化，这样的企业才能更好地持续发展。

克劳顿管理学院有这样一个公式：L（Learning，学习）>C（Change，变化），即学习速度一定要大于环境变化的速度，这是数字时代创业者必备能力素质。"70-20-10学习法则"的核心观点是：人的发展70%是从实践中学习，20%是向他人学习，10%来自理论和课堂学习，数字时代创业者要善于在实践中学习。

（二）跨界学习是创业的重要逻辑起点

特斯拉公司从诞生之日起便以创新和颠覆者的姿态受到业界瞩目，其中包括一直坚持的"线上销售＋线下体验和服务"的直销模式，自营的线下体验店可以提供标准化、专业化以及不以现场直接成交为目的的体验服务。这种模式是特斯拉公司学习借鉴苹果公司的结果，是一个跨界学习典型案例。创业者要善于跨入不同领域，去了解你不熟悉甚至完全陌生的事物，把不同领域的内容和方法移植到自己的创业领域，交叉融合是创新的源泉。

在数字时代，跨界学习会成为创业的一股潮流，即一个行业的人要普遍学习其他行业的知识。跨界学习的目的不一定是让人成为一个多面手，而是能从其他领域学到自己行业里没有的方法。跨界学习带来的新视角和新思维方式会不断扩充人们的思维储备，让人们在面对数字时代的挑战时，能够以更恰当的方式做出更好的选择。

（三）数字时代的创业需要洞察与反馈

艾森豪威尔说过："领导力达到艺术的境界，是让他人心甘情愿地来做你想完成的事情。"而这一切的根基是人与人之间最基本的相互尊重与换位思考。沟通方式或者说话技巧对创业者领导力的发挥至关重要。只有提高相互洞察的能力，充分有效地沟通，才能实现相互理解与信赖，才能最大限度地减少创业团队的内耗。创业者对于互联网传播的移动化、社交化、视频化发展趋势的洞悉，对掌握数字化、智能化、云计算技术并广泛应用到传媒内容生产中具有特别重要的价值，3D打印技术、智能化机器、可移动穿戴设备、虚拟现实与增强现实技术、全息投影等新技术的日益成熟，正在进入传媒领域。日本《读卖新闻》利用增强现实技术，实现了用手机扫描报纸上的一段文字或图片，即可看到网上的相关视频内容；元宇宙技术可以实现一个人在世界各地同时进行现场演讲；等等。

数字时代颠覆了媒体和用户的位置。用户不仅能够提供评论和反馈，甚至能够参与内容的制作过程。全球的新闻网站都把用户评论的数量和质量看得前所未有的重要，一些弹幕视频网站更是把用户的评论作为主要内容，把评论与视频融为一体进行展现。短视频的使用时长正在呈现爆发式增长，截至2020年底，短视频应用的月人均使用时长已经超过42.6小时，而在线视频应用的月人均使用时长为13.8小时，短视频应用的月人均使用时长已是在线视频的3倍多，短视频应用已经占据了大多数人日常生活的大部分时间。

处在一个高度易变性、不确定性、复杂性、模糊性的世界里，创业者及其团队能够更迅速迭代，尽早拿到用户的反馈是至关重要的。数字时代可以充分发挥团队优势，发挥个人主观能动性。拥有更多的适应性，能够开放性地拥抱变化，在复杂多变的环境下随需应变。以数字音乐零售市场为例，数字技术使数字音乐发展迅速、数字音乐的市场份额可能在较短时间内就会出现明显变化。十年前，欧美用户也许还觉得在数字音乐下载市场中，无人能对iTunes形成威胁或构成挑战，iTunes音乐在2012年全球数字音乐下载市场中具有绝对优势，占据64%的份额。但随着流媒体的出现，数字媒体大量业务从iTunes转移到了"声田"。到2017年，"声田"已经占据了全球音乐下载市场40%的份额。国内的视频市场发展更是风起云涌，几年前，人们还以为爱奇艺、腾讯、优酷几个视频平台无人能挑战他们的地位。但最近几年，快手、抖音等平台都积累了大量的用户群体，与上述几家平台形成了强势的竞争，最终的发展结果谁都无法预料。

（四）数字时代的创业需要人文情怀

在人类的创业过程中，情怀和梦想等人文理念一直是创造力的重要源泉。人文情怀作为创业者的一种美好的情感动力，常常能上升为一种价值理念，给创业者指明发展方向，提高创业生产力，创造商业价值。数字时代的创业具有更多个性化的色彩，创业的商业价值更多地受社会和个体的情感影响，因此，人文情怀对数字时代的创业具有更大作用。人文主义者的情怀和梦想有时是可以超过现实和创业者的能力，对创业发展产生潜在的重要影响。

人文主义创业者认可创业的利他性，相信商业的价值就是为社会创造真善美的价值。人文主义创业者关注人性，其思想价值观和决策大多与人有关。他们总是关心人类群体的命运、关注社会发展。人文主义创业者关注过去，向往传统和经典，而推动商业社会进步的科技则关注未来、追求新知和革新，人文主义创业者让这两种关注力融入数字时代新技术、新时尚和新传媒等领域，形成人文与科技深度融合的创业理念。人文主义创业者是可以自洽的，也是可以自我超越的。商业是社会化的，商业是交换，商业从业者是属于社会网络的，是与用户、行业和社会联系在一起的。基于技术的创业、解决社会痛点的创业，看似一开始并没有满足人们更高层次的精神需求，但是他们的基础性、普及性是自然的。虽然从人文情感和精神需求出发的创业，在看上去很美的同时有时会落入困局，但真正有责任担当和美好情感的创业终将获得成功。

9.5 数字时代的创新创业教育

当斯坦福的学生在使用 GPT-4 完成原本需要半年才能完成的市场调研，当北京大学的学生在元宇宙路演中获得千万投资的创业项目时，我们必须清醒地认识到数字时代的创新创业教育正在发生革命性变化。数字时代不会淘汰创新创业教育，但必将淘汰不愿变革的教育模式。那些将数字代码注入创新创业基因、用数据重构知识体系、以开放生态替代封闭校园的大学，正在培养定义未来的数字创业者，所代表的不仅是教育方法的变革，更是人类在智能文明时代延续创新火种的必由之路。

一、数字化的创新创业教育

（一）创新创业教育理念的数字化

创新创业教育与数字时代的融合，首先是要建立数字化教育理念。数字经济已成为世界经济发展的常态，成为推进经济社会发展的关键路径，更是持续激发市场活力和社会创造力的必然选择。数字化理念反映在行动上是要探索创新创业教育的数字化模式，应用数字化工具和数字资源，为大学生提供更高效、更便捷的学习，通过教学模式的改变，结合产业升级充分挖掘和创造用户需求，运用数字技术进行复盘和迭代，培养大学生的数字化素养和能力。要以资源共享为途径，发挥新工科建设和新文科建设的知识共享、资源共享、平台共享等理念，通过建立创新创业数字化教学体系，实现校内外教学资源、实验平台、教学经验、教学师资等的共享。

（二）创新创业教育内容的数字化

数字时代不能按照传统的思维方式，不是在现有的教育基础上或者按照现有的教学思路加上一些数字化内容，而是教学内容和教学范式的彻底数字化转型。这意味着要顺应数字时代的发展，突破固有的课程教学内容和教学形式，推动创新创业教育与数字技术的交叉融合，快速适应数字化教学服务形式，全面升级数字化教学内容，培养学生面向未来的竞争力。创新创业教学内容数字化是全面的，要按照数字经济和数字技术发展要求重新定义课程教学内容、教学方法，设定教学目标和评估方法，建立数字化教育教学模式。

（三）创新创业教育方法的数字化

创新创业教育应如何解决教育信息不对称、教育资源不均衡、教学方法不现代、教师能力不匹配等问题，数字化的创新创业教育将为此打开新局面。创新创业教育方法的数字化不仅提高教育教学效率，更为重要的是发挥数字技术的示范引领作用。建立数字化学习环境，使得当代大学生能更好地应用数字化移动互联网的服务形式。

当前各高校都在努力探索数字化时代创新创业教育的对策，有的高校通过基于微信生态的数字化工具（创客MAP），搭建"全天候、全时空"的创新创业教育数据化管理服务平台，让师生更高效流畅地完成项目创建及辅导沟通，有序完成创赛组织、数据管理和创新创业课赛一体平台建设。有的高校则通过现代企业商务运营虚拟仿真中心，探索虚拟仿真技术与创新创业教育的深度融合，将虚拟仿真技术用于实验教学中，为创新创业教育搭建起学生实践的平台，实现虚拟仿真教学与线上线下实验课程、实训教学、跨专业综合实习、创新创业活动等方面的融合，使学生能够在开放、交互的虚拟环境中开展自主实验，提升数字化创新创业能力。

二、创新创业教育的变革

在大学校园里，你也许会发现在凌晨3点的创客空间里，计算机系的同学正在调试着他们的AI模型——这个能通过食堂消费数据预测菜品需求的智能系统，刚获得字节跳动"校园黑马计划"的种子投资。而在同一时刻，管理学院的创业团队正在元宇宙路演厅，向全球投资者展示他们的创业项目。这些场景揭示着这样一个事实：当数字技术重构商业模式时，创新创业教育正面临着深刻的范式革命。

（一）创新创业教育模式的变革

在数字时代，创新创业方式产生了重大的变革，创新创业方式的变化必然要求创新创业教育模式变革。如果说数字经济对应的是大数据时代，那么在小数据时代，传统的创新创业教育模式主要是基于校园的教育模式，即创新创业教育的资源主要基于校内资源，师资主要源自高校教师，创新创业教育课程主要基于高校的素质通识课和相关专业理论课，接受创新创业教育只限于高校在校学生，这是一种脱离数据时代的、孤立、狭隘、缺乏协同的教育模式。数字时代对传统创新创业教育模式的"教师—课程—学生—空间"四个维度都有了新的定义。在这种情况下，创新创业教育模式要适应时代的发展进行变革。数字时代的创新创业教育模式更多的是数字化、开放、跨越时空和个性化的。

（二）"教师—课程—学生—空间"的变革

建设数字化的创新创业教育教师队伍，对创新创业教育目标的实现和教育教学任务的有效完成具有重要的意义。教师既要有创新创业教育的理论基础，又要有相关专业的知识，更要拥有创新创业的实践能力和经验。在教师队伍结构方面，除了校内师资队伍外，还应把创新创业政策的制定者、创业校友、企业家、投资人、创业园孵化器管理者等纳入师资范畴。至于众多人员中哪些真正适合创新创业教育、适合指导创新创业实践，则可以利用大数据分析，从中甄选出合适的创新创业教育校外师资人员。

课程是实现创新创业教育的核心，目前大多数高校的创新创业教育课程未能突出创新创业实践能力的培养，与专业教育的融合不够，创新创业教学与专业教学、实践教学、数字化发展相脱节。在课程内容维度扩展方面，根据创新创业人才培养的需要，学校既要通过开设创新创业基础、创造思维与创新方法等通识课程，对学生进行创新创业通识教育，激发学生的创新创业意识，也要通过开展创业调研、创业体验等活动，引导学生深入企业中，了解创业对人才素质的需求，实现从理论知识转化为实践能力。针对有创业愿望或者正在创业的学生，开设风险投资、创新战略思维、创业营销与市场调查等课程，让学生能学习与创业直接相关的运营管理、市场营销、战略规划、企业风投、财务管理等方面的知识，帮助学生掌握创业的方法和技巧。

创新创业教育中关于"学生"的新定义。在数字时代，创新创业教育面向的不再仅是校园里的学生。国外一些高校在探索使用合作模式，即多方协同、共同开发社会创业教育课程或项目。例如，杜克大学富卡商学院联合多家机构成立社会创业教育提升中心，针对在校学生、社会组织及其他第三方机构提供培训项目。在学生维度方面，要按照终身学习和学习型社会建设的理念与要求，把毕业生校友、企业家、有创业意愿的社会人员纳入创新创业教育对象范畴。学生范围的扩大不仅拓展了创新创业教育的受众者，也促进了在校学生的创新创业教育，增强了校内学生与校外学员的交流，通过这种开放平台，校内学生能更好地接触和了解社会，了解创业的真实情况。

创新创业教育的虚拟化和平台化。在教育教学空间维度方面，高校正在通过校院两级全方位构建创新创业教育平台，积极搭建众创空间，建设创业孵化服务园，营造创客氛围，为创业学生提供交流与发展平台，为有基础、有能力的学生提供创业服务。在数字时代，创新创业教育的边界和空间得到了全方位拓展。创新创业教育可以在高校教室里讲授相关课程，可以在大学生创业园、创客空间开展能力素质训练，也可以到校外创业实训基地开展创业实习或实践，还可以在自己创办的企业（店铺）中接受创新创业教育辅导。

三、数字时代创新创业教育的内容

（一）数字时代的创业意识培养

创新精神、创新思维和创业意识是创业行为的内驱力。创业意识是一种心理状态，这种状态使创业者更加关注与创业有关的内容并引发创业行动，培养创业意识是整个创新创业教育中最为基础的部分，创新创业教育的根本就是要启蒙学生的创业意识。创业意识包括创业态度、创业的社会责任、创业挫折和失败感等。在数字时代背景下，创业门槛相对较低，数字创业与传统创业存在巨大的差异，数字创业具有无边界性、数字化、虚拟性、低成本、高回报、资源易整合等特征。

数字时代的创业意识主要包括三方面：一是对数字经济的认识，要深刻认识数字时代的社会形态和经济特征，理解数字时代的技术发展。二是对数字时代创业特征的认识，清楚数字时代创业的形态和类别，充分理解什么是数字时代创业、什么是传统条件下的创业。三是要有数字时代的思维模式和创业视野，认识数字时代的创业核心要素、创业模式和创业路径。数字时代大学生的创业意识和创业精神培养包括：对数字时代创业意识和创业精神的实质内涵的理解，利用自身所学的专业知识，强化自己的综合素质，理解数字时代创业的普遍规律。

（二）数字时代创业生态建设

创业生态研究始于美国，麻省理工学院较早建立了由多个组织和创业中心构成的创业生态系统。塞图巴尔理工学院构建了由创业课程、创业项目拓展和辅助性基础设施三个要素组成的创业教育生态系统。创业教育生态系统是一个能够让创业者容易获取所需政策、资金和专家资源，并受到政府激励的环境。数字创业生态系统是由数字技术设施、数据市场、数据用户和数字企业等主体构成，通过各主体之间的交互作用，实现内部资源共享。创业教育生态系统是以高校为主体，构建创业教育主体和外部环境因素（主要包括政府、孵化器、企业、组织、机构等）相互融合，形成的彼此依存、共同合作、协调发展的动态系统。高校要专注数字创业领域的创业生态系统构建，即高校应整合数据资源、数字用户、数字技术、校友、政府、风投、行业等相关主体，构建一个数字创业细分领域的创业生态。

构建数字时代的创新创业生态体系，不仅要构建创新创业教育的数字技术环境，更重要的是让学生能充分接受数字时代的教育，培养数字创业意识，掌握数字创业方法，让有创业意愿的大学生能够从创业生态体系中获得资金、场地、技术、政策、合作伙伴、专业指导等方面的支持。要重构数字化创业生态体系的内涵、组成要素和运行机制，促使高校、政府、企业、风投等相关方能够打破物理空间，形成线下实体空间与线上虚拟空间相融合、学校资源与社会服务资源相结合、多方互利共赢共生的、虚实结合协同的教育生态。

（三）数字时代创业能力的培养

创业能力是指创业者发现和捕捉创业机会，将各种资源整合起来并创造出更大价值的行为能力，即潜在的创业者将自己的创业设想成功变为现实价值的能力。数字时代创业能力有显著的不同特征，数字创业在创业机会、整合资源和创业团队等方面具有数字属性。数字时代创业能力的培养具体包括：识别数字创业机会的能力，从数字技术、数字时代的商机、领导力等方面理解创业能力。数字技术应用能力，即应用互联网、大数据、人工智能等数字技术的能力，能够应用数字技术开发数字产品或对传统产业进行数字化改造。数字时代创业者不仅需要战略眼光和执行力，还需要具备对技术的深刻理解和快速适应能力。创业领导者必须敏锐捕捉技术趋势，如把人工智能、大数据和区块链融入商业模式中，以保持竞争力。数字化带来了信息透明和快速传播，创业者需要具备强大的数据分析和决策能力，能够在海量信息中洞察出关键。

四、数字时代的创新创业教育模式

数字时代对创新创业能力提出了新要求，同样对创新创业教育也提出了新要求。因此，探索并形成适应数字创业要求的创新创业教育新模式是必要的。创新创业教育模式改革应以数字化理念为引导、数字化资源为基础、数字化教师为驱动、数字化平台为支撑，把大数据技术和思维融入创业教育。

（一）数字化理念引导创新创业教育

在以大数据、区块链、虚拟现实、机器学习和人工智能等为代表的数字时代，只有具备和掌握与数字经济相关的知识、技术和创新能力，才能显著提升未来社会的竞争力。创新创业教育应当主动顺应数字时代的发展潮流，树立数字时代的创新创业教育新理念，用数字化理念引导创新创业教育的改革。数字化理念首先是认识数字时代将深刻改变人类社会的生产、生活和思维方式。人类社会已进入了数字时代，创新创业教育自然要融入数字时代，用数字化理念引导创新创业教育，培养学生的数字经济意识和数字创业能力。数据驱动创新创业成为数字时代创新创业教育应遵循的基本原则，例如在教育内容方面，创业项目案例或服务手段的选择应该顺应数字时代，选择数字经济内容、数字创业案例或数字技术服务。在教育方式方面，数字创业案例研讨应该成为主流方法，创业项目的调研手段、合作平台的搭建、合作伙伴的选择、资金筹集方式等方面所涉及的大数据技术、数据处理方式、数据推演逻辑等内容成为学习的关键。

（二）数字化资源赋能创新创业教育

数字化资源重构教育要素生态的演进已突破简单的在线化，形成多维度知识网络。清华大学打造的"雨课堂"智慧教学平台，通过整合MOOC资源、企业真实案例库、专利数据库等多元要素，构建起"知识图谱—实践场景—创新工具"三位一体的资源矩阵。这种资源整合不仅实现课程内容的动态更新，更通过API接口接入行业实时数据，使课堂案例与企业运营保持同步更新。麻省理工学院Media Lab开发的虚拟创新工坊，则通过数字孪生技术将产品设计、市场测试等环节搬上云端，学生可在虚拟空间完成从概念设计到市场验证的全流程演练。

智能教学系统重塑能力培养范式，基于学习分析技术的个性化培养体系正在形成。浙江大学创新创业学院开发的"创智云脑"系统，通过采集学生课程参与、项目实践、社交互动等全维度数据，构建个性化能力画像。该系统能精准识别学生的创新潜力盲区，自动推送定制化学习资源。更为突破性的是，AI导师系统可模拟不同风格的创业导师，针对商业计划书进行多维度评估，提供24小时在线的智能指导。这种"人机协同"的教学模式使学生的项目迭代速度提升3倍，商业模式成熟度提高40%。

虚实融合平台正在消解传统实践教学的时空限制。深圳职业技术大学建设的"跨境商业元宇宙"平台，通过区块链技术构建可信交易环境，让学生在虚拟世界中体验跨境电商全流程运营。该平台通过对接真实海关数据系统，虚拟货币与真实汇率挂钩，学生实训产生的数据可直接转化为就业能力凭证。北京航空航天大学开发的"专利孵化引擎"，运用自然语言处理技术分析千万级专利数据，可自动生成技术空白点报告，指导学生开展突破性创新。这种虚实结合的实践平台，使创新创业训练从"模拟游戏"升级为"价值创造预演"。

区块链技术的应用正在重塑教育评价范式。上海交通大学推出的"创新能力数字护照"，完整记录学生参与项目的关键数据，包括创意产生过程、团队协作记录、用户反馈评价等不可篡改的成长轨迹。这种动态评价体系受到风险投资机构的认可，已有20余家创投机构将其作为项目评估的参考维度。更深远的影响在于，大数据分析揭示了传统评价难以捕捉的创新素养成长规律，中山大学研究团队通过分析10万条创新行为数据，建立了预测学生创业潜力的AI模型，准确率达82%。

（三）数字化教师驱动创新创业教育

创新创业教育的成功，关键在于创新创业教育者。在数字时代，创新创业教育无论是教学内容还是教学方式都要以数字化、智能化为导向。因此，建设一支具有数字经济意识和数字创业背景，了解数字技术的创新创业导师队伍对于推进数字时代的创新创业教育至关重要。创新创业教育的成功离不开优秀的创新创业导师，创新创业导师除了要具备敬业精神、认真负责、专业热情等传统优秀教师所具备的特质外，还应具备数字经济意识和有关数字技术专业知识或大数据实务工作经验，或是数字创业的背景，能与时俱进，实现从知识传递者向知识创新协同者的转变。学校可以直接从数字企业引进具有数字创业能力的专业人才或聘任所需的数字技术人才为兼职导师等。学校应该对教师进行专门的大数据理论与技能培训，把教师派驻到数字企业进行锻炼学习，鼓励和支持创业导师带头进行数字创业等。

（四）数字化平台支撑创新创业教育

数字时代呈现出的开放性、无边界性和强互动性，不仅要求创业者提高数字技术能力和创业效率，还要求创新创业教育提供相应的支持系统。建立数字化线上线下虚实结合的教学体系，整合数字资源，优化创新创业课程体系，全面打造智慧学习校园。数字技术促使生态系统各主体间形成充分的资源互动，建立数字化学习和创业的共同体，促进创业教育生态系统的不断完善和优化。高校、地方政府和企业合作建设数字化创业实践平台，开展数字创业项目实践，利用数字企业平台和资源，提高数字创业教育水平。构建数字创业园区，实现数字创业项目的孵化，为学生提供数字化创新创业活动的机会。

构建数字时代创新创业教育支持体系。一是建立创新创业量化数据库。学生在整个学习成长过程中会产生大量关于知识水平、兴趣爱好、能力态度、综合素质等方面的信息，及时收集和分析这些数据无疑对于开展有针对性的数字化创新创业教育是至关重要的。充分利用数字技术，包括信息技术手段和大数据技术，收集、整理、处理和分析学生各方面的能力水平和综合表现，形成量化数据，有针对性开展分层辅导、分类指导、弹性学习、体验学习等，激发学生的创新创业潜力和创业兴趣。二是量化项目风险管理，创业过程需要掌握足够的风险信息，进行必要的风险管理。采用大数据技术进行各类创业风险分析和控制，帮助学生创业团队获取实时信息，最终提升学生的创业风险管理能力。三是建立应用量化系统，包括建立教育数据采集和存储层、分析和可视化层、统计评估层和后台服务层，通过应用这些支持系统，全力支撑创新创业教育。

9.6　工作坊：搭建微信小程序商城

一、工作坊目标

（1）聚焦社交电商，以搭建微信小程序商城为具体内容，提供真实的微信小程序开发环境和数据，让学生亲身体验商铺搭建和运营的全过程。为学生提供供应链资源、营销推广渠道等资源服务，使工作坊更具针对性和实践操作性。

（2）学习掌握搭建微信小程序商城，了解社交电商的运营模式，引入真实数据，提升学生学习的实战性和价值，设计一个属于自己的微信小程序商城。邀请具有丰富经验的社交电商从业者担任导师，提供专业指导和建议，打造一站式学习体验。

二、工作坊内容

社交电商是数字时代新零售的发展趋势，本工作坊聚焦社交电商领域，以微信小程序商城为切入点，引导学生从0到1搭建一个属于自己的线上店铺。工作坊内容包括：

微信生态与新零售发展：基于新零售社交电商的崛起趋势，解读微信生态的商业价值，学习利用微信小程序、公众号、社群等工具进行营销推广。

微信小程序商城搭建：学习使用微信小程序开发工具，完成店铺搭建、商品上架、页面设计等基础操作。

产品选择与供应链管理：学习使用数据分析工具选择产品，寻找可靠的供应链资源。使用微信小程序后台数据分析工具了解用户行为，并根据数据反馈优化店铺运营策略。

私域流量与社群营销：学习如何将用户沉淀到私域流量池，并通过社群运营提升用户黏性和转化率。

三、教学流程

（1）教师课堂讲授"社交电商：新零售时代的机遇与挑战"，学生分组讨论如何设计一个吸引人的微信小程序商城。

（2）课后学生团队自主搭建微信小程序商城，适时请各学生团队课堂展示搭建好的微信小程序商城。

（3）学生展示完成后，教师点评，并讲授用数据驱动店铺运营，内容包括如何利用选品工具进行产品分析，如何找到爆款产品和如何从流量获取到用户留存以及私域流量运营，打造高活跃度的微信社群。

【思考题】

1. 什么是数字经济，为什么说数字经济是新经济发展引擎？

2. 什么是人工智能，人工智能将在哪些方面深刻改变世界？

3. 数字时代的特征是什么？数字时代的创新创业模式是什么？

4. 数字时代的创新创业需要具备什么样的素质和能力？

5. DeepSeek 大模型的横空出世给创新创业者带来哪些重要启示？

6. 数字时代创新创业教育的范式和变革内容是什么？

10 创新创业案例

每一个创新创业案例都是一部生动的奋斗史，犹如璀璨星辰点缀在创新创业的浩瀚星河中。每一个伟大的创新创业，都始于一个勇敢的梦想，看似一个平凡的开始，却最终造就了伟大的传奇。这些案例所蕴含的信息，远远超出了故事本身。它们是对创新创业实践的深度剖析，从市场洞察、产品开发到团队组建、资金运作，无一不包含其中。深入分析这些案例，我们能从中挖掘出成功的共性和失败的警示，从而增强创新创业的信心，开拓创新创业思维，尽量避免重蹈覆辙、多走弯路。

本章将对创办企业、基础研究创新、管理创新的一系列具有代表性的创新创业案例进行全面而深入的剖析，分析这些代表性的创新创业者在面对机遇和挑战时的选择与行动，进而梳理出他们在创新创业过程中各个环节的内在逻辑。在此基础上，我们将总结出具有普遍指导意义的思维方式和规律，把这些思维方式和规律转化为创新创业者在规划和开展创新创业活动时的重要参考，帮助他们在风云变幻的商业社会环境、飞速发展的信息时代和高度不确定的未来中找准方向，做出明智的决策，提高创新创业的成功概率。

【导读图谱】

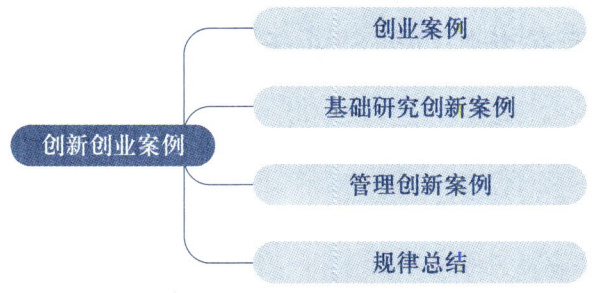

10.1 创业案例

创业案例教学是一种通过分析真实的创业项目，引导学生（或参与者）去理解创业过程、把握创业要点、汲取经验教训的教学方法。它将理论知识与实际创业情境相结合，让学生能更直观深入地体验创业的各个环节。案例教学法最早是 1871 年由哈佛大学法学院提出，1921 年，由哈佛大学商学院正式推行，直到 1979 年引入国内，并逐渐从管理学推广到其他学科。在哈佛大学商学院，学生每天都要研究在企业界发生过的或正在发生的真实案例。

清华大学经济管理学院设有中国工商管理案例中心，专门从事案例研究、案例开发、案例库建设和案例教学培训。该中心以"集聚商业智慧、推动教学创新"为宗旨，在国内最先建立了教授指导研究助理的案例开发模式。纵观著名高校，普遍做法是请大量的企业家进校讲授创业故事、行业发展趋势，特别是那些初创企业如何实现从 0 到 1 的创新创造。

本书引入清华大学陆向谦教授与龚海燕、刘强东、米雯娟、王兴、陈安妮等互联网领域独角兽创业者的创业访谈，从不同视角向学生呈现不同行业创业者的心路历程，激发学生的创新思维与创业意识，植入创新创业基因。通过案例分析，总结出这些优秀创业者如何开启自己的创业之路、如何构建自己的团队、如何创新设计商业模式等创新创业的普遍规律。此外，基于案例分析教学，教师在讲授创新思维、创业团队、创业机会、创业资源、商业模式等教学内容时，可以随时把这些案例拿出来分析与讨论，让课程教学充满乐趣与真实感。

一、案例一：乔布斯的创新创业历程

史蒂夫·乔布斯是 21 世纪最伟大的创业者之一，他的人生故事激励着世界上无数创业者。1955 年 2 月 24 日出生于美国旧金山，母亲未婚生下他，后来被机械师保罗·乔布斯夫妇收养，让他从小在养父的车库里耳濡目染电子设备维修技艺。17 岁那年，乔布斯进入俄勒冈州里德学院，6 个月后辍学，但仍坚持旁听书法课并沉迷于东方哲学。19 岁那年，乔布斯赴印度进行禅修旅行，回国后在雅达利公司工作，其间与沃兹尼亚克研发"蓝盒子"盗打电话装置，赚取了人生第一笔 6 000 美元创业基金。1976 年 4 月，乔布斯与沃兹尼亚克、罗纳德·韦恩在车库里创立苹果公司，Apple I 以 666.66 美元的定价售出 200 台，次年推出的 Apple II 成为首款量产个人电脑，公司估值 3 年内突破 10 亿美元。1986 年，公司以 1 000 万美元收购卢卡斯影业计算机图形部，同年创立NeXT公司，开发的NeXTSTEP系统后来成为macOS系统的基础。1995年，皮克斯推出全球首部全3D动画长片《玩具总动员》，票房高达3.73亿美元，次年迪士尼以74亿美元收购皮克斯，乔布斯成为迪士尼最大的个人股东。1997年，苹果公司以4.29亿美元收购NeXT公司，乔布斯在回归四个月后出任公司CEO，带领苹果公司完成"世纪转型"，iMac以果冻般半透明设计重振PC市场，iPod+iTunes颠覆了音乐产业，iPhone开启智能手机时代。2003年10月，乔布斯被确诊为胰腺神经内分泌肿瘤。2010年1月发布iPad，重新定义平板电脑，同年苹果公司市值超越微软公司，成为全球最具价值的科技公司。在生命最后的五年，乔布斯将癌症治疗室变成了设计工作室。iPad的9.7英寸屏幕是他在病床上反复研究手持姿势后确定的最佳平衡点；苹果新总部大楼的曲面玻璃，源自他一次次化疗后玩水滴的灵感。2011年10月5日，乔布斯在家中病逝，在他的遗作《史蒂夫·乔布斯传》手稿边缘，人们发现他用颤抖的笔迹写下的最后箴言："真正的创新是在宇宙的铜板上刻下凹痕。"2005年，乔布斯在斯坦福大学的演讲风靡全球，他在演讲中提到自己的三个故事。在结尾时，他重复三遍"Stay hungry, Stay foolish"以此来概括他一生创新创业的心得。他在理想主义的荒野上刻下创新的图腾，他的创新创业精神被永远铭刻在这个时代的璀璨星空。

课堂讨论

（1）乔布斯是如何看待创新创业的？

（2）乔布斯在斯坦福大学讲到的三个故事分别是什么？

（3）乔布斯的演讲带给我们什么启示？如何理解"Stay hungry, Stay foolish"？

乔布斯演讲视频

二、案例二：龚海燕与世纪佳缘

1976年，龚海燕出生在湖南省桃源县的一个贫困农家。从小学起，她就利用假期卖冰棍贴补家用。1992年，她初中毕业获保送桃源一中的资格，但在暑假卖冰棍时遭遇车祸，右腿粉碎性骨折。龚海燕坚持读完高一，取得全年级第二的成绩，但因家庭经济压力，高二时龚海燕选择辍学。辍学后，龚海燕在乡小学附近开了家学生用品店，一年赚了7 000多元。1994年，18岁的龚海燕赴珠海打工，凭借文学天赋从流水线工人成为公司内部报刊编辑。1996年，20岁的龚海燕辞职返乡，重回桃源一中备战高考。1998年，她以县文科状元的成绩考取北京大学中文系。2002年本科毕业后，被保送到复旦大学新闻学院读研究生。在读研期间，龚海燕发现自己及周围的硕士、博士都有找对象难的问题。因为辍学3年，从高中、大学到研究生，龚海燕一直比同班同学大。"我的个人问题就成了'老大难'。我妈特别着急，我只好开始征婚。"

一说起这事，龚海燕就笑了起来，没有丝毫的扭捏。读研期间，她曾经两次被婚介交友网站欺骗。正是这两次受骗，让她萌发了创办一个严肃的、以婚恋为目的的交友平台。当时她想借网站练手，也为身边研究生提供交友平台。

2003 年，龚海燕拿出做家教积攒的仅有的 1 000 元制作简单网页，游说身边朋友、同学发资料，世纪佳缘公司开张。最初的会员基本是她的朋友和同学，网页也很简单。2004 年 2 月 15 日，应会员要求，世纪佳缘公司在北京、上海两地举办交友见面会，赚了一万多元，同年，她注册成立上海花千树信息科技有限公司。龚海燕将会员定位在大专以上学历，要求提交真实身份证明资料。2005 年底，世纪佳缘会员达 32 万人，成为百度交友网站排行冠军。2006 年初，世纪佳缘公司又被艾瑞市场资讯评为婚恋交友类网站第一名。世纪佳缘公司成立以来，有近 60 万人在网站找到了自己的另一半。尽管没有打广告也没有投入任何宣传费用，"严肃婚恋"的定位和严格的身份鉴定制度还是很快为世纪佳缘公司赢得了市场。2005 年 5 月，新东方副校长钱永强给世纪佳缘网站投入 200 万元资金支持。2007 年 4—5 月，世纪佳缘公司相继获得徐小平、王强、钱永强的 4 000 万元人民币天使投资和启明创投的 1 000 万美元风险投资。2011 年 5 月 11 日，世纪佳缘在美国纳斯达克全球精选市场上市，从此世纪佳缘成为全球著名的婚恋网站。

课堂讨论

（1）分析龚海燕创业之前的生活，她为什么会走上创业之路？

（2）世纪佳缘如何实现从 0 到 1？龚海燕是如何开启创业之路的？

（3）面对激烈的竞争，从天时、地利、人和等方面分析世纪佳缘公司的成功。

（4）龚海燕具有什么样的创业品质？

龚海燕与世纪佳缘

三、案例三：刘强东与京东商城

刘强东，京东商城创始人，1974 年出生于江苏宿迁的一个普通贫困家庭。1992 年，他以优异成绩考入中国人民大学社会学系。大学期间，刘强东当过班长和学生会副主席，业余做过家教、推销、机房实习生等；大三期间，他疯狂地写程序，赚了几十万元，成为人大最富有的学生；大四时他开过餐馆，亏损 40 万元，成为人大最贫穷的学生。毕业后，刘强东进入一家外资企业工作，积累了丰富的物流和销售经验。

1998 年，刘强东带着仅有的 1.2 万元资金来到北京中关村，租了一个小柜台，售卖刻录机和光碟，取名"京东多媒体"，这便是京东的前身。他凭借正品行货和优质服务逐渐站稳脚跟，并在2001年成为当时中国最大的光磁产品代理商。然而2003年，"非典"爆发，线下业务受挫，刘强东决定关闭门店，转型线上销售。2004年，京东多媒体网站正式上线，由此京东开启了电商之路。随后，京东不断拓展业务。2007年，刘强东做出两大战略决策：一是向全品类扩张，从3C产品转向一站式购物平台；二是自建物流体系，提升客户体验。2009年，京东获得第一笔融资，进入发展快车道。2010年，京东成为国内首家销售额突破百亿元的网络零售企业。2014年，京东在美国纳斯达克成功上市，市值达297亿美元，成为中国第三大互联网上市公司。此后，京东不断拓展业务领域，涵盖电商、金融、物流等多个板块，并多次入选全球500强。刘强东凭借自己的战略眼光和对品质的坚持，带领京东从一个小柜台成长为全球知名的电商巨头。

课堂讨论

（1）基于刘强东的大学生活，如何理解他的创业之路。

（2）刘强东是如何从0到1走上创业道路的？

（3）刘强东身上的哪些品质对于成功至关重要？

刘强东与京东商城

四、案例四：米雯娟与VIPKID

米雯娟，在线少儿英语品牌VIPKID创始人及CEO，1983年出生于河北张家口的一个普通家庭。17岁时，她因对传统教育感到失望而辍学，但她凭借对英语的热爱，决定跟随舅舅刘成一起创业。2000年，她协助舅舅在北京创办了ABC英语培训学校，从一线教师做起，逐渐成长为企业的核心人物。在ABC英语的12年里，她积累了丰富的教育行业经验，并将ABC发展为北京少儿英语培训的龙头企业。然而，随着传统教育模式的瓶颈逐渐显现，米雯娟意识到互联网教育的潜力。2010年，她进入长江商学院MBA项目学习，其间受到副院长刘劲的启发，决定离开ABC英语，独自创立在线教育平台。2013年，VIPKID正式成立，专注于在线少儿英语教育。

VIPKID的创业之路充满挑战。最初，团队只有三四人，学生不足百人，家长和教师对在线教育模式的接受度较低。但米雯娟凭借对教育的深刻理解和对互联网的敏锐洞察，逐步克服了困难。她坚持"一节课赚一块钱"的盈利目标，通过精细化运营和课程创新，逐渐扩大市场份额。2014年底，VIPKID获得了首轮投资，随后迅速发展。到2018年，VIPKID完成了D+轮5亿美元的融资，创下K12领域的单笔融资纪录。到2020年，VIPKID的学员已遍布全球63个国家和地区，付费学员超过70万人，签约北美外教超过10万名。

在VIPKID公司的发展过程中，米雯娟不断创新模式，拓展课程体系，从少儿英语扩展到青少儿英语，推出"百宝箱"专项课程、小班双优课程和"大米网校"等多元化产品。同时，米雯娟积极推动教育公益项目，帮助更多孩子获得优质教育资源。米雯娟的创业故事展现了她从传统教育到互联网教育的转型，以及她对教育本质的深刻思考。她认为，创业就像在沙漠中寻找绿洲，需要勇气和坚持。VIPKID的成功不仅改变了在线教育的格局，也为中国教育的国际化和数字化提供了新思路。

课堂讨论

（1）米雯娟是如何走上创业之路的？

（2）米雯娟的求学经历带给我们什么启示？

（3）米雯娟具有怎样的对其创业成功至关重要的品质？

米雯娟的创业故事

五、案例五：王兴与美团

王兴，饭否网、美团网的创始人，1979年出生于福建龙岩的一个富裕家庭，父亲是当地水泥厂的大股东。他从小对科技展现出浓厚的兴趣，尤其痴迷无线电，还曾亲手制作录音机等小物件。25岁之前的王兴，有着典型的"三好学生"式经历。1997年，他凭借优异的成绩从龙岩一中保送至清华大学电子工程系无线电专业。在清华园里，他如鱼得水，不仅学业成绩优异，还积极参加各类社团活动，结识了一群志同道合的朋友，其中就包括日后与他携手创业的王慧文。毕业后获得奖学金前往美国特拉华大学攻读计算机工程硕士学位。

在美国学习期间，王兴敏锐地察觉到互联网行业的巨大商机，于2003年中断博士学业回国创业。正如王兴自己所说："当时我除了想法和勇气外，一无所有。我读完本科就去了美国，除了同学没什么社会关系。回来后，我找到了一个大学同学和一个高中同学，三个人在黑暗中摸索着开干了。"他们先后尝试了多个创业项目。2005年，受美国Facebook启发，他们创立了"校内网"，即后来的"人人网"前身。然而，由于资金和资源限制，"校内网"最终在2006年被千橡集团收购。

此后，王兴于2007年创办了社交网站"饭否网"，但由于政策原因，该网站于2009年被关停。尽管遭遇挫折，但王兴并未放弃创业梦想。2010年3月，他创办了美团网站，最初以团购业务起家。美团在创立初期获得了天使投资人王江的种子投资，并在同年完成A轮融资。2011年稳居团购行业龙头地位，随后公司加速布局本地生活，以团购业务为根基不断拓宽业务边界，积累商家资源和运营经验，逐步渗透到电影、酒店、旅游、外卖、团购、生鲜等诸多与城市消费者生活密不可分的各个领域。公司在2013年开始介入外卖市场，随后公司迎来了业务规模的高速增长。2015年，美团与大众点评合并，成立美团点评集团，成为国内最大的本地生活服务平台。

2018 年 9 月，美团正式在港交所挂牌上市，市值突破 4 000 亿港元。如今，美团已成为中国领先的生活服务电子商务平台，涵盖外卖、酒后预订、旅游、电影票务、休闲娱乐等多种服务，全方位满足用户的生活需求。王兴凭借其敏锐的商业洞察力和坚韧的创业精神，将美团发展成了全球范围内备受瞩目的互联网巨头。

课堂讨论

（1）王兴是如何开启他的创业之路的？
（2）王兴是如何看待大学生创业的？
（3）王兴是如何找到创业伙伴的？
（4）王兴具有怎样的对其创业成功至关重要的品质？

王兴的创业故事

六、案例六：陈安妮与快看漫画

陈安妮，快看漫画创始人兼 CEO，1992 出生于汕头赤港小镇的一个普通家庭的女孩，从小就喜欢在课本上涂鸦，梦想成为漫画家。陈安妮从小就对绘画充满热情，但囿于拮据的家境，她没有机会系统地学习美术。2010 年，陈安妮考入广东外语外贸大学，大二那年，漫画家杨笑汝的一场讲座让她鼓起勇气，开启了她对漫画的追求。她通过自学和努力，在生活中寻找灵感，把大学里发生的事情和感悟画出来，并以"伟大的安妮"为名在微博上连载作品，如《广外班导使用手册》《安妮和王小明》，真实的故事和文字得到了读者共鸣。2013 年，她凭借《安妮和王小明》获得中国动漫金龙奖最佳幽默漫画金奖。

2014 年，陈安妮大学毕业后来到北京创业，成立"梦当然"工作室。她意识到漫画作者在创作和推广上的困境，决心打造一个能服务创作者的漫画平台。同年，她开发了快看漫画APP，凭借其在微博上的影响力，快看漫画迅速获得了大量用户。快看漫画上线后，陈安妮通过发布原创漫画《对不起，我只过 1% 的生活》吸引了巨大关注，收获了超过 40 万的转发量和 2 亿的阅读量。这为快看漫画带来了近百万用户，也吸引了投资方的关注。2014 年底，快看漫画获得了红杉资本 300 万美元的融资。

此后，快看漫画不断发展壮大，成为国内领先的漫画平台。它不仅为创作者提供了展示作品的机会，还推动了国产漫画的商业化和 IP 化发展。如今，快看漫画已拥有海量的用户群体和丰富的原创内容，成为中国漫画行业的标志性平台。陈安妮的创业故事展现了她从普通女孩到亿万漫画家的逆袭之路，也体现了她对漫画行业的深刻理解和对梦想的执着追求。

课堂讨论

（1）第一个1%，第二个1%，第三个1%，下一个1%是什么？陈安妮眼中的1%究竟是什么意义？

（2）快看漫画相比同行，缺少团队、资源、资金，它成功的关键是什么？

（3）陈安妮的创业故事带给我们什么启示？

陈安妮的创业故事

七、案例七：于东来与胖东来

于东来，河南许昌人，胖东来商贸集团创始人、董事长兼CEO。他于1995年创立了胖东来，经过多年发展，将其打造成为河南地区具有较高知名度和美誉度的商业零售领军企业。

于东来以独特的经营理念和对员工、顾客的重视而闻名，他注重企业信誉，舍得在员工和顾客身上投入，通过高工资吸引优秀人才，提升企业的竞争力。他凭借诚信经营、创新和对员工与顾客的尊重，从负债30万的草根青年到缔造"中国零售业神话"。在经历两次失败后，他凭借"不卖假货、明码标价"的小店逆袭翻身；一场火灾让他顿悟商业的本质是"传递温暖"，从此将员工福祉和顾客体验做到极致，胖东来因温暖的企业文化和细致入微的服务走红网络。他用实际行动证明：真正的企业家精神不是逐利，而是用善意创造价值，让员工幸福、顾客信任、社会受益。于东来始终坚守初心，以极致的服务和创新的商业模式赢得市场和顾客。他不仅将企业视为商业实体，更将其作为践行社会责任的平台，为员工提供优厚的待遇，为社会创造价值，展现了优秀企业家精神。

课堂讨论

（1）胖东来对比同行的独特之处是什么？

（2）于东来能够成功的关键品质有哪些？

（3）于东来的成功给予创业者什么启示？

胖东来的创业故事

八、案例八：大疆创新——全球无人机巨头的创业传奇

汪滔，1980年出生于浙江杭州，是大疆创新科技有限公司的创始人。他从小对航模和遥控飞行器充满浓厚兴趣，这份热爱成为他日后创业的起点。在求学过程中，汪滔经历了多次挫

折和选择。他最初在华东师范大学读书，但因学校课程过于理论化，未能满足他对实际操作技能的追求，最终选择退学。随后，他进入香港科技大学，在李泽湘教授的指导下，深入研究飞控技术，并在毕业设计中尝试开发直升机飞行控制系统。

汪滔从小痴迷航模，尤其是遥控直升机，但传统的遥控直升机难以操控，这让他萌生了开发自动飞行控制系统的念头。2005 年，在香港科技大学读本科的汪滔决定以遥控直升机飞行控制系统为毕业设计课题。尽管初期失败，但他凭借对梦想的执着，最终在 2006 年成功研发出第一台样品机，并通过航模论坛获得了首批订单。2006 年，汪滔与两位同学正式创立大疆公司，专注于直升机飞行控制系统的设计研发。凭借过硬的技术和产品，大疆产品在航模爱好者中逐渐崭露头角，到 2010 年，公司销售额已达几十万元。汪滔敏锐地察觉到多旋翼飞行器的潜力，将技术拓展到这一领域，并于 2011 年推出多款创新产品，包括 Phantom（精灵）多旋翼飞行器和 Ronin（如影）三轴手持云台产品，彻底改变了航拍和影像拍摄的传统方式。

在无人机市场爆发式增长的 2014 年，大疆公司凭借强大的技术积累和研发实力，迅速成为行业领导者。汪滔坚持"追求极致"的理念，不满足于低价竞争，而是专注于高端产品的品质和用户体验。大疆公司的产品虽然价格较高，但凭借卓越的性能和可靠性，赢得了全球消费者的认可。同时，汪滔希望通过技术创新降低成本，而不是以牺牲品质为代价。如今，大疆公司在全球 100 多个国家和地区开展业务，成为全球无人机市场的领军企业。汪滔的创业故事证明了梦想、执着和创新的力量，为"中国制造"树立了新的标杆。大疆公司不仅改变了无人机行业，更成为全球科技创新的典范。

课堂讨论

（1）汪滔的求学与创业故事带给我们怎样的启示？

（2）汪滔与其同学的合作带给我们哪些思考？

（3）汪滔的创业与互联网创业有什么明显的不同？

汪滔：让中国的产品打动世界

九、案例九：DeepSeek 大模型——中国 AI 领域的创新先锋

梁文锋，杭州幻方科技有限公司、DeepSeek 创始人，他的创业始于对人工智能技术的深度探索和创新追求。1985 年，梁文锋出生在广东省湛江市吴川市覃巴镇米历岭村。2002 年，他以吴川一中"高考状元"的成绩考入浙江大学电子信息工程专业学习。2008 年起，梁文锋开始带领团队使用机器学习等技术探索全自动量化交易，2013 年，他与同学徐进共同创立了杭州雅克比投资管理有限公司。2015 年，杭州幻方科技有限公司正式成立；到 2019 年，其资金管理规模突破百亿元，梁文锋在当年的金牛奖颁奖仪式上发表主题演讲《一名程序员眼里中国量化

投资的未来》。从2020年开始，AI超级计算机"萤火一号"正式投入运作。2023年7月，梁文锋宣布成立大模型公司DeepSeek，正式进军通用人工智能领域。2024年5月，DeepSeek发布了DeepSeek-V2；同年12月，DeepSeek-V3面世。2025年1月，DeepSeek正式发布DeepSeek-R1模型，震惊美国科技界，引起了世界人工智能界的高度关注。

DeepSeek在技术突破方面，其核心产品——大语言模型展现了卓越的性能。发布的DeepSeek-V3模型拥有6710亿参数，但每次激活仅370亿参数，通过多头潜在注意力和无辅助损失的负载平衡技术，显著提高了效率。在多项基准测试中，DeepSeek-V3表现优异，例如在MMLU测试中达到了87.1%的准确率，显示出其在自然语言处理和复杂任务处理方面的强大能力。

DeepSeek的创新还体现在其商业模式上。公司采取开源策略，全球开发者可以自由使用其技术进行开发和定制，极大地促进了技术的传播和应用。而且DeepSeek的训练成本极低，DeepSeek-R1模型的训练成本仅560万美元，远低于国际同行的投入。这种低成本、高效率的模式使其在全球市场中具有显著竞争力。在应用方面，DeepSeek广泛应用于金融、医疗、代码生成等垂直领域，支持私有化部署和知识图谱融合，智能助手DeepSeek Chat在网页端和移动端均已上线，为用户提供高效、智能的交互体验。DeepSeek的崛起在全球引起了广泛关注，其技术突破不仅展示了中国在AI领域的创新能力，也为全球科技企业树立了新的竞争标杆。DeepSeek通过技术创新和开源策略，正在重塑全球AI市场的新格局，为实现高效能、低成本的AI解决方案提供了新的路径。

- -

课堂讨论

（1）梁文锋的创业与DeepSeek崛起的重要因素有哪些？

（2）与同行相比，DeepSeek具有哪些竞争力？

（3）DeepSeek的成功带给我们什么启示？

为什么DeepSeek能
震惊世界

- -

十、案例十：先导智能——从技术创新到行业引领的创业征程

无锡先导智能装备股份有限公司成立于1999年，当时正值中国制造业的快速发展期，但高端装备制造领域仍被国外企业垄断。先导智能的创始人凭借对自动化设备的深刻理解和对市场需求的敏锐洞察，决心打破这一垄断局面，专注于高端智能装备制造领域。公司最初从锂电池生产设备的研发入手，当时锂电池的市场潜力巨大，但国内相关设备大多依赖进口，成本高昂且技术受限。面对国内这一市场痛点，先导智能的创始团队凭借在自动化设备领域的多年积累，决心自主研发高性能的锂电池生产设备。经过多年的艰苦研发，他们成功攻克了多项关键

技术难题，推出了国内首条全自动锂电池生产线。这一创新不仅填补了国内的空白，还大幅降低了锂电池生产的成本，提高了生产效率和产品质量。

凭借这一技术突破，先导智能迅速在市场中崭露头角，与多家知名锂电池企业建立了合作关系，产品逐渐覆盖国内主要锂电池生产基地，并逐步拓展国际市场。随着新能源汽车和储能市场的爆发，先导智能抓住机遇，持续加大研发投入，不断推出智能化、高效化的生产设备，进一步巩固了其在锂电池设备领域的领先地位。2015年，先导智能成功在创业板上市，这为其进一步拓展业务提供了强大的资金支持。公司业务从锂电池智能装备拓展到光伏智能装备、3C智能装备、智能物流、汽车产线、氢能智能装备、激光精密加工装备等多个领域，成为全球领先的新能源智能制造解决方案服务商。

在"碳达峰碳中和"的国家战略目标引领下，先导智能专注智能制造，不断完善产业布局，引领国产装备不断走向全球。公司致力通过技术创新和产业升级，为实现"制造强国"战略目标贡献力量。先导智能的成功证明了技术创新是企业发展的核心动力，而持续的创新和对市场需求的敏锐洞察则是企业保持竞争力的关键。

课堂讨论

（1）先导智能创始人能够成功的关键是什么？

（2）从机遇、政策等方面分析先导智能高速发展的原因有哪些？

（3）先导智能的成功发展带给我们怎样的启示？

先导智能董事长
专访

10.2　基础研究创新案例

一、案例一：薛其坤——量子反常霍尔效应的发现者

薛其坤，中国著名物理学家、中国科学院院士，2023 年国家最高科学技术奖获得者。领导的科研团队在量子反常霍尔效应（QAHE）的研究中取得了突破性进展。

1963 年，薛其坤出生于山东省沂蒙山区的一个小村庄，虽然家境贫寒，但他从小就展现出对知识的渴望。1977 年，薛其坤考入蒙阴县第一中学，立志走出大山。1980 年，他考入山东大学光学系，尽管对专业并不了解，但他凭借对学习的热情开始了大学生活。1984 年，薛其坤大学毕业后决定考研，但因高等数学只考了 39 分而失败。之后，他被分配到曲阜师范大学物理系任教。1986 年，他再次尝试考研失败。周围的人都劝他放弃考研，但他没有气馁，继续备考。1987 年，他终于成功考入中国科学院物理研究所，开始了他的研究生生涯。薛其坤的科研之路并非一帆风顺，他的研究生阶段成绩并不突出，甚至用了七年时间才完成学业。1992 年，他作为中日联合培养博士生前往日本东北大学学习，开始了每天从早上 7 点工作到晚上 11 点的 "7-11" 高强度工作模式，正是这种训练让他养成了严谨的科研态度和坚韧的毅力。

2005 年，薛其坤回国到清华大学工作，继续从事凝聚态物理的研究工作。2013 年，他带领的团队利用分子束外延技术成功制备了 Cr 掺杂的 $(Bi, Sb)_2Te_3$ 磁性拓扑绝缘体薄膜，并在极低温（30mK）条件下首次实验观测到量子反常霍尔效应。这一发现为拓扑量子物质的研究开辟了新途径，被评价为凝聚态物理领域的里程碑式发现。在高温超导方面，2025 年，其团队在常压下发现镍氧化物的高温超导电性，再次引发国际关注。他的研究不仅推动了量子反常霍尔效应的理论发展，也为未来低能耗电子器件的设计提供了重要的实验依据，对全球物理学界带来了深远影响，推动中国在量子物理领域跻身世界前沿。

- -

课堂讨论

（1）薛其坤具有什么样的品质使其在量子物理基础研究方面获得成功？

（2）薛其坤以 "7-11" 工作模式著称，这种高强度的工作模式对他的科研成果起到了怎样的推动作用？

薛其坤：教育强国
"我"想说

（3）他在科研过程中展现出的坚韧不拔和执着精神对我们有哪些启示？

- -

二、案例二：唐本忠——聚集诱导发光研究的先驱

唐本忠，中国科学院院士、亚太材料科学院院士、发展中国家世界科学院院士，是聚集诱导发光（aggregation-induced emission，AIE）概念的提出者和研究引领者，以第一项目完成人获得2017年度国家自然科学奖一等奖。

他出生于湖北潜江一个普通家庭，物质贫瘠的岁月并没有阻止他对阅读的热爱。1974年，他高中毕业后下乡插队，被分配干挖河的重体力活。在那段艰苦的岁月里，筋疲力尽干活之余，他依然没有放弃读书的爱好。如饥似渴的读书学习，贯穿了他的成长历程，他的眼界也伴随读书走过万水千山。1977年恢复高考，他考入华南理工大学高分子科学与工程系学习，尽管他对这个专业知之甚少，但他仍然全力以赴投入学习。1988年，他获得日本京都大学博士学位，研究方向为高分子合成化学。殖后，他前往加拿大多伦多大学从事博士后研究，并在Neos公司担任高级研究员。这段经历虽然充满挑战，但也让他丰富知识、开阔视野。

20世纪末，有机发光材料因其广泛的应用前景备受关注，他开始探索新型高分子材料合成方法。然而，一次偶然的实验现象改变了他后续的研究方向。在合成一个涉及三键耦合反应的单体时，他发现该单体在聚集态时能够发光，而在溶液中却不发光。这一现象与传统的"聚集淬灭发光"效应截然不同。唐本忠敏锐地意识到这一反常现象的潜在价值，随后带领团队通过一系列精心设计的实验，确认了"越聚集越发光"的现象，并将其命名为"聚集诱导发光"。2001年，他首次提出聚集诱导发光概念，该发现打破了传统发光材料在聚集状态下发光效率下降的限制，开辟了聚集诱导发光这一具有国际引领性的新领域。聚集诱导发光材料因其独特的光学性质，在多个领域展现出巨大的应用潜力。例如，在生物医学领域，聚集诱导发光材料可用于肿瘤细胞的早期检测和治疗；在光电器件领域，聚集诱导发光材料可用于开发高性能的有机发光二极管（OLED）；聚集诱导发光材料还在食品质量检测、环境监测、细菌检测、防伪涂料等方面具有重要应用。唐本忠的研究不仅在学术界产生了深远的影响，还推动了相关技术的产业化发展。

- -

课堂讨论

（1）唐本忠提到的"科学就是要创新，要打破传统的认知"，这种创新精神在他的科研生涯中是如何体现的？

（2）通过对唐本忠创新研究的了解，你如何看待科研过程中的失败和挫折？

唐本忠：科学论坛演讲

- -

三、案例三：潘建伟——量子通信的领跑者

潘建伟，1970 年出生于浙江东阳，1987 年考入中国科学技术大学近代物理系学习。1996 年来到奥地利维也纳大学攻读博士，师从量子力学世界级大师塞林格，开始量子纠缠和量子通信的研究。1999 年，潘建伟获得博士学位后，他决心回国继续开展量子信息领域的研究。然而，当时量子信息研究在国内还存在很大争议，申请科研经费困难重重。直到 2001 年，他的科研项目才获得批准。2004 年，他带领的团队在国际上首次实现五光子纠缠和终端开放的量子态隐形传输，成果发表在《自然》杂志，并入选欧洲物理学会和美国物理学会评选的"年度物理学重大事件"。

潘建伟注重国际合作，他把团队成员送往国际顶尖实验室深造，同时与维也纳大学、海德堡大学等开展合作研究。2008 年，他在德国海德堡大学完成了量子中继器的实验，解决了长程量子通信中的关键难题，成果再次入选"年度物理学重大事件"。2008 年，潘建伟团队整体回到中国科学技术大学，在国内建立起国际一流的量子通信实验室。2009 年，团队在合肥建立了世界上第一个光量子电话网，实现了量子加密通信。2011 年，潘建伟入选中国科学院院士，他带领团队实现了从最初的多个光子纠缠，到 2016 年 8 月"墨子号"量子科学实验卫星成功发射。2022 年，团队实现了 12.5 公里距离的量子存储节点间纠缠，并在 2023 年构建了 255 个光子的量子计算原型机"九章三号"，刷新了光量子信息的技术水平。潘建伟团队在量子通信领域取得的重要成果，代表中国实现了由"跟跑"向"并跑"和"领跑"的跨越。

《感动中国 2016 年度人物》给予潘建伟院士的颁奖辞：嗅每一片落叶的味道，对世界保持着孩童般的好奇。只是和科学纠缠，保持与名利的距离。站在世界的最前排和宇宙对话，以先贤的名义，做前无古人的事业。

- -

课堂讨论

（1）潘建伟在国际合作和人才培养方面给予我们什么启示？

（2）潘建伟曾说："科学进步需要不断创新，敢于打破传统认知。"这种理念对科技创新有什么启示？

潘建伟：新年科学
演讲

- -

10.3　管理创新案例

一、案例一：海尔集团

1984年，张瑞敏临危受命，担任青岛电冰箱总厂厂长。面对工厂147万元的亏空和人心涣散的局面，张瑞敏果断推出了13条厂规，奠定了企业生存的基础。1985年，他带头砸毁76台有瑕疵的冰箱，这一锤不仅砸醒了员工的质量意识，也砸出了海尔集团对品质的执着坚守。凭借高质量的产品，海尔集团迅速在国内市场崭露头角，并于1988年夺得电冰箱行业第一块"国家优质产品奖"金牌。

进入20世纪90年代，海尔集团开启多元化战略，陆续兼并16家亏损企业，通过输入海尔文化和管理，盘活被兼并企业，实现快速扩张。1999年，海尔集团在美国南卡罗来纳州建立工厂，正式开启国际化战略，以自有品牌在国际市场上攻城略地。2005年，海尔集团进入全球化品牌战略阶段，通过收购当地知名品牌建立研发、生产、销售基地，实现全球资源的整合。

2012年，海尔集团进入网络化战略阶段，基于人单合一的管理模式，转型为面向全社会孵化创客的平台。2019年至今，海尔集团进入生态品牌战略阶段，通过与用户、合作伙伴联合共创，提供无界且持续迭代的整体价值体验，实现生态各方共赢共生。海尔集团已连续多年蝉联全球大型家用电器品牌零售量第一，成为全球知名的物联网生态品牌。

在商业模式上，海尔集团推行"内部平台化、外部生态化"的管理模式，借助物联网技术将家电产品升级为"网器"，精准捕捉用户需求，催生高端定制和场景化产品。同时，海尔集团构建平台型组织生态圈，通过"竞单上岗"等机制提升人才使用效率。在成本管理方面，海尔集团以链群为核心，采用以结果管控为中心的成本管理方法，全面反映企业生态体系的价值活动，为战略决策提供支持。

海尔集团的成功证明了质量意识、创新精神和全球化视野是企业成功的关键。通过不断革新管理模式和拓展市场，海尔集团从一个濒临倒闭的小厂成长为全球家电行业的领军企业。

课堂讨论

（1）海尔集团是如何通过数字化转型使其在全球市场中提升竞争力的？

（2）海尔集团的管理创新给予我们怎样的创业启示？

（3）与同行比较，海尔集团的竞争优势是怎样形成的？

海尔的发展历程

二、案例二：华为公司

1987 年，任正非在深圳创立华为公司，从代理销售香港鸿年公司的电话交换机起步。创业初期，面临办公条件简陋、资金紧张等困难。但任正非凭借对通信行业的深刻洞察和对未来的坚定信念，带领团队开启了艰难的创业之路。1991 年，华为租下深圳宝安蚝业村工业大厦三楼，正式开启程控交换机的研发。1993 年，华为自主研发出 C&C08 数字程控交换机，这标志着华为公司拥有了自己的核心技术，华为公司采用"农村包围城市"的销售战略，逐步在市场中站稳脚跟。在管理创新方面，这一阶段的华为公司如同一位努力学习的新手，通过从外部客户、产品技术和市场数据中获取知识。华为公司推行员工持股制度，将员工与企业紧密相连。

1996 年，华为公司进行了"再创业运动"，所有员工集体辞职，通过重新考评后再返聘。这一举措虽然导致部分骨干离职，但也为公司注入了新活力。同年，华为公司推出首款数字交换机，进一步巩固了其在通信设备领域的技术实力。20 世纪 90 年代末，华为公司开始拓展海外市场，标志着其国际化战略的起步。2000 年，华为公司发展成为全球第三大通信设备供应商。2004 年，华为公司成立多个研究院，加大研发投入，推动 5G 及其他前沿技术的发展。2005 年，华为公司与全球多家知名运营商建立战略合作关系，进一步巩固了其在国际市场的地位。华为公司搭建了多种知识交流平台，促进知识在企业内部的流动与利用。同时，华为公司还与众多外部伙伴合作，不断更新知识体系，为企业的快速发展提供了有力支撑。通过这种"内化与外联"的管理创新，华为公司逐步构建了自身的核心竞争力。

2010 年，华为公司进入智能手机，推出的多款智能手机迅速获得市场的认可。华为公司不断拓展业务领域，从运营网络到企业业务、消费业务，再到云计算、人工智能等前沿领域，逐步构建了多元化的业务格局。2018 年，华为公司发布首款 5G 商用芯片 Balong 5000，并推出首款 5G 商用设备。2019 年，美国将华为公司列入"实体名单"，限制其购买美国技术和产品。然而，华为公司凭借自主创新和技术积累，依然保持稳定发展。在外部打压下，华为公司加大自主研发力度，推出了鸿蒙操作系统，进一步完善了技术生态。华为公司利用大数据，以客户需求为导向进行创新。通过花粉俱乐部等平台收集用户数据，华为公司研发出了一系列先进的技术和产品。华为公司建立了战略生态系统，通过与全球伙伴的深度合作，在全球市场占据了重要地位。华为公司特别注重创新环境的营造、创新主体的培养以及创意开发的推动。根据不同阶段的特点，华为公司灵活调整管理策略，成功实现了知识管理的创新，让企业持续发展强大。

华为公司的成功不仅是技术创新的胜利，更是管理创新的胜利。其高比例的研发投入不仅推动了自身的技术进步，也为整个行业提供了技术支撑，促进了数字化和智能化转型。在5G、鸿蒙系统和智能汽车领域的创新，为全球科技产业的发展带来了新的方向。华为公司通过不断优化管理策略，构建了强大的知识管理体系和创新生态，使其在全球竞争中脱颖而出，成为科技行业的领军企业。

课堂讨论

（1）在面临巨大挑战时，华为公司是以怎样的竞争力突出重围的？

（2）华为公司的技术创新和管理创新给予创业者什么启示？

（3）华为公司的发展带给中国企业什么样的经验？

华为创新之路

三、案例三：海底捞餐饮股份有限公司

1994年，年仅23岁的张勇在四川简阳与三位朋友共同出资8 000元，开了一家只有四张桌子的小火锅店。起初生意并不理想，但张勇凭借对服务的极致追求，逐渐赢得了顾客的认可。他发现，尽管火锅的味道并非最佳，但通过热情周到的服务，同样可以吸引并留住顾客。于是，他开始在服务上下功夫，比如为顾客擦鞋、送辣酱、提供免费美甲等，这些以顾客为中心的周到且细致的服务逐渐成为海底捞的特色。

1999年，海底捞走出四川，进入西安市场。尽管初期遭遇亏损，但凭借出色的服务理念，很快转亏为盈。海底捞逐步扩展至北京、上海等城市，并于2008年在新加坡开设了第一家海外分店。2018年，海底捞在香港成功上市，成为全球知名的餐饮品牌。

海底捞的成功不仅在于其独特的服务理念，更重要的在于其创新的管理模式和对员工的关怀。张勇提出了"双手改变命运"的价值观，鼓励员工通过努力工作实现自身价值。此外，海底捞还通过数字化转型提升运营效率，推出外卖服务等创新举措，展现了强大的韧性。海底捞的创业经历证明了服务和创新是企业成功的关键。通过不断优化顾客体验和管理模式，海底捞从一家小火锅店成长为全球餐饮行业的领军企业。

课堂讨论

（1）海底捞的经营模式带给创业者什么启示？

（2）海底捞在跨界合作和管理新模式探索方面有哪些成功经验？

（3）对比同行，海底捞突出的竞争力有哪些？

海底捞创始人访谈

10.4　规律总结

1. **既然创业失败的概率很大，创业又非常辛苦，人们为什么还要去创业呢？**

● 小组讨论3～5分钟，从以上创业案例中归纳创业失败对创业成功的作用。

● 归纳本组的主要观点，小组代表发言。

● 教师总结。

2. **众多创业者都说创业最难的就是如何从0到1，你如何理解？最初的创业机会究竟从哪里来？**

● 小组讨论3～5分钟，阐述世纪佳缘、京东商城、VIPKID、美团、快看漫画等是如何开启创业之路的？创意从哪里来？

● 归纳本组的主要观点，小组代表发言。

● 教师总结。

3. **从众多创业者身上，你认为创业成功最本质的因素是什么？**

● 小组讨论3～5分钟，阐述世纪佳缘、京东商城、VIPKID、美团、快看漫画等创始人有何特质？

● 归纳本组的主要观点，小组代表发言。

● 教师总结。

4. **创业需要团队吗？如果需要？需要什么样的团队？**

● 小组讨论3～5分钟，阐述世纪佳缘、京东商城、VIPKID、美团、快看漫画等创始团队是怎么样的一种团队。

● 归纳本组的主要观点，小组代表发言。

● 教师总结。

5. **究竟什么年纪创业更容易成功？大学生适合创业吗？**

● 小组讨论3～5分钟，调查世纪佳缘、京东商城、VIPKID、美团、快看漫画等创始团队，创始人首次创业是多大年龄？

● 归纳本组的主要观点，小组代表发言。

● 教师总结。

6. **如果想创业，我们现在能做什么？**

● 小组讨论3～5分钟，阐述世纪佳缘、京东商城、VIPKID、美团、快看漫画等创始人在创业前做了什么，创业要做什么准备？

● 归纳本组的主要观点，小组代表发言。

● 教师总结。

7. **在当今科技飞速发展的年代，技术创新是创业的基础，如何理解技术创新在创业过程中的重要作用？**

● 小组讨论5～8分钟，如何理解大疆创新、DeepSeek、先导智能等创始人从技术原始创新到创业的逻辑？基于技术创新的创业要做什么准备？

● 归纳本组的主要观点，小组代表发言。

● 教师总结。

8. **回顾科技文明的发展历史，基础研究创新往往是技术创新的源头，如何理解基础研究创新对技术创新的引领作用？**

● 小组讨论5～8分钟，如何基于量子反常霍尔效应、聚集诱导发光、量子纠缠等原始基础研究创新理解其对技术创新的引领作用？基础研究创新者需要具备什么样的特质？

● 归纳本组的主要观点，小组代表发言。

● 教师总结。

9. **商业模式创新是创业成功的关键，如何理解商业模式创新对创业的重要作用？**

● 小组讨论5～8分钟，如何从海尔集团、华为公司、海底捞餐饮股份有限公司等企业的商业模式中理解商业模式创新的作用？

● 归纳本组的主要观点，小组代表发言。

● 教师总结。

10. **管理创新是支撑创业企业发展壮大的保障，如何理解管理创新对创业企业的作用？**

● 小组讨论5～8分钟，如何从海尔集团、华为公司、海底捞餐饮股份有限公司等企业的发展壮大来深刻理解管理创新的作用？

● 归纳本组的主要观点，小组代表发言。

● 教师总结。

在当今快速发展的时代，创新创业浪潮汹涌澎湃，无数创业者怀揣梦想投身其中。而对于大多数创业，最初往往源自那些看似微小却蕴含无限潜力的创新。这些小小的创新如同星星之火，点燃了创业的激情，开启了通往成功的大门。然而随着创业的推进，仅依靠初始的小创新远远不够，技术创新与商业模式创新成为推动企业持续发展的关键动力，而管理创新则贯穿始终，为企业的稳定运营与持续进步提供坚实的保障。基础研究创新往往是技术创新的源头，因此，整个社会环境要高度重视基础研究创新。

一、创业多始于小创新，开启创业新征程

大多数创业的起点，是创业者捕捉到社会生活中某个细微的痛点或未被满足的市场需求，进而萌发出创新的想法。这些想法或许并不复杂，却具有独特的价值。例如，龚海燕在研究生阶段深受找对象难题的困扰，还曾被婚介交友网站欺骗。这段经历促使她创立了世纪佳缘网站，致力解决婚恋交友的难题。又如米雯娟，在传统教育行业工作时，察觉到传统教育模式的局限性，于是创立了在线教育平台 VIPKID，为学生和家长提供了全新的教育选择。这些小创新看似平凡，却能精准地满足市场需求，为创业奠定了良好的基础。

二、技术与模式创新，驱动创业持续发展

当创业经过初始阶段，要想在激烈的市场竞争中持续发展，技术创新和模式创新就显得尤为重要。技术创新为创业提供了深厚的技术底蕴和前沿的知识支撑。新的技术成果往往能够开辟新的市场领域，创造出新的产品或服务。以量子通信技术为例，其突破为信息安全领域的创业带来了全新契机，创业者将这些技术成果转化为实际产品或服务，将有力推动创业企业的发展壮大。

大疆在无人机领域的成功便是很好的例证。大疆创始人汪滔基于航模市场对自动飞行控制系统的需求，专注投入相关技术研发。通过持续的技术创新，大疆不断推出高性能无人机产品，革命性地变革航拍和影像拍摄方式，从而在全球无人机市场占据领先地位。又如先导智能，通过自主研发高性能锂电池生产设备，打破国外垄断，大幅提升生产效率和产品质量，凭借技术创新在行业中脱颖而出。每一次技术创新都推动了产品的更新换代，满足了消费者日益多样化和个性化的需求。创业者只有持续进行技术创新，才能在市场中保持竞争力，实现可持续发展。在科技飞速发展的今天，技术创新不仅帮助企业在市场中站稳脚跟，还能引领行业发展潮流。企业只有不断加大技术创新投入，才能满足客户日益多样化和个性化的需求。

商业模式创新是企业发展的引擎，在当今瞬息万变的商业世界中，商业模式创新已成为企业获取竞争优势、实现可持续发展的关键要素。商业模式是企业价值创造的基本逻辑，即企业如何在价值链或价值网络中通过向客户提供产品和服务获取利润。商业模式创新就是改变这种价值创造的基本逻辑，以全新的方式为客户和自身创造价值。这种创新既涉及商业模式构成要素的变化，也可能是要素间关系或动力机制的改变。随着市场竞争的日益激烈，技术变革的加速，以及消费者需求的不断变化，传统商业模式正面临着前所未有的挑战，商业模式创新已成为企业突破困境、实现弯道超车的重要途径。商业模式创新能帮助企业开辟新的市场空间，创造新的商业机会，实现差异化竞争，为企业带来更为持久的盈利能力。

三、管理创新，贯穿创业全过程的保障

创业从起步到发展的整个过程中，管理创新始终发挥着不可或缺的作用。从创业初期的团队组建与管理，到企业发展壮大过程中的战略规划、资源配置、组织架构优化等，管理创新无处不在。

在创业初期，有效的团队管理至关重要。创业领导者需要明确团队成员的职责分工，建立良好的沟通机制和激励机制，充分激发团队成员的积极性和创造力。例如，王兴在创业时，凭借对互联网行业的热情和敏锐的洞察力，吸引大学同学和高中同学共同拼搏，还吸引了王慧文等合作伙伴，共同打造美团。在团队发展过程中，通过合理的分工、有效的激励机制，充分激发团队成员的潜力，提高团队的执行力和创造力。

随着企业规模的扩大，管理创新体现在优化企业内部流程，提高运营效率。例如，引入先进的管理方法，能够确保项目高质量完成；建立科学的财务管理体系，合理规划资金使用，降低财务风险。海尔集团推行的"内部平台化、外部生态化"模式，将家电产品升级为"网器"，构建平台型组织生态圈，极大地激发了员工的积极性和创造力，促进了企业的创新发展。胖东来在服务上不断创新，通过精准定位当地消费者需求，提供免费母婴室、宠物寄存、免费Wi-Fi、免费停车等一系列贴心服务，提升消费者的购物体验。同时，在管理上注重人才招募与培养，为员工提供高福利、良好的职业发展规划和培训机会，打造一支忠诚度高、服务意识强的团队，形成了独特的管理模式和企业文化。

在面对复杂多变的市场环境时，管理创新能使企业迅速做出反应，抓住机遇，规避风险。当企业面临市场变化的不确定性和战略转型时，管理创新更是决定企业成败的关键。创业者需要具备敏锐的市场洞察力和果断的决策能力，及时调整企业战略方向，优化组织架构，做出正确的决策，引领企业走向新的发展阶段。例如，华为建立战略生态系统，注重知识管理，以客户需求为导向，通过有效的管理创新，在全球通信市场取得巨大成功。

创业成功离不开商业模式创新、技术创新和管理创新的协同作用。商业模式创新和技术创新为企业提供了发展的核心竞争力，而管理创新则为创新成果的有效转化和应用提供了保障。例如，苹果公司在乔布斯的领导下，不仅注重技术创新，投入大量资源进行新技术研发，将先进的技术应用于产品设计和生产中，打造出一系列具有创新性和高品质的产品，还在商业模式和管理方面不断创新，建立独特的企业文化和管理模式，激发员工的创新活力，确保企业高效运营。正是商业模式创新、技术创新和管理创新的紧密结合，铸就了苹果公司的辉煌。在创业的道路上，创业者要始终保持对创业机会的敏锐洞察力，不断寻求商业模式创新和技术创新，同时持续推进管理创新，优化企业运营和发展模式。只有这样，创业企业才能在激烈的市场竞争中立于不败之地，实现高质量发展。

主要参考文献

[1]   博迪，戈登堡.微创新：5种微小改变创造伟大产品 [M].钟莉婷，译.北京：中信出版社，2014.

[2]   奥斯特瓦德，皮尼厄.商业模式新生代 [M].黄涛，郁婧，译.北京：机械工业出版社，2016.

[3]   蒂尔，马斯特斯.从0到1：开启商业与未来的秘密 [M].高玉芳，译.北京：中信出版社，2015.

[4]   德鲁克.创新与企业家精神 [M].魏江，陈侠飞，译.北京：机械工业出版社，2023.

[5]   黄明睿，张进.创新与创业基础 [M].北京：高等教育出版社，2018.

[6]   张玉利.创新与创业基础 [M].北京：高等教育出版社，2017.

[7]   内克，布拉什，格林.如何教创业：基于实践的百森教学法：第2卷 [M].薛红志，李华晶，陈寒松，译.北京：机械工业出版社，2023.

[8]   徐俊祥，徐焕然.创未来：大学生创业基础知能训练教程 [M].2版.北京：现代教育出版社，2017.

[9]   明康平.春秋航空的低成本战略研究 [D].上海：上海交通大学，2010.

[10]   科克，洛克伍德.极简法则 [M].李璐，译.南昌：江西人民出版社，2017.

[11]   赵正宝.趋势的力量：个人职业发展战略决策必修课 [M].北京：中国广播电视出版社，2012.

[12]   李开复，王咏刚.人工智能 [M].北京：文化发展出版社，2017.

[13]   孙陶然.创业36条军规 [M].北京：中信出版社，2015.

[14]   艾萨克森.史蒂夫·乔布斯传 [M].魏群，等译.2版.北京：中信出版社，2014.

[15]   石春茂，蒲文燕.论如家快捷酒店的成本领先战略 [J].审计与理财，2008（6）：30—31.

[16]   林嵩.创业机会识别研究：基于过程的观点 [J].中南民族大学学报（人文社会科学版），2007（5）：129—132.

[17]   陈辉.创业者先前经验、创造力与创业机会识别关系的实证研究 [D].南京：南京财经大学，2018.

[18]   陈震红，董俊武.创业机会的识别过程研究 [J].科技管理研究，2005（2）：133—136.

[19]　冯雪飞.商业模式创新中顾客价值主张研究 [D].大连：大连理工大学，2015.

[20]　孙淑霞，董峻含.商业分析方法论与实践指南 [M].北京：电子工业出版社，2023.

[21]　张志宏，崔爱惠，刘轶群.大学生创新与创业训练教程 [M].北京：现代教育出版社，2017.

[22]　杨芳.创业设计与实务 [M].北京：机械工业出版社，2016.

[23]　巴林杰.创业计划书：从创意到方案 [M].陈忠卫，等译.北京：机械工业出版社，2016.

[24]　黄帅.商业机会不等于创业机会 [J].科技与企业，2010（6）：20.

[25]　林嵩，张帏，姜彦福.创业机会的特征与新创企业的战略选择：基于中国创业企业案例的探索性研究 [J].科学学研究，2006（2）：268—272.

读者意见反馈

为收集对教材的意见建议，进一步完善教材编写并做好服务工作，读者可将对本教材的意见建议通过如下渠道反馈至我社。

咨询电话 400-810-0598

反馈邮箱 gjdzfwb@pub.hep.cn

通信地址 北京市朝阳区惠新东街4号富盛大厦1座 高等教育出版社总编辑办公室

邮政编码 100029